Roland Rollberg
Ressourcen- und Unternehmensbewertung

Lehr- und Handbücher der Wirtschaftswissenschaft

Herausgegeben von
Univ.-Prof. Dr. habil. Thomas Hering und
Prof. Dr. Heiko Burchert

Roland Rollberg

Ressourcen- und Unternehmensbewertung

DE GRUYTER
OLDENBOURG

ISBN 978-3-11-107211-1
e-ISBN (PDF) 978-3-11-107219-7
e-ISBN (EPUB) 978-3-11-107225-8

Library of Congress Control Number: 2022950743

Bibliografische Information der Deutschen Nationalbibliothek
Die Deutsche Nationalbibliothek verzeichnet diese Publikation in der Deutschen Nationalbibliografie; detaillierte bibliografische Daten sind im Internet über http://dnb.dnb.de abrufbar.

© 2023 Walter de Gruyter GmbH, Berlin/Boston
Einbandabbildung: jjustas / iStock / Getty Images Plus
Druck und Bindung: CPI books GmbH, Leck

www.degruyter.com

Vorwort

Das vorliegende Buch widmet sich der entscheidungsorientierten Ermittlung und Erklärung bewertungssubjektspezifischer Grenzpreise für verschiedene Bewertungsobjekte unter Verwendung produktions- und finanzwirtschaftlich fundierter Bewertungsmodelle und -kalküle. Solange der subjektive Grenzpreis über (unter) dem quasi objektiven pagatorischen Preis liegt, ist ein Kauf (Verkauf) des jeweiligen Bewertungsobjekts vorteilhaft. Als Bewertungssubjekt kann ein Unternehmer, ein Unternehmen oder ein Unternehmensverbund in Erscheinung treten. Die Bandbreite möglicher Bewertungsobjekte reicht von einzelnen Ressourcen bis hin zu ganzen Unternehmen als Ressourcenbündeln. Neben dem Kauf und dem Verkauf von Zahlungsströmen, Produktionsfaktoren, Unternehmensteilen und ganzen Unternehmen werden auch die Aufnahme und die Anlage finanzieller Mittel, die Annahme von Zusatzaufträgen und die Verschmelzung von Unternehmen als Bewertungsanlässe behandelt. Abschließend steht die Ermittlung unternehmensübergreifender Grenzpreise für Handlungsoptionen in Wertschöpfungspartnerschaften im Mittelpunkt des Interesses.

Entsprechend der bewährten betriebswirtschaftlichen Tradition, nach der sich Lehrbücher wie die zugehörigen Vorlesungen zum Teil aus der Forschungstätigkeit des Verfassers entwickeln, ist das vorliegende Lehrbuch Ergebnis meiner intensiven Auseinandersetzung mit der produktions- und finanzwirtschaftlich fundierten Ressourcen- und Unternehmensbewertung, die sich auch in einer seit 2016 an der Ernst-Moritz-Arndt-Universität Greifswald von mir angebotenen Vorlesung niedergeschlagen hat.

Zu Dank verpflichtet bin ich Herrn Prof. Dr. Michael Lerm, der vor Jahren als wissenschaftlicher Mitarbeiter an meinem Lehrstuhl für ABWL und Produktionswirtschaft alle Beispielrechnungen, die in das zweite Kapitel eingeflossen sind, anfertigte. Vor allem aber möchte ich meinen beiden derzeitigen wissenschaftlichen Mitarbeitern, Herrn Dipl.-Kfm. Alexander Schmettau und Herrn Dipl.-Kfm. Johannes Petrich, für die zahlreichen konstruktiven wissenschaftlichen Diskussionen im Rahmen der Realisierung des Buchprojekts sowie für die kritische Lektüre und Kommentierung der Endversion des Buches recht herzlich bedanken.

Theodor, Friedrich, Helena und Sophia, die maßgeblich dazu beigetragen haben, daß die Dauer des Buchprojekts *maximiert* werden konnte, widme ich das Lehrbuch.

Greifswald, im November 2022   ROLAND ROLLBERG

Inhaltsverzeichnis

Abbildungsverzeichnis

Tabellenverzeichnis

Symbolverzeichnis

Indizes, Mengen und ausgewählte Deskriptoren

a	Unternehmen a
b	Unternehmen b
Basis	aus der Optimallösung des Basisansatzes
f	nach der Fusion
j	Potentialfaktorart
$\tilde{j}$	Art der zu bewertenden Potentialfaktorkapazität
$\hat{j}$	zusätzlich erforderliche Potentialfaktorart
J	Menge der Potentialfaktorarten
Ja	Menge der Potentialfaktorarten, die Unternehmen a nutzt
Jb	Menge der Potentialfaktorarten, die Unternehmen b nutzt
k	nach der Akquisition („Kauf")
l	Repetierfaktorart
$\tilde{l}$	Art der zu bewertenden Repetierfaktormenge
$\hat{l}$	zusätzlich erforderliche Repetierfaktorart
L	Menge der Repetierfaktorarten
La	Menge der Repetierfaktorarten, die Unternehmen a nutzt
Lb	Menge der Repetierfaktorarten, die Unternehmen b nutzt
m	Zwischenproduktart
m*	Laufindex für Zwischenprodukte
M	Menge der Zwischenproduktarten
Ma	Menge der Zwischenproduktarten, die Unternehmen a herstellt
Mb	Menge der Zwischenproduktarten, die Unternehmen b benötigt
Ms	Menge der Synergiezwischenproduktarten
Ms'	Menge der gänzlich neuartigen Synergiezwischenproduktarten
n	Endproduktart
ñ	Kooperationsproduktart
N	Menge der Endproduktarten
$\tilde{N}$	Menge der Kooperationsproduktarten
Na	Menge der Endproduktarten, die Unternehmen a herstellen kann
Nb	Menge der Endproduktarten, die Unternehmen b herstellen kann
Ns	Menge der Synergieendproduktarten
Ns'	Menge der gänzlich neuartigen Synergieendproduktarten
v	Laufindex für Produkte

o	Finanzobjekt i.S.v. Investitions- und Finanzierungsobjekt
O	Menge der Finanzobjekte
O^G	Menge der beschränkten Finanzobjekte
Oa	Menge der Finanzobjekte, die Unternehmen a zur Verfügung stehen
Ob	Menge der Finanzobjekte, die Unternehmen b zur Verfügung stehen
Os	Menge der nach der Fusion oder Akquisition zusätzlich verfügbaren Finanzobjekte
res	reservierte Repetierfaktormenge oder Potentialfaktorkapazität
s	Lager; Material- (s = 1), Zwischen- (s = 2) und Endproduktlager (s = 3)
t	Zeitpunkt, $t \in \{0, 1, 2, ..., T\}$, oder Periode, $t \in \{1, 2, ..., T\}$
t^*, t^{**}	Transaktionszeitpunkte
t^+, t^{++}	Zeitpunkt der Aufnahme bzw. Tilgung eines Kredits oder Zeitpunkt der Tätigung bzw. Erstattung einer Finanzanlage
ta, tb, tu	unternehmensspezifischer Bezugszeitpunkt der Vermögensmaximierung
τ	Laufindex für Zeitpunkte
u	Unternehmen
$U^{P_u>0}$	Menge der Unternehmen mit einer Grenzzahlungsbereitschaft
$U^{P_u<0}$	Menge der Unternehmen mit einer Grenzforderung
v	nach der Segregation („Verkauf")
ZA	Zusatzauftrag

Konstante

a	variable Auszahlung pro hergestellte Mengeneinheit (mit Material)
Δa	zusätzliche variable Auszahlung pro hergestellte Mengeneinheit
a^B	variable Auszahlung pro Repetierfaktoreinheit (Preis)
a^F	variable Auszahlung pro fremdbezogene Mengeneinheit (Preis)
a^L	variable Auszahlung pro Lagermengeneinheit und Periode
a^P	variable Auszahlung pro eigengefertigte Mengeneinheit (ohne Material)
A	Auszahlung
$\tilde{A}$	zeitpunktspezifische Auszahlung der zu bewertenden Zahlungsreihe
$\bar{\alpha}$	absatzrestriktionsspezifischer dualer Strukturvariablenwert aus der Optimallösung des Basisansatzes
$\bar{\beta}$	beschaffungsrestriktionsspezifischer dualer Strukturvariablenwert aus der Optimallösung des Basisansatzes
DB^{max}_{Basis}	maximaler Deckungsbeitrag aus der Optimallösung des Basisansatzes
DS	pagatorische Deckungsspanne eines Endprodukts

$\bar{\delta}$	durchführungsrestriktionsspezifischer dualer Strukturvariablenwert aus der Optimallösung des Basisansatzes
e	variable Einzahlung pro verkaufte Mengeneinheit (Preis)
Δe	zusätzliche variable Einzahlung pro hergestellte Mengeneinheit
E	Einzahlung
$\tilde{E}$	zeitpunktspezifische Einzahlung der zu bewertenden Zahlungsreihe
EV_{Basis}^{max}	maximales Endvermögen aus der Optimallösung des Basisansatzes
$\bar{\varphi}$	fremdbezugsrestriktionsspezifischer dualer Strukturvariablenwert aus der Optimallösung des Basisansatzes
k	pagatorische Stückkosten
K	pagatorische variable Gesamtkosten
Kap^L	Kapazitätsobergrenze eines Lagers
Kap^P	Kapazitätsobergrenze eines Potentialfaktors
ΔKap^P	zu bewertender Umfang der beschaffbaren oder veräußerbaren Potentialfaktorkapazität
$\bar{\kappa}$	potentialfaktorkapazitätsrestriktionsspezifischer dualer Strukturvariablenwert aus der Optimallösung des Basisansatzes
LK	Lagerraumkoeffizient
$\bar{\lambda}$	liquiditätsrestriktionsspezifischer dualer Strukturvariablenwert aus der Optimallösung des Basisansatzes
N	Durchführungsobergrenze eines Investitions- oder Finanzierungsobjekts
p	pagatorischer Preis pro Endproduktmengeneinheit
PK^P	potentialfaktorspezifischer Produktionskoeffizient
PK^R	repetierfaktorspezifischer Produktionskoeffizient
PK^Z	Zahl erforderlicher Zwischenprodukte einer Wertschöpfungsstufe für eine Mengeneinheit des Produkts der direkt darauffolgenden Stufe
q	pagatorischer Preis pro Repetierfaktoreinheit
$\bar{u}$	Schaltkonstante
VZ_{Basis}^{max}	maximales Vermögen aus der Optimallösung des Basisansatzes
$\bar{x}$	für die Wertschöpfungspartnerschaft zu erzeugende Produktionsmenge
$\bar{x}^{neu}$	nach der Realisierung der zu bewertenden Maßnahmen für die Wertschöpfungspartnerschaft zu erzeugende Produktionsmenge
$\Delta\bar{x}$	Differenzmenge zwischen $\bar{x}^{neu}$ und $\bar{x}$
X^A	Absatzobergrenze eines Endprodukts
ΔX^A	verändertes Absatzpotential
X_{ZA}^A	Absatzmenge des Zusatzauftrags
X^B	Beschaffungsobergrenze eines Repetierfaktors
ΔX^B	zu bewertende Repetierfaktorkauf- oder -verkaufsmenge

| X^F | Fremdbezugsobergrenze eines Zwischenprodukts |
| Z | Umfang der zu bewertenden Finanzanlage oder des zu bewertenden Kredits |

Variable

A^A	Anschaffungsauszahlung für die zusätzliche Potentialfaktorkapazität
AE	vorzeichenunbeschränkter Akquisitionserfolg
AN	Akquisitionsnachteil
AV	Akquisitionsvorteil
α	duale Strukturvariable zur primalen Absatzrestriktion
$\hat{\alpha}$	auf $t = 0$ bezogene nichtnegative zahlungsorientierte wertmäßige Deckungsspanne eines Produkts
β	duale Strukturvariable zur primalen Beschaffungsrestriktion
$\hat{\beta}$	Nettogegenwartswert einer zusätzlichen Repetierfaktoreinheit
DB	Deckungsbeitrag
DB^{Kette}	kettenweiter Deckungsbeitrag aller Wertschöpfungspartner
DS_{ZA}	Deckungsspanne einer Mengeneinheit des Zusatzauftrags
δ	duale Strukturvariable zur primalen Durchführungsrestriktion
$\hat{\delta}$	nichtnegativer Gegenwartswert einer zusätzlichen Investitions- oder Finanzierungsobjekteinheit
E^L	Liquidationserlös für den veräußerbaren Potentialfaktor
EV	Endvermögen
EW	Endwert
FE	vorzeichenunbeschränkter Fusionserfolg
FN	Fusionsnachteil
FV	Fusionsvorteil
φ	duale Strukturvariable zur primalen Fremdbezugsrestriktion
i	periodenspezifischer endogener Grenz- und Steuerungszinsfuß
i^F	Habenzinsfuß einer zusätzlichen Finanzanlage
i^K	Sollzinsfuß eines zusätzlichen Kredits
K^{Opp}	Opportunitätskosten der in ein Produkt eingehenden Repetierfaktoren
KW	Kapitalwert
KW^F	Kapitalwert der zusätzlichen Finanzanlage
KW^K	Kapitalwert des zusätzlichen Kredits
κ	duale Strukturvariable zur primalen Potentialfaktorkapazitätsrestriktion
$\hat{\kappa}$	Gegenwartswert einer zusätzlichen Potentialfaktorkapazitätseinheit

κ^L	duale Strukturvariable zur primalen Lagerkapazitätsrestriktion
λ	duale Strukturvariable zur primalen Liquiditätsrestriktion
$\hat{\lambda}$	Gegenwartswert einer zusätzlichen Geldeinheit und endogener Auf- oder Abzinsungsfaktor
μ	duale Strukturvariable zur primalen Mindestdeckungsbeitragsrestriktion oder zur primalen Mindestendvermögensrestriktion
$\hat{\mu}$	Gegenwartswert einer Mindestzielwertausweitung um eine Geldeinheit
n	Umfang eines Investitions- oder Finanzierungsobjekts
P	vorzeichenunbeschränkter Grenzpreis
P^*	positiver Grenzpreis als Grenzzahlungsbereitschaft oder -forderung
p^{min}	Mindestpreis pro Mengeneinheit des Zusatzauftrags
p^{min}	mindestens zu vereinnahmender Preis für den Zusatzauftrag
Pa	Grenzzahlungsbereitschaft eines Wertschöpfungspartners
Pe	Grenzforderung eines Wertschöpfungspartners
Q^*	Grenzpreis für die Repetierfaktorkauf- oder -verkaufsmenge
Q^{max}	Preisobergrenze für die beschaffbare Repetierfaktormenge
Q^{min}	Preisuntergrenze für die veräußerbare Repetierfaktormenge
ΔQ	vorzeichenunbeschränkter Preisaufschlag für die Repetierfaktorkauf- oder -verkaufsmenge
Δq^{max}	maximaler Preisaufschlag pro beschaffbare Repetierfaktoreinheit
Δq^{min}	Mindestpreisaufschlag pro veräußerbare Repetierfaktoreinheit
RW	„Restriktionsobergrenzenwert"
s^A	primale Schlupfvariable einer Absatzrestriktion
s^B	primale Schlupfvariable einer Beschaffungsrestriktion
s^D	primale Schlupfvariable einer Durchführungsrestriktion
s^K	primale Schlupfvariable einer Kapazitätsrestriktion
s^L	primale Schlupfvariable einer Liquiditätsrestriktion
s^M	primale Schlupfvariable der Mindestdeckungsbeitragsrestriktion oder der Mindestendvermögensrestriktion
s^O	duale Schlupfvariable einer investitions- oder finanzierungs- objektbezogenen Restriktion
$-\hat{s}^O$	nichtpositiver Gegenwartswert einer zusätzlichen Investitions- oder Finanzierungsobjekteinheit
s^P	duale Schlupfvariable einer produktbezogenen Restriktion
$-\hat{s}^P$	auf $t = 0$ bezogene nichtpositive zahlungsorientierte wertmäßige Deckungsspanne eines Produkts
s^{V_T}	duale Schlupfvariable der „Endvermögensrestriktion"

SE	vorzeichenunbeschränkter Segregationserfolg
SN	Segregationsnachteil
SV	Segregationsvorteil
V	Vermögen
VZ	Vermögen als Zielfunktionswert
WDS	wertmäßige Deckungsspanne eines Endprodukts
x	Produktions- und Absatzmenge
x^A	Absatzmenge
x^B	Beschaffungsmenge
x^E	Eigenfertigungsmenge
x^F	Fremdbezugsmenge
x^L	Lagermenge
x^P	Produktionsmenge
Z^F	Anfangsauszahlung (Finanzanlage) für eine zusätzlichen Zahlungsreihe
Z^K	Anfangseinzahlung (Kreditbetrag) für eine zusätzlichen Zahlungsreihe
zWDS	zahlungsorientierte wertmäßige Deckungsspanne eines Produkts (mit hochgestelltem Index 0 oder T → bezogen auf t = 0 oder t = T)

1 Grundlagen der Ressourcen- und Unternehmensbewertung

1.1 Bewertung als integrierte subjektive Grenzpreisbestimmung

Bewertung steht für die Zuordnung eines Werts zu einem Bewertungsobjekt durch ein Bewertungssubjekt.[1] Hierzu muß das Bewertungssubjekt den Grenznutzen, der ihm durch das jeweilige Bewertungsobjekt gespendet wird, beurteilen.[2] Dieser Grenznutzen ergibt sich aus dem Grad der Erreichung des vom Bewertungssubjekt verfolgten Ziels vor dem Hintergrund seiner Handlungsmöglichkeiten und Restriktionen.[3] Er hängt folglich von der individuellen Zielsetzung und dem individuellen Entscheidungsfeld des Bewertungssubjekts ab.[4] Bewertungssubjekt sei im folgenden ein Unternehmer, ein Unternehmen oder ein Unternehmensverbund als potentieller Käufer oder Verkäufer eines Bewertungsobjekts. Bewertungsobjekte können beliebige Ressourcen, Unternehmen als Ressourcenbündel oder auch Handlungsoptionen sein.

In der Realität kann es keine „objektiven Werte" geben. Nur auf einem **vollkommenen Markt** existiert zu einem bestimmten Zeitpunkt für ein und dasselbe Gut ein von vornherein bekannter einheitlicher An- und Verkaufspreis, zu dem beliebige Mengen des Gutes verfügbar sind und der dem von allen Nachfragern und Anbietern einheitlich eingeschätzten Wert des Gutes in Höhe seines *„objektiven" Grenznutzens* entspricht.[5] Dies setzt voraus, daß aus Sicht aller Marktteilnehmer alle Mengeneinheiten des jeweiligen Gutes sachlich identisch sind (sachlich homogenes Gut), daß die Anbieter und Nachfrager keine persönlichen, räumlichen und zeitlichen Präferenzen haben (homogene Präferenzen), daß keine Transaktionskosten anfallen, daß die Marktteilnehmer über die gegebene Marktsituation uneingeschränkt informiert sind (vollständige Markttransparenz) und daß sie auf Marktveränderungen unmittelbar reagieren (unendlich hohe Reaktionsgeschwindigkeit).[6]

Ist mindestens eine der vorgenannten Bedingungen nicht erfüllt, so handelt es sich um einen **unvollkommenen Markt**. Mit zunehmender Zahl verletzter Bedingungen nähert man sich immer mehr dem empirischen Marktgeschehen.[7] In der Realität werden für gewöhnlich verschiedene Varianten einer Produktart gehandelt (sachlich heterogenes Gut infolge einer Produktdifferenzierung), können die einzelnen Anbieter (Nachfrager) beim jeweiligen Nachfrager (Anbieter) unterschiedlich beliebt sein, mag es potentielle Marktpartner in der Nachbarschaft und in der Ferne geben und/oder werden bestimmte Kunden schneller bedient als andere. Sachliche, persönliche, räumliche und zeitliche

---

1 Vgl. MATSCHKE/BRÖSEL (2013), S. 3.
2 Vgl. OLBRICH (2014), S. 141.
3 Vgl. HERING (2021), S. 25 ff., 27 ff.
4 Hierin spiegelt sich die subjektive Wertlehre nach GOSSEN (1854) und MENGER (1871).
5 Hierbei handelt es sich um das „Gesetz der Unterschiedslosigkeit der Preise" nach JEVONS (1871).
6 Vgl. bspw. SIEBKE (2003), S. 66 f.
7 Vgl. GUTENBERG (1984), S. 186.

Präferenzen eröffnen in dieser Situation einen Spielraum für Preisdifferenzierungen, weil sich der Wert des Gutes jetzt nur noch nachfragerspezifisch in Höhe des *individuellen Grenznutzens* ergibt. An die Stelle des „objektiven Marktwerts" für ein in jeder Hinsicht homogenes Gut treten nunmehr viele subjektive Werte für das jetzt heterogene (oder nur aus Kundensicht als heterogen wahrgenommene) Gut. Transaktionskosten, begrenzte Marktübersicht und endliche Reaktionsgeschwindigkeit der Nachfrager erlauben Preisdifferenzierungen selbst im Falle eines gänzlich homogenen Gutes.[1]

Unternehmen, gleich welcher Branche, sind grundsätzlich mit drei unvollkommenen Märkten konfrontiert: dem Markt für zu verkaufende Leistungen (Absatzmarkt), dem Markt für einzukaufende Einsatzfaktoren (Beschaffungsmarkt) sowie dem Markt für anzulegende und aufzunehmende Finanzmittel (Kapitalmarkt). Der *Absatzmarkt* ist allein schon deshalb unvollkommen, weil die einzelnen Anbieter ihr Leistungsangebot mit Hilfe absatzpolitischer Maßnahmen gezielt differenzieren, um Präferenzen der Nachfrager für die angebotenen Produkte aufzubauen. So entstehen heterogene Güter beispielsweise durch eine spezifische Produkt- oder Konditionengestaltung, durch eine bestimmte Distributionspolitik oder durch Werbung. Gleiches gilt auch für den *Beschaffungsmarkt* als Absatzmarkt der Lieferanten. Zudem versuchen die Nachfrager, mit adäquaten beschaffungspolitischen Maßnahmen Präferenzen der Anbieter für entsprechende Lieferaufträge zu erzeugen. Transaktionskosten und mangelnde Markttransparenz „vervollkommnen" die Unvollkommenheit der **Realgütermärkte**.

Finanzgüter sind Zahlungsströme, die auf dem *Kapitalmarkt* von Investoren durch Zahlung eines Marktpreises erworben werden. Bei einer gewöhnlichen (Finanz-)Investition wird zum Zeitpunkt $t = 0$ eine Auszahlung in Erwartung künftiger Einzahlungen (Rückflüsse) geleistet. Für den Verkäufer des Zahlungsstroms ergibt sich damit eine Finanzierung; er erhält in $t = 0$ eine Einzahlung und verpflichtet sich zu Auszahlungen in der Zukunft. Da niemand die Zukunft verläßlich und vollständig vorherzusehen vermag, sind Zeitpunkt und Höhe der künftigen Zahlungen unsicher. Jeder Marktteilnehmer macht sich, seinen individuellen Zukunftserwartungen gemäß, sein eigenes Bild von der Qualität der unsicheren Zahlungsströme. Dieses Bild wird auch durch die heterogene Bonität der Kapital nachfragenden bzw. Seriosität der Kapital anbietenden Wirtschaftssubjekte geprägt, und zwar in Abhängigkeit von der individuellen Risikopräferenz des Betrachters. Informationsasymmetrien zwischen Kapitalanbietern und -nachfragern lassen das gegenwärtige und zukünftige Marktgeschehen noch weniger transparent erscheinen. In dieser Situation ist es nur natürlich, Finanzgüter in Abhängigkeit von der subjektiv wahrgenommenen Gesamtlage individuell auf den jeweiligen Marktpartner zuzuschneiden, wobei auch persönliche Präferenzen eine Rolle spielen können. Die resultierende Konditionenvielfalt führt zu heterogenen Finanzgütern und zu Preisdifferenzierungen infolge subjektiver Grenznutzen. Transaktionskosten zementieren die Unvollkommenheit der **Finanzgütermärkte**.

---

1 Zu den Eigenschaften vollkommener und unvollkommener Märkte im allgemeinen sowie unvollkommener Finanz- und Realgütermärkte im besonderen vgl. ROLLBERG (2002), S. 1 ff.

Wenn es aber auf unvollkommenen Märkten keine „objektiven Werte" für gehandelte Real- und Finanzgüter gibt, ist ein Vergleich des pagatorischen Marktpreises mit dem subjektiv eingeschätzten Wert des jeweiligen Gutes Grundvoraussetzung zielsetzungsgerechter Transaktionen. Nur wenn der Wert den Preis eines Bewertungsobjekts übersteigt (unterschreitet), ist der Kauf (Verkauf) des jeweiligen Bewertungsobjekts wirtschaftlich vorteilhaft.[1] Kauf- und Verkaufsentscheidungen setzen folglich stets eine subjektive Bewertung voraus.[2] Hierzu ist, wie bereits erläutert, vor dem Hintergrund der jeweils verfolgten erwerbswirtschaftlichen Zielsetzung und des zugrundeliegenden Entscheidungsfelds der unternehmensindividuelle Grenznutzen des zu bewertenden Gutes in der Grenzverwendung zu bestimmen.[3] Dieser subjektive Grenznutzen markiert die Preisobergrenze bei einem Kauf und die Preisuntergrenze bei einem Verkauf und kann folglich auch als subjektiver Entscheidungswert, als subjektive „Grenze der Konzessionsbereitschaft"[4] des Bewertungssubjekts in Preisverhandlungen oder eben als subjektiver Grenzpreis bezeichnet werden.[5] Folglich entspricht jede zielorientierte Bewertung einer **subjektiven Grenzpreisbestimmung**.

Auf Grund zahlreicher Interdependenzen, die zwischen den einzelnen betrieblichen Entscheidungsbereichen bestehen, läßt sich die Grenzverwendung des zu bewertenden Gutes nur bei gleichzeitiger Festlegung der zielsetzungsgerechten Ausprägungen aller relevanten Unternehmensvariablen bestimmen. Im Falle von **Interdependenzen** setzt nämlich die Entscheidung über das Niveau einer Variablen x_1 Informationen über die Ausprägung der Variablen x_2 voraus, wobei für die Bestimmung dieser Ausprägung wiederum Informationen über das Niveau von x_1 vorhanden sein müssen.[6] In dieser Situation kann das zielsetzungsgerechte Niveau der beiden Variablen nur mit Hilfe eines *simultanen* Planungsansatzes festgelegt werden. Beziehen sich die Interdependenzen obendrein auf verschiedene Perioden, muß sich der simultane Planungsansatz eines *dynamischen* Entscheidungsmodells bedienen, das die Wechselwirkungen begründenden Perioden abbildet.

Interdependenzen bestehen sowohl zwischen den Entscheidungsbereichen innerhalb der Realgütersphäre und innerhalb der Finanzgütersphäre als auch zwischen der Real- und der Finanzgütersphäre selbst. Die wesentlichen Entscheidungsbereiche der Realgütersphäre sind die Beschaffung, die Produktion und der Absatz, die der Finanzgüter-

---

1 Vgl. LAUX/SCHNABEL (2009), S. 1 und HERING (2021), S. 3.

2 Allgemein zur zielsetzungsgerechten Bewertung von Ressourcen vgl. HELLWIG (1987).

3 Vgl. bspw. ADAM (1970), S. 25 f., 30 ff.

4 MATSCHKE (1975), S. 11 und MATSCHKE/BRÖSEL (2013), S. 8, 53, 134.

5 Vgl. hierzu auch HERING (2002), S. 59. SCHMALENBACH (1947) prägte hierfür den Begriff der optimalen Geltungszahl. Zu Grenzpreisen aus Sicht börsennotierter Unternehmen und individueller Investoren im Vergleich vgl. LAUX/SCHNABEL (2009).

6 Zu Interdependenzen im allgemeinen und zwischen den betrieblichen Entscheidungsbereichen im besonderen vgl. ADAM (1996), S. 168 ff., VOIGT (1992), S. 89 ff., ROLLBERG (2001), S. 15 ff., 58 ff. sowie ROLLBERG (2012), S. 55 ff. und die dort zitierte Literatur.

sphäre die Investition und die Finanzierung. In der **Realgütersphäre** geht die *Produktionsplanung* von gegebenen Absatzpreisen und Absatzhöchstmengen aus, die nur bekannt sein können, wenn zuvor im Rahmen der *Absatzplanung* Art und Umfang des einzusetzenden absatzpolitischen Instrumentariums bestimmt worden sind. Eine zielsetzungsgerechte Absatzplanung ist aber nur möglich, wenn neben den absatzpolitisch bedingten Auszahlungen auch die erzeugnisspezifischen produktionsfaktor- und produktionsprozeßbedingten Auszahlungen pro Leistungseinheit und die verfügbaren Fertigungskapazitäten berücksichtigt werden. Anderenfalls besteht die Gefahr, knappe Zahlungsmittel dafür zu verschwenden, ein Absatzpotential zu schaffen, das weit über dem ökonomisch gebotenen oder kapazitiv möglichen Absatzvolumen liegt.

Zudem benötigt die *Produktionsplanung* Produktionsfaktorpreise und Beschaffungshöchstmengen, die wiederum nur nach einer vollendeten *Beschaffungsplanung* vorliegen können, wenn Art und Umfang des einzusetzenden beschaffungspolitischen Instrumentariums und die Bestellpolitik feststehen. Eine zielsetzungsgerechte Beschaffungsplanung ist aber ohne vorherige Kenntnis des künftigen Produktionsfaktorbedarfs als logischer Konsequenz der geplanten Produktionsmengen und -prozesse unmöglich. Ob sich auszahlungswirksame beschaffungspolitische Maßnahmen überhaupt lohnen, ist zudem von den voraussichtlichen produktspezifischen Deckungsspannen und dem erwarteten programmspezifischen Deckungsbeitrag abhängig. Aussagen hierüber setzen aber feststehende Faktorpreise voraus.

Schließlich sind für eine *Produktionsplanung* auch Informationen über künftig verfügbare Maschinenkapazitäten, erzeugnisspezifische Produktionskoeffizienten und produktionsbedingte variable Auszahlungen pro erbrachte Leistungseinheit erforderlich. Derartige Größen liegen aber erst nach einer erfolgten *Investitionsplanung* vor: Es muß feststehen, auf welche Maschinen mit welchen Eigenschaften grundsätzlich zurückgegriffen werden kann, wobei es gleichgültig ist, ob sie erst noch zu beschaffen oder bereits im Unternehmen vorhanden sind. In ihrer einfachsten Form geht die Investitionsplanung davon aus, daß sich für jedes Investitionsobjekt oder -projekt eine bestimmte Zahlungsreihe isolieren läßt. Mithin setzt die Einschätzung der Wirtschaftlichkeit einer produktionsbezogenen Investition im Falle einer Mehrproduktfertigung die vorherige Bestimmung des projektinduzierten Produktionsprogramms voraus, das aber, wie bereits erläutert, seinerseits von den Eigenschaften des jeweiligen Investitionsobjekts abhängt. Insbesondere bei der Betrachtung von Maschinen werden somit die Interdependenzen zwischen der **Real- und Finanzgütersphäre** deutlich, weil jene als *Betriebsmittel* gemeinsam mit anderen Produktionsfaktoren zur betrieblichen Leistungserstellung herangezogen werden und als *Sachinvestitionen* gemeinsam mit Finanzinvestitionen um die knappe Ressource „Kapital" konkurrieren.

Investition und Finanzierung sind zwei Seiten ein und derselben Medaille, weil unter Finanzierung die Bereitstellung der für Investitionen erforderlichen Zahlungsmittel und unter Investition die Verwendung der im Rahmen der Finanzierung aufgebrachten

Mittel zu verstehen ist.[1] Während bei einer Investition Auszahlungen zeitlich vor den erhofften Einzahlungen anfallen, fließen bei der Finanzierung zunächst Einzahlungen, denen zu einem späteren Zeitpunkt Auszahlungen folgen. Die Finanzierung dient der Überbrückung der Zeit bis zur „Wiedergeldwerdung" des investierten Kapitals. Die Vorteilhaftigkeit einzelner Investitionsobjekte hängt von den verfügbaren Finanzierungsmöglichkeiten, die Vorteilhaftigkeit der Finanzierungsprojekte wiederum von den Investitionsmöglichkeiten ab. Mithin benötigt die *Investitionsplanung* Informationen über das beschaffbare Kapital und die *Finanzierungsplanung* über den investitionsbedingten Kapitalbedarf. Letzterer wird (a) durch Investitionen in Finanzanlagen und Betriebmittel, in den güterwirtschaftlichen Leistungsprozeß, in beschaffungs- und absatzpolitische sowie beschaffungs- und distributionslogistische Maßnahmen erhöht und (b) durch Devestitionen und Rückflüsse aus dem güterwirtschaftlichen Leistungsprozeß gesenkt. Je nach kapitalbedarfsbeeinflussender Ursache ergeben sich folglich Interdependenzen zwischen der Finanzierungsplanung und allen übrigen Teilplänen der Unternehmensplanung.

Dementsprechend verlangt jedes noch so einfache betriebswirtschaftliche Bewertungsproblem nach einer integrierten Unternehmensplanung, wobei die Grenzen zwischen einer integrierten Planung und Bewertung fließend sind. Jede zielorientierte Bewertung unter Berücksichtigung von Interdependenzen und Marktunvollkommenheiten ist daher als **integrierte subjektive Grenzpreisbestimmung** zu qualifizieren.[2] In den beiden folgenden Unterkapiteln soll die Idee der integrierten subjektiven Grenzpreisbestimmung zunächst an zwei einfachen Zahlenbeispielen zur Bewertung von Finanzmitteln (1.2) und von Rohstoffen (1.3) unter Einsatz des sogenannten DEAN-Modells verdeutlicht werden. Sodann wird ein universeller zweistufiger Ansatz der Ressourcen- und Unternehmensbewertung für beliebig komplexe Bewertungssituationen vorgestellt (1.4). Abschließend stehen ausgewählte Anlässe der Ressourcen- und Unternehmensbewertung im Mittelpunkt der Betrachtung (1.5), die den Aufbau der Hauptkapitel des vorliegenden Lehrbuchs begründen.

1.2 Einfaches Beispiel zur Bewertung von Finanzmitteln[3]

Das **DEAN-Modell** zur *simultanen* Investitions- und Finanzierungsprogrammplanung ist ein relativ einfaches Totalmodell, das sich auf lediglich zwei Zeitpunkte bezieht und somit als *statisch* zu bezeichnen ist.[4] Aus einer endlichen Zahl beliebig teil- und kombinierbarer Investitions- und Finanzierungsobjekte, die sich durch spezifische Aus-

---

1 Zum Investitions- und Finanzierungsbegriff vgl. MATSCHKE (1993), S. 18 ff. und MATSCHKE (1991), S. 14 ff.

2 Vgl. ROLLBERG (2005), S. 487 und ROLLBERG (2008), S. 24.

3 Vgl. ROLLBERG (2012), S. 31 ff.

4 Vgl. DEAN (1951) sowie ADAM (2000), S. 240 ff., 426 ff., GÖTZE (2014), S. 316 ff., MINDERMANN (2015), S. 119 ff., HIRTH (2017), S. 127 ff., HERING (2022), S. 145 ff., MATSCHKE (1993), S. 290 ff.

bzw. Einzahlungen zu Beginn und Ein- bzw. Auszahlungen am Ende der einzigen Periode unterscheiden, ist ein vermögensendwertmaximales Programm zusammenzustellen. In dieser Situation lassen sich sowohl die Investitions- als auch die Finanzierungsmöglichkeiten nach Berechnung ihrer internen Zinssätze jeweils in eine Reihenfolge ihrer Vorziehenswürdigkeit bringen. Sodann sind zwei Treppenfunktionen zu entwickeln: Die monoton fallende *Kapitalbedarfsfunktion* (KB) ordnet jedem potentiellen Investitionsgesamtumfang den zugehörigen Grenzhabenzinssatz und die monoton steigende *Kapitalangebotsfunktion* (KA) jedem möglichen Finanzierungsgesamtumfang den entsprechenden Grenzsollzinssatz zu. Dabei entspricht die absolute Höhe einer Treppenstufe der objektspezifischen Verzinsung, ihre Schritthöhe dem Abstand zwischen objektspezifischer und nächstbester Verzinsung und ihre Tiefe dem objektspezifischen finanziellen Maximalumfang. Werden beide Funktionen einander gegenübergestellt, ergibt sich das optimale Investitions- und Finanzierungsprogramm als *Schnittpunktlösung*. Eine Zuordnung der ausgewählten Finanzierungsmaßnahmen zu den zu realisierenden Investitionen ist sinnfrei und entbehrlich.

Ein **Zahlenbeispiel** möge die Funktionsweise des DEAN-Modells verdeutlichen. Angenommen, ein Unternehmen verfügt über die in Tabelle 1 aufgelisteten fünf Investitionsmöglichkeiten und vier Finanzierungsquellen, wobei „Finanzierungsobjekt 1" mit einer Effektivverzinsung von 0 % unter Vernachlässigung kalkulatorischer Zinsen als Eigenmittel interpretiert werden kann. Besteht die Möglichkeit, auf Finanzierungsobjekt 3 in der *Variante 3a)* zurückzugreifen, so ist es vermögensendwertmaximal, die Investitionen 1, 2, 3 und 4 im Umfang von 13000 Geldeinheiten (GE) unter Einsatz der Finanzmittel 1, 2 und zu 75 % 3a) umzusetzen (vgl. Abbildung 1). Das rechts von der Schnittpunktlösung liegende Investitionsobjekt 5 ist unvorteilhaft, weil seine Rendite unter der Effektivverzinsung des teuersten im optimalen Investitions- und Finanzierungsprogramm befindlichen Kredits 3a) liegt. Alle links vom Schnittpunkt liegenden Objekte sind im Programm.

Investitions-objekt	max. Umfang [GE]	kumu-liert [GE]	inter-ner Zins r	Finan-zierungs-objekt	max. Umfang [GE]	kumu-liert [GE]	inter-ner Zins r
1	1500	1500	30 %	1	2000	2000	0 %
2	2500	4000	25 %	2	8000	10000	10 %
3	4000	8000	20 %	3a)	4000	14000	13 %
4	5000	13000	15 %	3b)	–	–	–
5	∞	∞	2 %	3c)	3000	13000	13 %
				3d)	4000	14000	15 %
				4	∞	∞	25 %

Tabelle 1:   Daten für die Investitions- und Finanzierungsprogrammplanung

Entfällt Finanzierungsmöglichkeit 3 (*Fall 3b)*), werden nur noch die Eigenmittel 1 und die Fremdmittel 2 genutzt, um die Investitionen 1, 2, 3 und zu 40 % 4 im Umfang von insgesamt 10000 GE zu realisieren (vgl. Abbildung 2). Steht das Finanzierungs-objekt 3 wieder zur Verfügung, aber nur mit einem Maximalumfang von 3000 GE (*Fall 3c)*), ergibt sich erneut dasselbe optimale Investitions- und Finanzierungspro-gramm wie in Situation 3a), allerdings mit dem kleinen Unterschied, daß die Finanz-mittel aus 3c) nun vollständig aufgezehrt werden (vgl. Abbildung 3). Bleibt der Maxi-malumfang gegenüber Situation 3a) dagegen unverändert, steigt dafür aber die Effek-tivverzinsung auf 15 % (*Fall 3d)*), dann sind Investitionsvolumina zwischen 10000 GE wie im Fall 3b) und 13000 GE wie im Fall 3a) vermögensendwertmaximal (vgl. Abbil-dung 4). Eine 10000 GE übersteigende Investitionstätigkeit bis zum Umfang von 13000 GE führt auf Grund der Identität der Rendite des auszuweitenden Investitions-objekts 4 und der Effektivverzinsung des zusätzlich in Anspruch zu nehmenden Finan-zierungsobjekts 3d) zu keiner Veränderung des Endwerts.

Zur Ermittlung des optimalen Investitions- und Finanzierungsprogramms als Schnitt-punktlösung ist es also erforderlich, alle relevanten Investitions- und Finanzierungs-objekte *simultan* zu betrachten. Insofern ist das DEAN-Modell zwar ein recht einfaches, aber eben doch ein *Totalmodell*. Eine *isolierte* Beurteilung der einzelnen Objekte mit einem *Partialmodell* wie dem Kapitalwert führt nur dann zum „richtigen" Ergebnis, wenn der jeweils entscheidungstheoretisch „richtige" Kalkulationszinsfuß zur Anwen-dung gelangt. Er spiegelt den unternehmensspezifischen **Wert des Geldes** in Höhe seines aus der unternehmensindividuellen Grenzverwendung resultierenden Grenznut-zens und somit die durch die Partialbetrachtung zerschnittenen Wechselwirkungen zwischen Investition und Finanzierung wider. Dieser „richtige" Kalkulationszinsfuß läßt sich ebenfalls aus der Schnittpunktlösung ablesen.

Im ersten Fall des Beispiels ist Finanzierungsmöglichkeit 3a) Grenzobjekt: Bekäme das Unternehmen eine Geldeinheit geschenkt, so könnte Kredit 3a) reduziert werden. Benötigte es eine Geldeinheit mehr, so wäre der Kredit entsprechend auszuweiten. Mithin verzinst sich eine zusätzliche Geldeinheit in dieser Situation zu 13 %. Dieser Prozentsatz entspricht dem unternehmensspezifischen **Grenzpreis des Geldes**, der un-mittelbar aus der Grenzverwendung „Finanzierungsobjekt 3a)" resultiert. Als *Grenz-zinsfuß* markiert er die subjektive *Preisobergrenze* für einen Kredit und die subjektive *Preisuntergrenze* für eine Finanzanlage.

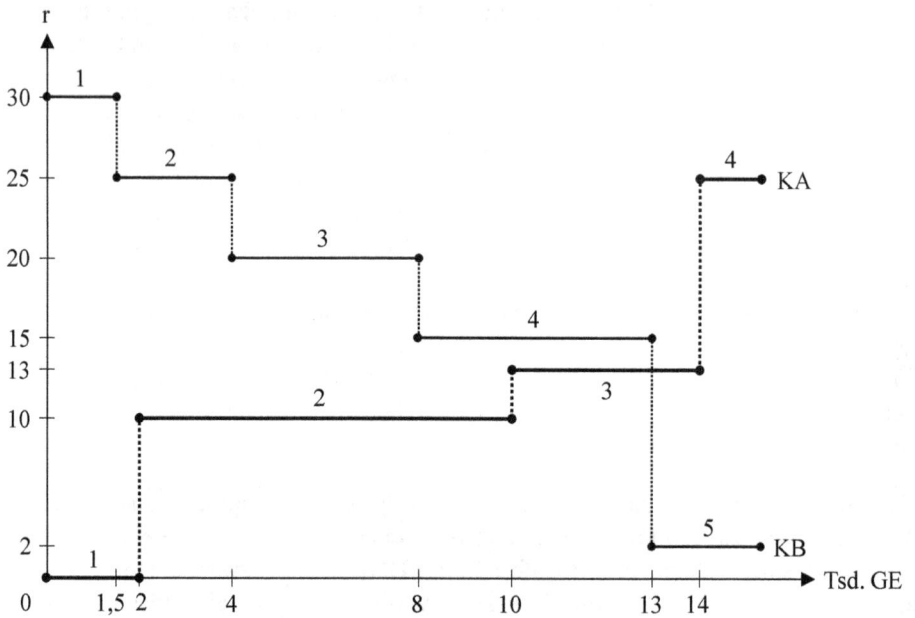

Abbildung 1:   DEAN-Modell mit Grenzfinanzierungsobjekt

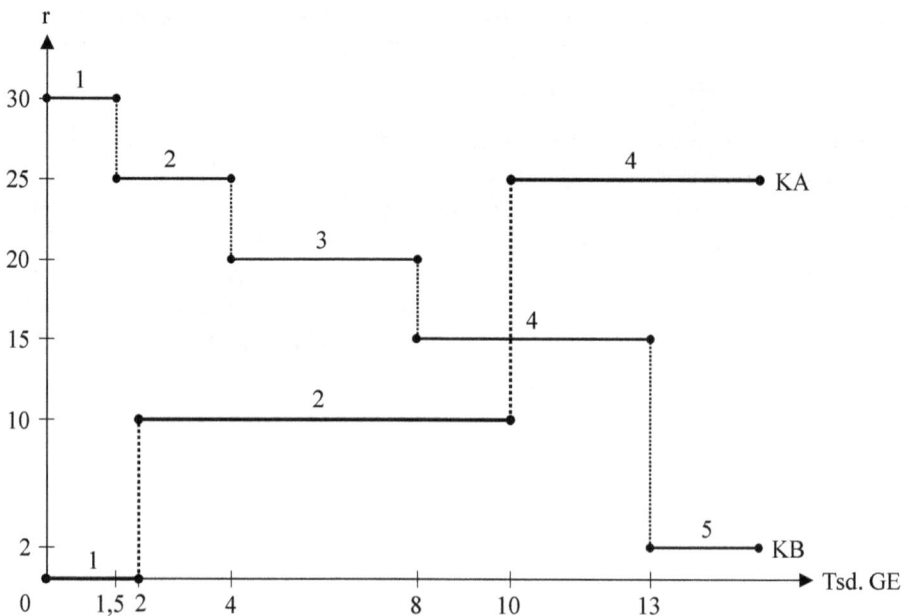

Abbildung 2:   DEAN-Modell mit Grenzinvestitionsobjekt

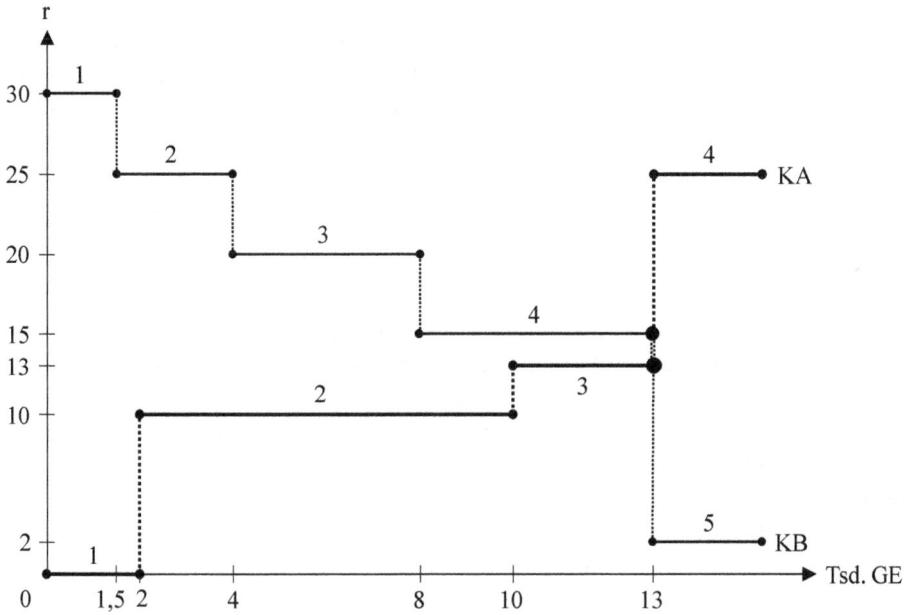

Abbildung 3: DEAN-Modell mit Steuerungszinsfußintervall

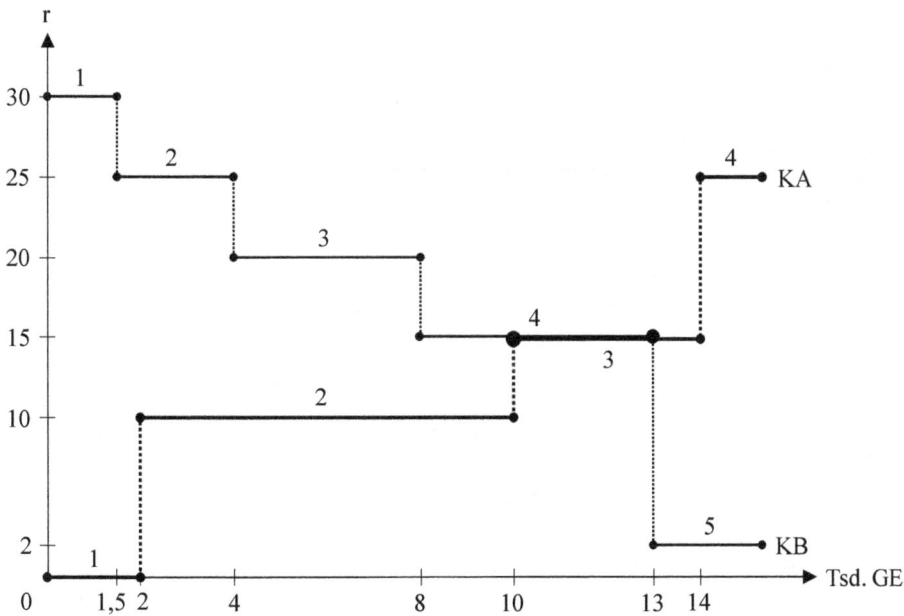

Abbildung 4: DEAN-Modell mit Investitionsvolumenintervall

Würden mit diesem Zinssatz die Kapitalwerte aller Handlungsoptionen berechnet, so ergäbe sich für das Grenzobjekt naheliegenderweise ein *Kapitalwert* von null und für alle anderen Objekte links (rechts) vom Schnittpunkt ein positiver (negativer) Kapitalwert, weil die internen Zinssätze dieser Investitions- und Finanzierungsmöglichkeiten höher bzw. niedriger (niedriger bzw. höher) als der des Grenzobjekts sind. Der bei Einsatz von Partialmodellen finanzielle Mittel in die „richtige" Verwendungsrichtung leitende Zinssatz ist also Ergebnis der Lösung des Totalmodells und insofern modellendogen. Dieser **Lenkpreis des Geldes** wird daher auch als *endogener Steuerungszinsfuß* bezeichnet.[1]

Investitionsmöglichkeit 4 ist das Grenzobjekt im Falle 3b): Erhielte das Unternehmen erneut eine zusätzliche Geldeinheit, so könnte die Investition ausgebaut werden. Brauchte es eine weitere Geldeinheit für welchen Zweck auch immer, so wäre die Investition entsprechend zu schmälern. Folglich beläuft sich der unternehmensindividuelle Grenz- und Lenkpreis des Geldes diesmal auf 15 %. Wie im vorhergehenden Fall ergeben sich somit im Schnittpunkt ein eindeutiges Investitions- und Finanzierungsprogramm und ein **eindeutiger endogener Steuerungszinsfuß**, der eine isolierte und dennoch richtige Entscheidungsfindung mit Hilfe des Kapitalwertkriteriums erlaubt.

Dagegen ist der Grenz- und Lenkpreis des Geldes im Falle 3c) nicht eindeutig, weil alle Objekte entweder vollständig oder gar nicht ins Programm aufzunehmen sind, sich somit kein Grenzobjekt erkennen läßt und sich kein Schnittpunkt, sondern ein *vertikaler Schnittbereich* ergibt, in dem sich ein **Steuerungszinsfußintervall** aufspannt. Je nachdem, ob der Zinssatz am oberen (15 %) oder unteren Ende (13 %) des Intervalls zur Berechnung der objektspezifischen Kapitalwerte herangezogen wird, scheint fälschlicherweise entweder Investition 4 oder Kredit 3c) Grenzobjekt zu sein, obwohl beide vollständig in das Programm eingehen. Werden zur Kalkulation der Kapitalwerte jedoch ausschließlich Zinsfüße aus dem *Inneren* des Intervalls gewählt, so wird kein Objekt einen Kapitalwert von null aufweisen und jedes Objekt richtigerweise eindeutig als vorteilhaft oder eindeutig als unvorteilhaft zu identifizieren sein. Die subjektive *Preisobergrenze* für einen Kredit entspricht jetzt mit 13 % der Effektivverzinsung des Finanzierungsobjekts 3c) und die subjektive *Preisuntergrenze* für eine Finanzanlage mit 15 % der Rendite des Investitionsobjekts 4.

Im Falle 3d) ist der Grenz- und Lenkpreis des Geldes wieder eindeutig, nicht aber das Investitions- und Finanzierungsprogramm. Auf Grund identischer interner Zinsfüße der schlechtesten vorteilhaften Investition und des gerade noch nicht nachteiligen Kredits entsteht statt eines Schnittpunkts ein *horizontaler Schnittbereich* mit einem einheitlich vermögensendwertmaximalen **Investitionsvolumenintervall**: Entweder wird Investition 4 oder Kredit 3d) oder es werden beide Objekte anteilig realisiert, und die Kapitalwerte der beiden (potentiellen) Grenzobjekte sind unter Verwendung des situationsspezifischen endogenen Steuerungszinsfußes von 15 % logischerweise gleich

---

1 Vgl. HERING (2022), S. 4, 144 f.

null, obwohl wahlweise auch auf Kredit 3d) vollständig verzichtet oder Investition 4 vollständig realisiert werden könnte.

Zusammenfassend läßt sich also festhalten, daß eine integrierte Investitions- und Finanzierungsprogrammplanung mit dem DEAN-Modell die Grenzverwendung und damit den Grenznutzen und Wert des Geldes aus der subjektiven Sicht des Planers offenlegt. Als **Grenzzinsfuß** markiert er die *Preisobergrenze* für einen Kredit und die *Preisuntergrenze* für eine Finanzanlage. Als **Steuerungszinsfuß** ist er geeignet, das optimale Investitions- und Finanzierungsprogramm auch mit Hilfe von Partialmodellen ermitteln zu können.

Allerdings ist hierzu zunächst die Lösung des Problems mit dem zugehörigen Total-modell erforderlich, weil der benötigte Steuerungszinfuß ja nur als „Kuppelprodukt" gemeinsam mit der Optimallösung des DEAN-Modells anfällt.[1] Er ist erst bekannt, wenn das Planungsproblem mit dem Totalmodell bereits gelöst wurde und es folglich keiner Planung mit Partialmodellen mehr bedarf. Hierin äußert sich das sogenannte **Dilemma der Lenkpreistheorie**[2]. Sobald man die Steuerungsgröße kennt, braucht man sie nicht mehr. Insofern sind Lenkpreise entweder *interessant und unbekannt* oder *bekannt und uninteressant*.

1.3 Einfaches Beispiel zur Bewertung von Rohstoffen[3]

In der Kostenrechnung werden pagatorische Kosten und wertmäßige Kosten unter-schieden. *Pagatorische Kosten* entsprechen dem *Marktpreis* einer betrachteten Res-source in Höhe des Grenznutzens des letzten gerade noch befriedigten Nachfragers als Ergebnis einer „objektiven" Marktkonstellation. Sie sind zur Unterstützung unterneh-merischer Dispositionen ungeeignet. Hierfür werden **wertmäßige Kosten** benötigt, die den unternehmensspezifischen Wert der jeweiligen Ressource in Höhe ihres aus der unternehmensindividuellen Grenzverwendung resultierenden Grenznutzens widerspie-geln. Als **Grenzpreise** stellen sie Preisobergrenzen im Falle eines Kaufs und Preis-untergrenzen im Falle eines Verkaufs dar. Als **Lenkpreise** ermöglichen sie eine aus Sicht der obersten Unternehmenszielsetzung optimale Ressourcenallokation mit Hilfe einfacher Partialmodelle. Doch, wie schon die endogenen Steuerungszinsfüße als „wertmäßige Kosten des Kapitals", sind auch die wertmäßigen Kosten beliebiger Res-sourcen erst nach vorheriger Lösung des Gesamtproblems und somit zu spät bekannt (Dilemma der Lenkpreistheorie).

---

1 Vgl. erneut HERING (2022), S. 4, 144 f.

2 Zum Dilemma der Lenkpreistheorie vgl. u. a. HIRSHLEIFER (1958), S. 340, HAX (1964), S. 441, HAX (1965b), S. 207, 210, ADAM (1970), S. 53, 177 f., HAX (1985), S. 100, ADAM (2000), S. 276 und HERING (2022), S. 144 ff.

3 Vgl. ROLLBERG (2012), S. 39 ff.

Diese Zusammenhänge sollen wieder mit Hilfe eines **Zahlenbeispiels** verdeutlicht werden.[1] Angenommen, ein Unternehmen besteht aus zwei Werken. Jedes dieser Werke stellt zwei Erzeugnisse (1 und 2 bzw. 3 und 4) her und benötigt dazu die Rohstoffe A und B. Während Rohstoff A unbegrenzt zur Verfügung steht, ist Rohstoff B knapp. Beschaffungspreise in GE pro Faktoreinheit (FE) und maximale Beschaffungsmengen der Rohstoffe in FE sowie *Deckungsspannen* (Absatzpreis – variable Stückkosten) in GE pro Mengeneinheit (ME) und maximale Absatzmengen der Produkte in ME sind gemeinsam mit den Produktionskoeffizienten in FE/ME der Tabelle 2 zu entnehmen. Das Unternehmen strebe nach Gewinn- bzw. Deckungsbeitragsmaximierung.

Produktionskoeffizient [FE/ME]	Rohstoff A	Rohstoff B	max. Absatz- menge [ME]	Deckungsspan- ne [GE/ME]
Produkt 1	3	5	100	15
Produkt 2	21	8	50	32
Produkt 3	9	4	75	20
Produkt 4	6	8	12,5	16
max. Beschaffungsmenge [FE]	∞	1000		
Beschaffungspreis [GE/FE]	2	4		

Tabelle 2:   Daten für die Produktionsprogrammplanung

Entscheidungskriterium einer Produktionsprogrammplanung bei gegebenem Engpaß ist die **relative Deckungsspanne** als Quotient aus produktspezifischer Deckungsspanne und engpaßbezogenem Produktionskoeffizienten. Sie gibt Auskunft über den Zielbeitrag eines Produkts pro Engpaßeinheit. Wird die Deckungsspanne unter Vernachlässigung der durch den Verbrauch des Engpaßfaktors entstehenden Zahlungswirkungen berechnet, so ist der Genauigkeit halber von *Bruttodeckungsspanne* zu sprechen.[2] Die **relative Bruttodeckungsspanne** ist somit um den Beschaffungspreis pro Engpaßeinheit höher als die relative Deckungsspanne.[3] Absolute und relative Bruttodeckungsspannen der einzelnen Produkte finden sich in Tabelle 3. Die Vorziehenswürdigkeit der Erzeugnisse richtet sich nach der Höhe ihrer relativen (Brutto-) Deckungsspannen: Bei engpaßorientierter Betrachtung ist also Produkt 3 am vorteilhaftesten, gefolgt von Produkt 2, 1 und 4. Da 1000 FE des Rohstoffs B zur Verfügung stehen, werden $4 \cdot 75 = 300$ ($8 \cdot 50 = 400$) FE für die Fertigung der Absatzhöchstmenge des vorteilhaftesten (zweitattraktivsten) Produkts 3 (2) verbraucht. Die verbleibenden 300 FE reichen nicht aus, um vom drittattraktivsten Produkt 1 die Absatzhöchstmenge

---

1 Vgl. in diesem Zusammenhang auch ADAM (1998), S. 267 ff. sowie ferner das Kapitel D „Lenkung durch Preise – ein spezielles System impliziter Verhaltensnormen" in HAX (1965a), S. 129 ff.

2 Vgl. ADAM (1998), S. 269.

3 Für Produkt 1 gilt: Deckungsspanne (DS) = 15 GE/ME, relative DS = 15/5 = 3 GE/FE, Bruttodeckungsspanne (BDS) = $15 + 4 \cdot 5 = 35$ GE/ME, relative BDS = $35/5 = (15 + 4 \cdot 5)/5 = 3 + 4 = 7$ GE/FE.

herzustellen (5·100 = 500 > 300 FE). Von diesem sogenannten Grenzprodukt oder Grenzerzeugnis können nur 300/5 = 60 ME gefertigt und verkauft werden (vgl. erneut Tabelle 3). Produkt 4 mit der niedrigsten positiven relativen (Brutto-)Deckungsspanne geht auf Grund fehlender Rohstoffe nicht in das optimale Produktionsprogramm ein. Demzufolge ergibt sich für die Beispieldaten ein maximaler *Deckungsbeitrag* des Programms in Höhe von 60·15 + 50·32 + 75·20 = 4000 GE oder 60·35 + 50·64 + 75·36 − 1000·4 = 4000 GE.

Produkt	Bruttodeckungs- spanne (BDS) [GE/ME]	relative BDS [GE/FE]	Rang	Produktions- und Absatzmenge [ME]	Rohstoff- verbrauch [FE]
1	15 + 4·5 = 35	35/5 = 7	3	60	300
2	32 + 4·8 = 64	64/8 = 8	2	50	400
3	20 + 4·4 = 36	36/4 = 9	1	75	300
4	16 + 4·8 = 48	48/8 = 6	4	−	−

Tabelle 3:   Produktionsprogrammplanung mit einem Totalmodell

Zur Ermittlung des optimalen Produktionsprogramms ist es also erforderlich, die Erzeugnisse aller Werke *simultan* in einem *Totalmodell* zu betrachten. Eine *isolierte* Beurteilung der einzelnen Produkte mit einem *Partialmodell* wie der Deckungsspanne führt nur dann zum „richtigen" Ergebnis, wenn mit den entscheidungstheoretisch „richtigen" Kosten gerechnet wird. Sie müssen den unternehmensspezifischen **Wert des Rohstoffs** in Höhe seines aus der unternehmensindividuellen Grenzverwendung resultierenden Grenznutzens entsprechen und die durch die Partialbetrachtung zerschnittenen Interdependenzen zwischen den Produktionsmöglichkeiten widerspiegeln.

Stünde eine FE des Rohstoffs B mehr (weniger) zur Verfügung, so stiege (sänke) die Fertigung des Grenzprodukts um 1/5 ME und der (Brutto-)Deckungsbeitrag um 1/5 seiner (Brutto-)Deckungsspanne, weil 5 FE des Rohstoffs B für 1 ME des Produkts 1 erforderlich sind. Der Grenzgewinn oder Grenzdeckungsbeitrag pro FE des knappen Rohstoffs B beträgt folglich 15/5 = 3 GE und entspricht damit der *relativen Deckungsspanne des Grenzprodukts* als *faktorspezifischen Opportunitätskosten*. Werden zu diesen Opportunitätskosten die pagatorischen Kosten in Höhe von 4 GE/FE addiert, ergibt sich die *relative Bruttodeckungsspanne des Grenzprodukts* als *faktorspezifische wertmäßige Kosten* in Höhe von 35/5 = 7 GE/FE. Die wertmäßigen Kosten als Summe aus pagatorischen und Opportunitätskosten determinieren als **Grenzpreis des Rohstoffs** die *Preisobergrenze* bei einem Kauf und die *Preisuntergrenze* bei einem Verkauf.

Rohstoff A ist nicht knapp. Eine zusätzliche FE wirkt sich auf den Deckungsbeitrag also genausowenig aus, wie der Abzug einer FE. Da es keine Möglichkeit der „nutz-

bringenden" Verwendung des nichtknappen Faktors gibt, sind seine Opportunitätskosten gleich null, seine wertmäßigen Kosten gleich den pagatorischen Kosten und sein
Grenzpreis gleich dem Marktpreis in Höhe von 2 GE/FE.

Werden den isoliert planenden Werken die engpaßfaktorspezifischen wertmäßigen
Kosten als **Lenkpreis des Rohstoffs** vorgegeben, steht einer zielsetzungsgerechten
Produktionsprogrammplanung mit Hilfe einfacher Deckungsspannen nichts mehr im
Weg. Werk 1 berechnet dann unter Berücksichtigung des Lenkpreises die Deckungsspannen der Produkte 1 und 2 und Werk 2 die der Produkte 3 und 4. Da der Engpaßfaktor nicht mehr mit seinem Marktpreis, sondern mit seinen wertmäßigen Kosten in
die Berechnung eingeht, handelt es sich genaugenommen um *wertmäßige Deckungsspannen*, die eine isolierte Beurteilung der einzelnen Erzeugnisse erlauben. Das Grenzprodukt zeichnet sich durch eine wertmäßige Deckungsspanne von 0 GE/ME aus, weil
seine pagatorische Deckungsspanne vollständig von den Opportunitätskosten der zu
seiner Fertigung erforderlichen Engpaßfaktoreinheiten aufgezehrt wird (vgl. Tabelle 4). Das Grenzerzeugnis ist der Vergleichsmaßstab, an dem die Vorteilhaftigkeit der
übrigen Produkte gemessen wird. Ist der Grenzgewinn bzw. Grenzdeckungsbeitrag pro
FE des Engpaßfaktors in einer Verwendungsrichtung höher (niedriger) als bei Fertigung des Grenzprodukts, ergibt sich eine positive (negative) wertmäßige Deckungsspanne. Produkte mit einer positiven wertmäßigen Deckungsspanne sind vorteilhafter
als das Grenzerzeugnis und mit ihren Absatzhöchstmengen in das Produktionsprogramm aufzunehmen. Negative wertmäßige Deckungsspannen kennzeichnen demgegenüber unvorteilhafte Produkte, die zu vernachlässigen sind.

Werk	Produkt	wertmäßige Deckungsspanne [GE/ME]	Produktions- und Absatzmenge [ME]
1	1	$15 - 3 \cdot 5 = 0$	60
	2	$32 - 3 \cdot 8 = +8$	50
2	3	$20 - 3 \cdot 4 = +8$	75
	4	$16 - 3 \cdot 8 = -8$	–

Tabelle 4:   Produktionsprogrammplanung mit einem Partialmodell

Mithin wird sich Werk 2 ohne Kenntnis der Handlungsalternativen der anderen Pro-
duktionsstätte dazu entschließen, Produkt 3, nicht aber 4 zu fertigen (vgl. Tabelle 4).
Werk 1 nimmt zielsicher Erzeugnis 2 in das werkspezifische Produktionsprogramm
auf. Ein nachträglicher Koordinationsbedarf besteht lediglich hinsichtlich des Grenzprodukts, da alle Zweigwerke im Falle einer wertmäßigen Deckungsspanne von null
bei der Unternehmensleitung nachfragen müssen, wie viele Einheiten des Engpaßfaktors noch übrig sind. Nachdem also die isoliert in den Werken 1 und 2 ermittelten Fak-
torbedarfe für die Produktion der unstreitig vorteilhaften Erzeugnisse 2 und 3 gedeckt
worden sind, wird die Zentrale die verbliebenen 300 FE von Rohstoff B dem Werk 1

zuteilen, das sodann 60 ME von Produkt 1 herstellt. Damit ergibt sich dasselbe optimale Produktionsprogramm wie bei der Planung mit dem Totalmodell (vgl. Tabelle 3 und 4).

Zur isolierten Planung des werkspezifischen Produktionsprogramms reicht es völlig aus, sich an den **wertmäßigen Deckungsspannen** zu orientieren, da letztlich nur die Vorzeichen dieser Größen entscheidungsrelevant sind. Insofern stellen wertmäßige Deckungsspannen das kostenrechnerische Pendant zum **Kapitalwert** der Investitionsrechnung dar. Dies wird bei Kombination der Produktionsprogrammplanung mit dem Problem der Beschaffung unterschiedlich teurer Engpaßfaktoren von verschiedenen Lieferanten noch augenscheinlicher.

Angenommen, Rohstoff B kann von drei Lieferanten bezogen werden: jeweils 400 FE von Lieferant 1 für 4 GE/FE, von Lieferant 2 für 6 GE/FE und von Lieferant 3 für 8 GE/FE. Dann läßt sich das **DEAN-Modell** auch auf die Produktionsprogrammplanung anwenden.[1] An die Stelle der investitions- und finanzierungsobjektspezifischen internen Zinsfüße treten in der Faktorbedarfsfunktion (FB) die *produktspezifischen relativen Bruttodeckungsspannen* (rel. BDS) in absteigender und in der Faktorangebotsfunktion (FA) die *engpaßfaktorspezifischen Beschaffungspreise* (q) als variable Kosten pro FE in aufsteigender Reihenfolge in Abhängigkeit von der kumulierten Engpaßfaktormenge. Festzulegen ist statt des vermögensendwertmaximalen Finanzmittelbudgets das *deckungsbeitragsmaximale Beschaffungsvolumen an Engpaßfaktoren.*

Im vorliegenden Falle zeigt der gefundene Schnittpunkt der Faktorbedarfs- mit der Faktorangebotsfunktion an, daß 800 FE zu beschaffen sind,[2] um von den Produkten 3 und 2 die jeweilige Absatzobergrenze sowie von Produkt 1 20 ME zu fertigen; der maximale Deckungsbeitrag beträgt $20 \cdot 35 + 50 \cdot 64 + 75 \cdot 36 - 400 \cdot (4 + 6) = 2600$ GE bei wertmäßigen Kosten des Faktors B in Höhe von 7 GE/FE (relative Bruttodeckungsspanne des Grenzprodukts 1; vgl. Abbildung 5). Eine Zuordnung der zu beschaffenden Faktoreinheiten zu den zu produzierenden Erzeugnissen ist sinnfrei und entbehrlich.

Kann Lieferant 3 abweichend von der Ausgangslage 500 FE für 6,50 GE/FE liefern, sind von den Erzeugnissen 1, 2 und 3 jeweils die Absatzhöchstmengen mit 1200 FE zu produzieren, wobei sich der maximale Deckungsbeitrag auf $100 \cdot 35 + 50 \cdot 64 + 75 \cdot 36 - 400 \cdot (4 + 6 + 6,5) = 2800$ GE und die wertmäßigen Kosten des Faktors B auf 6,50 GE/FE (Beschaffungspreis bei „Grenzlieferant" 3; vgl. Abbildung 6) einpendeln.[3]

---

1 Vgl. ADAM (1998), S. 229 ff.

2 Wenngleich weniger FE beschafft werden, als grundsätzlich zur Verfügung stehen, liegt dennoch eine Knappheitssituation vor, weil die FE des günstigsten Lieferanten nicht ausreichen, um von allen Produkten mit positiver Bruttodeckungsspanne die Absatzhöchstmengen herzustellen. Vgl. ADAM (1998), S. 229.

3 Selbstverständlich sind wie im Unterkapitel 1.2 auch Fälle mit nicht eindeutiger Lösung denkbar, auf deren Darstellung hier jedoch verzichtet wird.

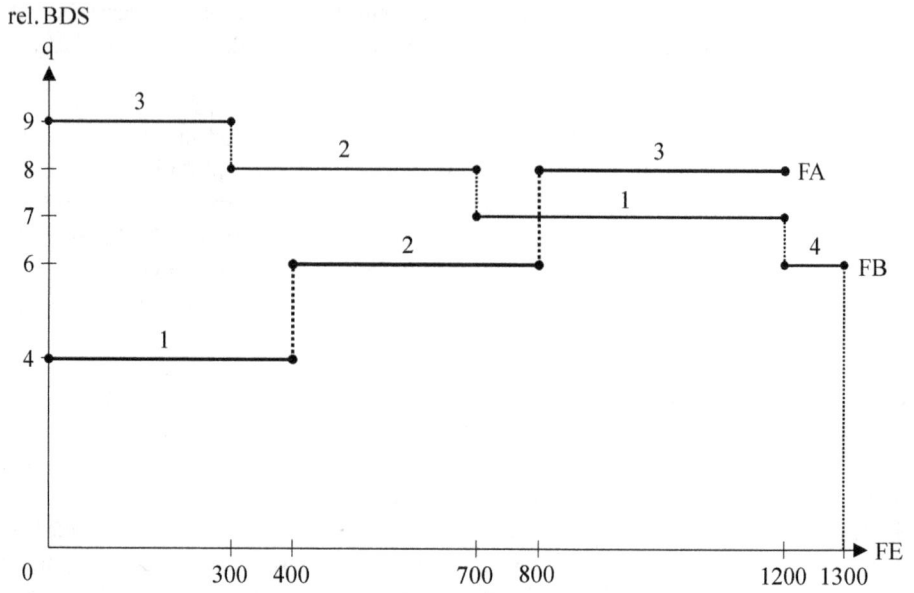

Abbildung 5:   DEAN-Modell mit Grenzerzeugnis

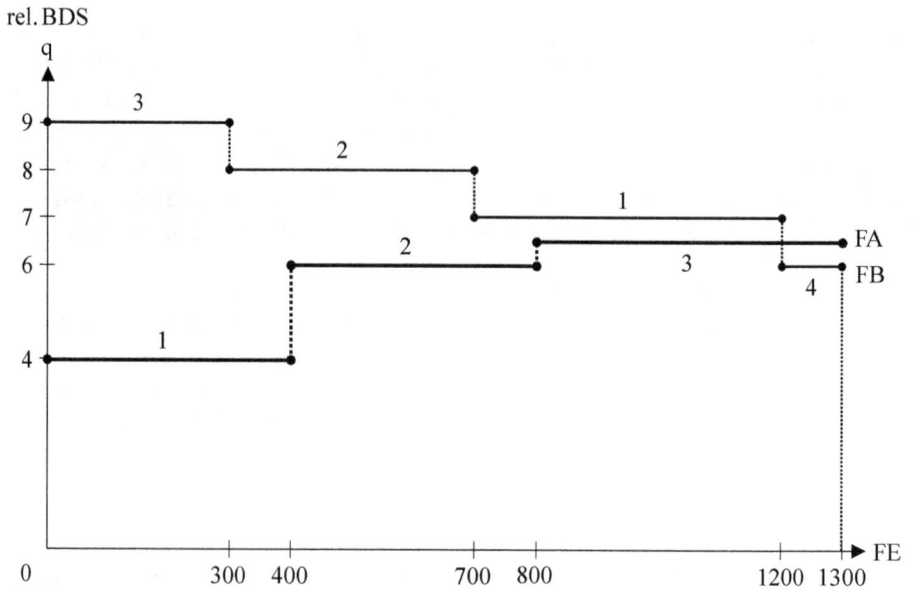

Abbildung 6:   DEAN-Modell mit Grenzeinsatzfaktor

Würden mit den jeweils ermittelten wertmäßigen Kosten als Grenz- und Lenkpreis des Engpaßfaktors erneut die wertmäßigen Deckungsspannen der einzelnen Produkte berechnet, so ergäbe sich für das Grenzerzeugnis naheliegenderweise wieder eine wertmäßige Deckungsspanne von null und für alle anderen Produkte links (rechts) vom Schnittpunkt eine positive (negative) wertmäßige Deckungsspanne.

1.4 Zweistufiger Ansatz der Ressourcen- und Unternehmensbewertung

Das schlichte DEAN-Modell ist für realistische Bewertungssituationen ungeeignet und wurde nur aus didaktischen Gründen besprochen. Im folgenden soll ein universeller Ansatz der Ressourcen- und Unternehmensbewertung für beliebig komplexe Bewertungssituationen vorgestellt werden, der rahmengebend für alle in den Hauptkapiteln des vorliegenden Lehrbuchs entwickelten Bewertungsprozeduren ist.

Die integrierte subjektive Grenzpreisbestimmung ist nach JAENSCH und MATSCHKE zweistufig konzipiert:[1] In einem ersten Schritt wird ein **Basisansatz** aufgestellt und gelöst, um das *Basisprogramm* als optimalen Maßnahmenplan unter Vernachlässigung der zu bewertenden Transaktion zu ermitteln. Hierbei kann es sich um das lineare Grundmodell der Investitions- und Finanzierungsprogrammplanung (2.1.1) oder das der Produktionsprogrammplanung (2.2.1), aber auch um integrierte produktions- und finanzwirtschaftlich fundierte Modelle, wie in den Abschnitten 2.3.1, 3.2.1, 3.3.1 und 3.4.1 sowie in Unterkapitel 4.3, handeln.

In einem zweiten Schritt erfolgt mit dem **Bewertungsansatz** die Bestimmung des *Bewertungsprogramms* als optimalen Maßnahmenplans unter Berücksichtigung der zu bewertenden Transaktion und damit im Falle eines Kaufs (Verkaufs) der Preisobergrenze (Preisuntergrenze) für die zu beurteilende Ressource oder das zu beurteilende Unternehmen unter der Voraussetzung, mindestens den Zielwert aus dem Basisprogramm wieder zu erreichen und sich somit nicht schlechter zu stellen als bei Unterlassung des Geschäfts. Der für eine Ressource oder ein Unternehmen höchstens zu zahlende Kaufpreis oder mindestens zu fordernde Verkaufspreis läßt sich errechnen, indem die Differenz aus potentieller Aus- und Einzahlung maximiert wird und zwar unter den Restriktionen des ursprünglichen Basisansatzes, ergänzt um eine Mindestzielwert-

---

1 Vgl. JAENSCH (1966a), S. 664 f. und JAENSCH (1966b), S. 136 ff. sowie MATSCHKE (1969), S. 58 ff., MATSCHKE (1972), S. 153 ff., MATSCHKE (1975), S. 253 ff., 387 ff., MATSCHKE/BRÖSEL (2013), S. 146 ff. und MATSCHKE/BRÖSEL (2021), S. 65 ff. Zum sogenannten Zustandsgrenzpreismodell (ZGPM) als Konkretisierung dieses Bewertungsansatzes vgl. HERING (1999), S. 20 ff., 181 ff. und HERING (2021), S. 37 ff., 305 ff. sowie MATSCHKE/BRÖSEL (2013), S. 206 ff. und MATSCHKE/BRÖSEL (2021), S. 97 ff. Zur realgüterwirtschaftlichen Fundierung des Bewertungsansatzes vgl. ROLLBERG (2005), ROLLBERG (2008) und ROLLBERG (2012), S. 118 ff., 133 ff. Zur realgüterwirtschaftlich fundierten Bewertung von Umweltschutzinvestitionen vgl. KLINGELHÖFER (2006), S. 123 ff. und zu der von Produktionsflexibilitätspotentialen vgl. MIRSCHEL (2007), S. 181 ff.

restriktion und ergänzt (reduziert) um die zu kaufende (zu verkaufende) Ressourcenmenge oder das zu kaufende (zu verkaufende) Unternehmen. Bewertungsansätze finden sich in den Abschnitten 2.1.2, 2.2.2, 2.3.2, 3.2.2, 3.3.2 und 3.4.2 sowie in Unterkapitel 4.5.

Wenn aus dem Ressourcenzu- oder -abgang keine Umstrukturierung[1] im ursprünglich optimalen Maßnahmenplan resultiert, ergibt sich der subjektive Grenzpreis einer Ressource im Rahmen einer **einfachen Bewertung** aus den wertmäßigen Kosten oder dem Gegenwartswert der Ressource, der sich unter Zuhilfenahme der (periodenspezifischen) Dualwerte aus dem *Basisprogramm* berechnen läßt. Eine Ermittlung von Grenzpreisen im Falle von Umstrukturierungen setzt indes eine **komplexe Bewertung** und damit die Bestimmung des *Bewertungsprogramms* voraus.[2] Bei einer Unternehmensbewertung ist die einfache Bewertung praktisch unmöglich und die komplexe Bewertung unumgänglich.

In den Hauptkapiteln des vorliegenden Lehrbuchs soll an Hand einfacher Modelle der linearen Optimierung die zweistufige subjektive Grenzpreisbestimmung für Ressourcen und Unternehmen als Ressourcenbündel veranschaulicht werden. Zunächst sind im Unterkapitel 2.1 unter ausschließlicher Konzentration auf die *Finanzgütersphäre* und unter Einsatz des dynamischen Grundmodells der Investitions- und Finanzierungsprogrammplanung *Grenzpreise für Zahlungsströme* zu ermitteln. Zahlungsströme können auch ganze Unternehmen repräsentieren, wenn sie lediglich als Finanzobjekte betrachtet werden (vgl. Unterkapitel 3.1). Sodann stehen im Unterkapitel 2.2 unter ausschließlicher Konzentration auf die *Realgütersphäre* und unter Einsatz des statischen Grundmodells der Produktionsprogrammplanung *kostenorientierte Grenzpreise für Repetierfaktoren* im Mittelpunkt des Interesses. Weiter werden in den Unterkapiteln 2.3 und 2.4 die zuvor gewonnenen Erkenntnisse zusammengeführt und die ursprünglichen Grundmodelle der *Real- und Finanzgütersphäre* zu einem dynamischen Modell der Investitions-, Finanzierungs- und Produktionsprogrammplanung vereint, um *zahlungsorientierte Grenzpreise für beliebige Ressourcen*, also auch für mehrere Perioden nutzbare Potentialfaktoren, bestimmen zu können. Da letztlich kaum Unterschiede zwischen einer Bewertung von Potentialfaktoren und einer Bewertung ganzer Unternehmen als Ressourcenbündeln bestehen, werden die Überlegungen zur *Ressourcenbewertung* aus dem zweiten Kapitel im dritten Kapitel auf die *Unternehmensbewertung* im Falle einer Fusion, Akquisition und Segregation übertragen (vgl. Unterkapitel 3.2, 3.3 und 3.4).

---

1 Eine *Umstrukturierung* ist stets Folge eines *Basistauschs*. Wird mindestens eine Basisvariable (Nichtbasisvariable) des ursprünglich optimalen Maßnahmenprogramms durch den Ressourcenzu- oder -abgang zu einer Nichtbasisvariablen (Basisvariablen) im modifizierten Programm, so liegt ein Basistausch vor (vgl. auch Anhang 3 des vorliegenden Lehrbuchs). Dabei ist eine *Basisvariable* in der Regel (zu Ausnahmen vgl. Anhang 5) eine Variable mit einem Wert größer null und eine *Nichtbasisvariable* eine mit einem Wert von null.

2 Zur Unterscheidung zwischen einfacher und komplexer Bewertung zur Ermittlung von Grenzpreisen vgl. LAUX/FRANKE (1969), S. 210 ff., 214 ff. sowie HERING (1999), S. 35 ff. und HERING (2021), S. 48, 54 ff.

Im vierten Kapitel runden Überlegungen zur *partnerschaftlichen Bewertung* von Maßnahmen in unternehmensübergreifenden Wertschöpfungsketten die Betrachtungen zur Ressourcen- und Unternehmensbewertung ab. Abbildung 7 veranschaulicht die Zusammenhänge zwischen den einzelnen Kapiteln und Unterkapiteln des vorliegenden Lehrbuchs.

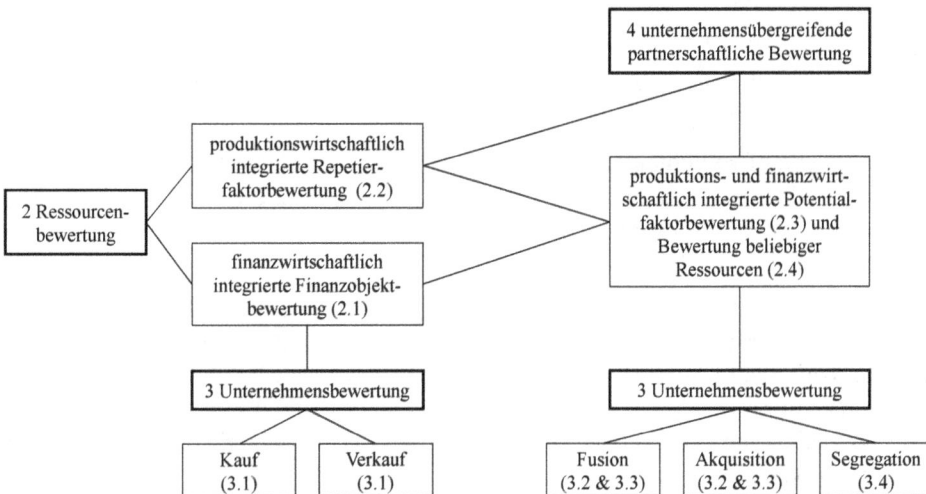

Abbildung 7: Aufbau des Lehrbuchs

1.5 Ausgewählte Anlässe der Ressourcen- und Unternehmens-bewertung

Bewertungsobjekte können Einsatzfaktoren, Produktionsaufträge, unternehmerische Maßnahmen, Zahlungsmittel, Unternehmensteile oder ganze Unternehmen sein. Der mögliche Kauf oder Verkauf des jeweiligen Bewertungsobjekts begründet die verschiedenen Anlässe der Ressourcen- und Unternehmensbewertung als Ausgangspunkte für die Modellierungen und Analysen in den einzelnen Unterkapiteln und Abschnitten des vorliegenden Lehrbuchs.

Bewertungsanlässe sind demnach der Kauf und Verkauf eines Zahlungsstroms, die Aufnahme eines Kredits und die Anlage finanzieller Mittel. Weiter zählen der Kauf und Verkauf von Repetier- und Potentialfaktoren sowie die Annahme eines Zusatzauftrags als Verkauf von Faktorbündeln zu den *Anlässen einer Ressourcenbewertung*. Hingegen sind die Fusion als Verschmelzung von Unternehmen, die Akquisition als Kauf und Übernahme eines Unternehmens sowie die Segregation als Verkauf von Unternehmensteilen *Anlässe der Unternehmensbewertung*. Schließlich können geplante Maßnahmen in unternehmensübergreifenden Wertschöpfungsketten mit Auswirkungen auf alle beteiligten Wertschöpfungspartner *Anlaß für partnerschaftliche Bewertungen* sein. In der folgenden Tabelle 5 werden die einzelnen Bewertungsanlässe den Gliederungspunkten, unter denen sie eingehend erörtert werden, zugeordnet.

• Kauf/Verkauf eines Zahlungsstroms	→	2.1.1, 2.1.2, **2.1.3**, 2.4.4
• Aufnahme eines Kredits	→	2.1.1, 2.1.2, **2.1.4**, 2.4.4
• Tätigung einer Finanzanlage	→	2.1.1, 2.1.2, **2.1.5**, 2.4.4
• Kauf/Verkauf eines Unternehmens als Zahlungsstrom	→	Unterkapitel 3.1
• Kauf/Verkauf von Potentialfaktoren	→	Unterkapitel 2.3; 2.4.1
• Kauf/Verkauf von Repetierfaktoren	→	2.2.1, 2.2.2, **2.2.3**, **2.4.2**
• Annahme eines Zusatzauftrags als Verkauf von Faktorbündeln	→	2.2.1, 2.2.2, **2.2.4**, **2.4.3**
• Fusion von Unternehmen als Verschmelzung von Ressourcenbündeln	→	3.2.1, **3.2.2**, **3.2.3**, 3.3.1, **3.3.2**, **3.3.3**
• Akquisition von Unternehmen als Kauf und Eingliederung von Ressourcenbündeln	→	3.2.1, **3.2.4**, 3.3.1, **3.3.4**
• Segregation von Unternehmensteilen als Verkauf von Ressourcenbündeln	→	Unterkapitel 3.4
• Ergreifung von Maßnahmen in Wertschöpfungsketten	→	Kapitel 4

Tabelle 5:   Ausgewählte Anlässe der Ressourcen- und Unternehmensbewertung

Zur grundsätzlichen Notwendigkeit der Bewertung von **Realgütern** vor einem Kauf oder Verkauf von Produktionsfaktoren und von **Finanzgütern** vor einer Anlage oder Aufnahme von Finanzmitteln wurde in den vorhergehenden Unterkapiteln schon einiges gesagt. Diese Aussagen bedürfen im Zusammenhang mit der Diskussion unterschiedlicher Bewertungsanlässe einer Verfeinerung, indem zwischen Repetier- und Potentialfaktoren als spezifischen Produktionsfaktoren und zwischen Sach- und Finanzinvestitionen als spezifischen Geldanlagen differenziert wird.

Repetier- oder Verbrauchsfaktoren, wie Roh-, Hilfs- und Betriebsstoffe sowie Teile, Komponenten und Zwischenprodukte, gehen mit erstmaligem Einsatz im Produktionsprozeß unter, weil sie entweder unmittelbar verbraucht werden oder durch Kombination eine chemische oder physikalische Umwandlung erfahren.[1] Demgegenüber verkörpern **Potential- oder Gebrauchsfaktoren**, wie Betriebsmittel und Arbeitskräfte,

---

1 Dieser und der nächste Satz in enger Anlehnung an ADAM (1998), S. 285.

Nutzenpotentiale, die in der Regel nicht durch einmaligen, sondern erst durch wiederholten Einsatz in einer produktiven Kombination aufgezehrt werden.[1]

Der Kauf mehrperiodiger Nutzenpotentiale in Gestalt von Potentialfaktoren zur Erlangung zusätzlicher Rückflüsse aus dem güterwirtschaftlichen Leistungsprozeß steht als **Sachinvestition** in unmittelbarer Konkurrenz zur **Finanzinvestition** als „Kauf" von Beteiligungs- oder Gläubigerrechten zur Erlangung künftiger Zahlungsströme. Methodisch kann zur Bewertung einer Sachinvestition auf dasselbe Instrumentarium wie bei der Bewertung von Finanzinvestitionen zurückgegriffen werden, wenn sich für den jeweiligen Potentialfaktor zuvor eine Zahlungsreihe isolieren läßt. Allerdings ist dies in den seltensten Fällen möglich, weil das Entstehen einer verkaufsfähigen Leistung in der Regel nur dem Zusammenwirken mehrerer Potentialfaktoren zugeschrieben werden kann. Eine Verteilung der aus dem Güterumwandlungsprozeß resultierenden Rückflüsse auf einzelne Maschinen wäre somit nach jedem erdenklichen Schlüssel willkürlich. Anstatt also zunächst produktionswirtschaftlich begründete Zahlungsreihen abschätzen zu wollen, um diese anschließend finanzwirtschaftlich zu bewerten, ist es sinnvoller, zu beurteilende Potentialfaktoren explizit in produktions- und finanzwirtschaftlich fundierten Bewertungsmodellen abzubilden – und dies gilt sowohl für die Bestimmung von Preisobergrenzen bei einem Kauf als auch von Preisuntergrenzen bei einem Verkauf.

Zwischen der Ermittlung einer Preisuntergrenze für einen veräußerbaren Repetier- oder Potentialfaktor und der für einen **Zusatzauftrag** besteht letztlich kein großer Unterschied. Im ersten Falle sind Mengen eines spezifischen Repetierfaktors oder Kapazitäten eines spezifischen Potentialfaktors *direkt*, im zweiten Falle ist ein **Faktorbündel**, bestehend aus Faktoreinheiten unterschiedlicher Repetier- und Zeiteinheiten verschiedener Potentialfaktorarten, über die Beanspruchung durch den Zusatzauftrag *indirekt* zu verkaufen und daher zu bewerten.

Auch Unternehmensteile und ganze **Unternehmen** können als *Zahlungsströme* wie Finanzinvestitionen oder *Ressourcenbündel* wie Sachinvestitionen bewertet werden. Freilich ist eine Abschätzung der Nettozahlungswirkungen von Unternehmen(steilen) und ihrer Synergien mit dem Umfeld, in das sie nach einem Kauf integriert oder aus dem sie nach einem Verkauf herausgelöst werden müssen, noch weniger zweckmäßig als im Falle von Potentialfaktoren.

Soll das zu bewertende Unternehmen allerdings als reine **Finanzanlage** betrachtet werden, so spricht einiges dafür, aus den Zahlungsmittelrückflüssen der Vergangenheit auf den künftig zu erwartenden Zahlungsstrom zu schließen und die sich ergebende

---

1 Zur Unterscheidung von Repetier- und Potentialfaktoren vgl. HEINEN (1983), S. 247. Vgl. auch das Produktionsfaktorsystem von GUTENBERG (1983), S. 2 ff., 11 ff. GUTENBERG (1983) spricht zwar ebenfalls von Potential- (vgl. S. 326), nicht aber von Repetierfaktoren, sondern von Verbrauchsgütern (vgl. S. 328 oder auch S. 325).

Zahlungsreihe rein finanzwirtschaftlich zu bewerten.[1] Dann ergibt sich der Unternehmenswert als äußerstenfalls vertretbare Anfangsauszahlung (mindestens zu fordernde Anfangseinzahlung) für den zu erwerbenden (veräußernden) Zahlungsstrom.

Bei einer *Akquisition* indes existiert das erworbene Unternehmen nicht mehr wie zuvor weiter, sondern es wird als **Ressourcenbündel** mit einem anderen Unternehmen real- und finanzgüterwirtschaftlich verschmolzen. Eine Verschmelzung von zwei Unternehmen im Einvernehmen ohne vorherigen Kaufakt wird als *Fusion* bezeichnet.

Fusionen und Akquisitionen (F&A oder M&A für „Mergers & Acquisitions") führen zu einer Übertragung von Leitungs-, Kontroll- und Verfügungsrechten, wobei mindestens eines der beteiligten Unternehmen seine rechtliche Selbständigkeit verliert.[2] Die beiden Pole des Kontinuums möglicher Ausgestaltungsformen strategisch begründeter F&A-Vorhaben, also solcher, die auf Synergieeffekte abzielen, bilden die *echte Fusion unter Gleichen*, bei der sich zwei Unternehmen freiwillig zu einer rechtlichen und wirtschaftlichen Einheit zusammenschließen, und die Akquisition, bei der ein Unternehmen ein anderes kauft, um es sich anschließend einzuverleiben.[3] Insofern findet jede Akquisition mit einer „*Fusion unter Ungleichen*" ihren Abschluß. Fusionen und Akquisitionen lassen sich danach unterscheiden, ob sie sich auf Unternehmen derselben Branche und Wertschöpfungsstufe (*horizontale F&A*), aufeinanderfolgender Wertschöpfungsstufen (*vertikale F&A*) oder gänzlich unterschiedlicher Branchen (*laterale F&A*) beziehen.[4] Wird im Rahmen einer vertikalen Akquisition ein Unternehmen der vorhergehenden oder der nachfolgenden Wertschöpfungsstufe gekauft, so kommt es zu einer Rückwärts- bzw. Vorwärtsintegration.

Die **Motive** von F&A-Vorhaben sind vielfältiger Natur.[5] Beispielsweise versprechen *horizontale F&A* über eine erhöhte Ausbringung artverwandter Produkte Stückkostensenkungen in der Produktion und bei der Beschaffung der hierfür erforderlichen Repetierfaktoren (Degressionseffekte, „economies of scale"). *Laterale F&A* führen gegebenenfalls zu Kosteneinsparungen durch die Mehrfachnutzung von Potentialfaktoren, Beschaffungs- und Vertriebskanälen sowie Informationen für die gemeinsame Erstellung und Verwertung auch artverschiedener Produkte (Verbundvorteile, „economies of scope"). Dagegen können *vertikale F&A* durch die Integration von Beschaffungs- oder Vertriebskanälen die Koordinationskosten senken (Integrationseffekte, „economies of

---

1 Vgl. ROLLBERG (2008), S. 26.

2 Vgl. WIRTZ (2017), S. 11.

3 Zu den vielfältigen Ausgestaltungsformen von F&A-Vorhaben vgl. bspw. GERPOTT (1993), S. 36 ff., NEUMANN (1994), S. 33 ff. und ACHLEITNER/WIRTZ/WECKER (2004), S. 480 f.

4 Zu den leistungswirtschaftlichen Ausrichtungen von F&A-Vorhaben vgl. bspw. GERPOTT (1993), S. 43 ff., NEUMANN (1994), S. 65, ACHLEITNER/WIRTZ/WECKER (2004), S. 481 f., BEHRINGER (2013), S. 81 ff., JANSEN (2016), S. 82 f. und WIRTZ (2017), S. 17 ff.

5 Zu den unterschiedlichen Motiven sowie ökonomischen Vor- und Nachteilen von F&A-Vorhaben vgl. bspw. NEUMANN (1994), S. 74 ff., OLBRICH (1999), S. 37 ff., ACHLEITNER (2002), S. 142 ff., VOGEL (2002), S. 32 ff., FRANCK/MEISTER (2006), LINDSTÄDT (2006), BEHRINGER (2013), S. 43 ff., JANSEN (2016), S. 167 ff., insb. S. 206 ff., und S. 301 f. sowie WIRTZ (2017), S. 61 ff.

integration"). Überdies dienen *horizontale F&A* der Marktbereinigung sowie der Ver-
größerung des Marktanteils und der Marktmacht, *vertikale F&A* der Sicherung von
Versorgung oder Absatz sowie *laterale F&A* der Risikominderung und dem externen
Wachstum durch Diversifikation. Neben diese primär *realgüterwirtschaftlichen* Moti-
ve tritt unabhängig von der jeweiligen F&A-Kategorie noch die *finanzwirtschaftliche*
Hoffnung, daß nach einer Fusion oder Akquisition mehr Fremdkapital zu günstigeren
Konditionen zur Verfügung steht und sich die Möglichkeiten der Eigenkapitalbeschaf-
fung verbessern.

Ernüchternderweise ist aber darauf hinzuweisen, daß sich die an F&A-Vorhaben
knüpfenden Hoffnungen nicht mit den tatsächlichen Konsequenzen ihrer Realisierung
decken müssen. Mit der zunehmenden Betriebsgröße können nämlich durchaus auch
Nachteile verbunden sein, wie beispielsweise Kostensteigerungen bei Überschreitung
der eigentlich „optimalen Betriebsgröße" nach *horizontalen F&A* oder durch zusätzliche Fixkosten bei sinkendem Beschäftigungsgrad nach *vertikalen F&A* (Progres-
sionseffekte, „diseconomies of scale") sowie wachsende Komplexitätskosten[1] infolge
stark diversifizierter Produktionsprogramme nach *lateralen F&A* (Verbundnachteile,
„diseconomies of scope").[2]

Vor einer Fusion oder Akquisition ist es daher unumgänglich, die zu erwartenden Vor-
und Nachteile der jeweiligen Transaktion gegeneinander abzuwägen.[3] Insofern ist die
Bewertung des geplanten Fusions- oder Akquisitionsvorhabens vor Vertragsabschluß
eine betriebswirtschaftliche Notwendigkeit und die Unternehmensbewertung der
„Nukleus der Prä-F&A-Phase"[4]. Wenn allerdings in der einschlägigen Literatur von
Unternehmensbewertung die Rede ist, geht es letztlich immer nur um eine Bewertung
von Zahlungsströmen mit rein finanzwirtschaftlichen Modellen.[5] Aus den bereits
erwähnten Gründen sollten indes auch die zu verschmelzenden Unternehmen, wie

---

1 Zum Thema „Komplexitätskosten" vgl. ADAM/ROLLBERG (1995).

2 Nachteile können insbesondere auch aus der Kollision der unterschiedlichen Kulturen der zu verschmelzenden Unternehmen erwachsen. Vgl. zur Bedeutung der Unternehmenskultur im Rahmen
der Akquisition und der Entscheidungswertermittlung OLBRICH (1999).

3 Neben den monetären sollten idealerweise auch die nichtmonetären Vor- und Nachteilen gegeneinander abgewogen werden. Vgl. bspw. SCHREYER (2017) zur „Berücksichtigung qualitativer Informationen im mehrdimensionalen Entscheidungswert" unter Rückgriff auf die Theorie unscharfer
Mengen. Insbesondere im Falle eines Vergleichs alternativer Fusions- oder Akquisitionsmöglich-
keiten bietet sich eine Übertragung der Überlegungen von KAMINSKAITE (2011), S. 305 ff. „zur
ganzheitlichen Beurteilung der monetären und der nichtmonetären Konsequenzen mezzaniner
Finanzierungsinstrumente" an.

4 Formulierung in Anlehnung an KEUPER/HÄFNER/VON GLAHN (2006), Rückdeckeltext des Heraus-
geberbandes „Der M&A-Prozess", Wiesbaden 2006.

5 Vgl. bspw. LAUX/FRANKE (1969), MATSCHKE (1975), MATSCHKE/BRÖSEL (2013), MATSCHKE/
BRÖSEL (2021) und HERING (2021) sowie zur rein finanzwirtschaftlichen Fusionsbewertung im spe-
ziellen bspw. HERING (2004), MATSCHKE/BRÖSEL (2013), S. 380 ff. und HERING (2021), S. 87 ff.
Schon vor über 100 Jahren beschäftigte sich SCHMALENBACH (1912/1913) mit der „Vergütung für
den Wert des Geschäftes bei dessen Übergang in andere Hände". Vgl. auch SCHMALENBACH
(1917/1918).

zuvor schon die zu bewertenden Potentialfaktoren, vielmehr gleich in produktions- und finanzwirtschaftlich fundierten Bewertungsmodellen abgebildet werden.[1] Gleiches gilt im Falle der **Segregation** als Verkauf von Unternehmensteilen, die mit entsprechenden Synergieverlusten einhergehen kann.

---

[1] Vgl. hierzu auch LAUX (1971), S. 533, 536 ff. und HERING (2002), S. 77 f. Erste Ansätze zur real-güterwirtschaftlichen Fundierung der Unternehmensbewertung finden sich in MATSCHKE (1975), S. 309 ff., 357 ff., 367 ff.

2 Ressourcenbewertung

2.1 Finanzwirtschaftlich integrierte Bewertung von Zahlungsströmen[1]

2.1.1 Basisansatz der Investitions- und Finanzierungsprogrammplanung

Um den Wert des Geldes als subjektiven Grenzpreis bestimmen zu können, ist auf das lineare Grundmodell der mehrperiodigen und damit dynamischen Investitions- und Finanzierungsprogrammplanung als **Basisansatz** zurückzugreifen,[2] das ausschließlich Zahlungsströme und daher – vordergründig betrachtet – nur die Finanzgütersphäre erfaßt.[3] Mit diesem Grundmodell kann das Endvermögen EV eines Investitions- und Finanzierungsprogramms als Saldo V_T aller Ein- und Auszahlungen am Planungshorizont T unter der Nebenbedingung jederzeitiger Zahlungsfähigkeit maximiert werden.

Von besonderer Bedeutung sind mithin die sogenannten Liquiditätsbedingungen, die für das finanzwirtschaftliche Gleichgewicht sorgen, das nur dann sichergestellt ist, wenn zu keinem Zeitpunkt $t \in \{0, 1, 2, ..., T\}$ die Auszahlungen A die Einzahlungen E übersteigen.[4] Wird ein Investitions- oder Finanzierungsobjekt o im Umfang von n_o realisiert, so resultieren hieraus in den Zeitpunkten t seiner Lebensdauer Zahlungen als Produkt aus Ein- oder Auszahlungsbetrag pro Objekteinheit (E_{ot} bzw. A_{ot}) und Objektumfang. Der Objektumfang n_o ist gegebenenfalls nach oben begrenzt (N_o nur für Objekte der Menge O^G). Nicht mehr beeinflußbare Zahlungen ($E_t - A_t$) in den einzelnen Zeitpunkten sind beispielsweise auf in der Vergangenheit getätigte Investitions- und Finanzierungsmaßnahmen zurückzuführen. Weder das Vermögen V_T am Planungshorizont, modelliert als fiktive Entnahme in der Liquiditätsrestriktion für den Zeitpunkt T, noch die Umfänge n_o der verschiedenen Investitions- und Finanzierungsobjekte o dürfen negativ werden. Damit ergibt sich folgendes **Primalproblem**[5] der Investitions- und Finanzierungsprogrammplanung.

---

1 Vgl. ROLLBERG (2012), S. 92 ff.

2 Vgl. bspw. HERING (2002), S. 74 ff. sowie WEINGARTNER (1963), S. 139 ff., HAX (1964), S. 435 ff., FRANKE/LAUX (1968), S. 742 ff., ADAM (2000), S. 270 ff., KLINGELHÖFER (2003), BLOHM/LÜDER/SCHAEFER (2012), S. 288 ff., GÖTZE (2014), S. 330 ff. und HERING (2022), S. 150 ff. Zur Bewertung von Medienrechten mit derartigen Modellen vgl. BRÖSEL (2002), zu der von Stimmrechten vgl. HERING/OLBRICH (2001) und KLINGELHÖFER/LERM/MIRSCHEL (2009).

3 Zahlungen sind nicht selten auf Veränderungen in der Realgütersphäre (Beschaffung, Produktion, Absatz) zurückzuführen, was aber nicht erkennbar ist, wenn ausschließlich Zahlungsströme in Erscheinung treten, wovon erst im Unterkapitel 2.3 Abstand genommen wird.

4 Mithin stehen Auszahlungen (Einzahlungen) auf der linken Seite der Liquiditätsrestriktionen mit positiven (negativen) und auf der rechten Seite mit negativen (positiven) Vorzeichen.

5 Ein gegebenes lineares Optimierungsproblem wird für gewöhnlich als Primalproblem bezeichnet. Jedes Primalproblem läßt sich, wie noch zu zeigen ist, dualisieren. Eine Dualisierung des resultierenden Dualproblems führt zurück zum ursprünglichen Primalproblem. Vgl. auch Anhang 6.

Zielfunktion: $\max. EV; \quad EV := V_T$

Liquiditätsrestriktionen: $\sum_o (A_{ot} - E_{ot}) \cdot n_o \leq E_t - A_t \quad \forall \, t \neq T$

$\sum_o (A_{oT} - E_{oT}) \cdot n_o + V_T \leq E_T - A_T$

Durchführungsrestriktionen: $n_o \leq N_o \quad \forall \, o \in O^G$

Nichtnegativitätsbedingungen: $n_o \geq 0 \quad \forall \, o; \quad V_T \geq 0$

Durch Einfügen der Schlupfvariablen[1] s_t^L in die Liquiditätsrestriktionen und s_o^D in die Durchführungsrestriktionen der beschränkten Investitions- und Finanzierungsobjekte entsteht ein Gleichungssystem, das sich mit dem Simplexalgorithmus nach DANTZIG lösen läßt.[2]

Im folgenden sei ein zweiperiodiger Beispielfall mit einem Investitionsobjekt o = 1 und einer Finanzierungsmaßnahme o = 2 betrachtet, die jeweils maximal einmal zu Beginn des Planungszeitraums (t = 0) realisiert werden können, um dann am Ende der Perioden 1 und 2 entsprechende Folgezahlungen auszulösen. Zu Beginn jeder Periode können für die Dauer dieser Periode Finanzmittel unbeschränkten Umfangs zu 25 % Sollzinsen aufgenommen (o = 3 bzw. o = 4) und zu 10 % Habenzinsen angelegt (o = 5 bzw. o = 6) werden. Die Zahlungsreihen der einzelnen Objekte und die unbeeinflußbaren Zahlungen pro Zeitpunkt $(E_t - A_t)$ sind Tabelle 6 zu entnehmen. Wird der vorgestellte Ansatz zur Investitions- und Finanzierungsprogrammplanung mit den Beispieldaten „gefüttert", so läßt sich das in Tabelle 7 wiedergegebene, um die Einheitsvektorspalten der Basisvariablen[3] reduzierte Optimaltableau berechnen.[4]

Das maximale Endvermögen von 150 GE kann nur erzielt werden, wenn das Investitionsobjekt 1 zu knapp 57 % realisiert wird, was mit einem Auszahlungsbetrag von 283,33 GE korrespondiert ($500 \cdot 0,5\overline{6} = 283,33$). Hierfür ist der zu Beginn des Planungszeitraums fest vorgegebene Einzahlungsüberschuß $(E_0 - A_0 = 30)$, die Finanzierungsmaßnahme 2 in vollem Umfange $(E_{20} = 200)$ und ein in t = 0 aufzunehmender einperiodiger Kredit 3 in Höhe von 53,33 GE heranzuziehen.

---

1 *Schlupfvariable* verwandeln die Ungleichungen des Problems in Gleichungen und geben den Umfang an, in dem eine Restriktionsobergrenze unterschritten (Restriktionsuntergrenze überschritten) wird. Problemvariable (hier n_o und V_T) werden als *Strukturvariable* bezeichnet.

2 Vgl. DANTZIG (1956) und die Kurzanleitung im Anhang 3 des vorliegenden Lehrbuchs.

3 *Basisvariable* (BV) sind (außer bei einer primal degenerierten Lösung; vgl. KREKÓ (1973), S. 215 f. und Anhang 5 des vorliegenden Lehrbuchs) Variable mit einem Wert größer null, *Nichtbasisvariable* (NBV) solche mit einem Wert von null.

4 In den finanzwirtschaftlichen Berechnungen der Unterkapitel 2.1 und 2.3 lassen sich Rundungsfehler auf Grund zahlreicher oder gar zahlloser Nachkommastellen nicht vermeiden. Die präsentierten Ergebnisse sind freilich stets *exakt gerundet* und damit *richtig*, auch wenn die vorstehenden Berechnungen unter Einsatz gerundeter Größen bisweilen einen anderen Eindruck erwecken.

$(E_{ot} - A_{ot})$ [GE]	o=1	o=2	o=3	o=4	o=5	o=6	$(E_t - A_t)$ [GE]
t=0	-500	200	1	0	-1	0	30
t=1	100	-20	-1,25	1	1,1	-1	30
t=2	600	-220	0	-1,25	0	1,1	30
N_0 [OE]	1	1	∞	∞	∞	∞	

Tabelle 6: *Ausgangsdaten des Beispiels zur Investitions- und Finanzierungs-programmplanung*

BV	n_4	n_5	n_6	s_0^L	s_1^L	s_2^L	s_2^D	RS
n_1	-0,0019	0,0002	0,0019	0,00238	0,0019	0	0,438	$0,5\overline{6}$
n_2	0	0	0	0	0	0	1	1
n_3	-0,9523	-0,857	0,9523	0,1904	0,9523	0	19,047	$53,\overline{3}$
V_2	0,1071	0,1714	0,0429	1,4286	1,1429	1	42,857	150
s_1^D	0,0019	-0,0002	-0,0019	-0,00238	-0,0019	0	-0,438	$0,4\overline{3}$
EV	0,1071	0,1714	0,0429	1,4286	1,1429	1	42,857	150

Tabelle 7: *Primales Optimaltableau der Investitions- und Finanzierungs-programmplanung*

Für das im folgenden zu lösende Bewertungsproblem sind aber vor allem die als **Dualwerte** bezeichneten Koeffizienten in der Zielfunktionszeile des primalen Optimaltableaus interessant, wobei die Dualwerte in den Spalten der Strukturvariablen derivative Dualwerte und die in den Spalten der Schlupfvariablen originäre Dualwerte genannt werden.[1] Um sie näher zu erläutern, muß etwas weiter ausgeholt werden. Zunächst interessieren die originären Dualwerte der Liquiditätsrestriktionen. Diese bewußt als Ungleichungen formulierten Nebenbedingungen sorgen dafür, daß, schlicht gesagt, in keiner Periode mehr ausgegeben wird, als an finanziellen Mitteln auch zur Verfügung steht. Schlupfvariable, die diese Ungleichungen in Gleichungen verwandeln, werden bei Existenz einer unerschöpflichen Geldanlagemöglichkeit mit positivem Habenzins niemals zu Basisvariablen werden, weil dies zu einem unnötigen Kapitalverzicht führte.[2] Eine Geldeinheit[3], die in den periodenspezifischen Schlupf s_t^L fließt, ist verloren und reduziert das maximale Endvermögen um exakt den Dualwert,

---

1 Vgl. WITTE/DEPPE/BORN (1975), S. 108.

2 Aus gleichem Grunde ist es auch nicht erforderlich, die unbeschränkte Pseudoinvestition „Kassen-haltung" mit der Zahlungsreihe (−1, 1) zu modellieren. Vgl. HAX (1964), S. 435.

3 Wenngleich im folgenden stets marginalanalytische Betrachtungen angestellt werden und es sich somit selbstverständlich immer nur um infinitesimale (!) Veränderungen handelt, wird dennoch vereinfachend und daher nicht ganz präzise von „eine Geldeinheit" gesprochen.

der in der Spalte dieser Schlupfvariablen zu finden ist. Solch ein Dualwert spiegelt also den Endwert einer Geldeinheit in t wider und ist daher als modellendogener **Aufzinsungsfaktor** zu bezeichnen.

Naheliegenderweise beläuft sich der Endwert einer Geldeinheit am Planungshorizont $T = 2$ auf 1 GE. Eine Geldeinheit in $t = 0$ hat dagegen einen Endwert von 1,4286 GE: Stünde zu Beginn des Planungszeitraums eine Geldeinheit mehr zur Verfügung, würde der einperiodige Kredit 3 um 0,1904 GE ausgedehnt (vgl. den Wert im Kreuzungsfeld von n_3-Zeile und s_0^L-Spalte), um die Investitionssumme um insgesamt 1,1904 GE erhöhen zu können ($\Delta n_1 = 1{,}1904/500 = 0{,}00238$; vgl. den Wert im Kreuzungsfeld von n_1-Zeile und s_0^L-Spalte). Am Ende der ersten Periode führte dies zu einem zusätzlichen Rückfluß in Höhe von 0,238 GE ($100 \cdot 0{,}00238 = 0{,}238$), mit dem exakt der zusätzliche Kredit verzinst zurückzuzahlen wäre ($1{,}25 \cdot 0{,}1904 = 0{,}238$), und am Ende der zweiten Periode stiege der Rückfluß, und damit eben auch das maximale Endvermögen, um 1,4286 GE ($600 \cdot 0{,}00238 = 1{,}4286$).

Die gleiche Betrachtung läßt sich für den Endwert einer zusätzlichen Geldeinheit in $t = 1$ anstellen, die bewirkte, daß zu Beginn des Planungszeitraums sowohl der einperiodige Kredit 3 als auch die Investitionssumme um jeweils 0,9523 GE ausgedehnt würden ($\Delta n_1 = 0{,}9523/500 = 0{,}0019$; vgl. die Werte in den Kreuzungsfeldern von n_3- bzw. n_1-Zeile und s_1^L-Spalte). Am Ende der ersten Periode ergäbe sich dadurch ein zusätzlicher Rückfluß ($100 \cdot 0{,}0019 = 0{,}19$), der gemeinsam mit der jetzt zusätzlich zur Verfügung stehenden Geldeinheit exakt ausreichte, um die zusätzlichen Zins- und Tilgungszahlungen zu begleichen ($1{,}25 \cdot 0{,}9523 = 1{,}19$). Der zusätzliche Rückfluß am Planungshorizont und die korrespondierende Endvermögenserhöhung entsprächen dann dem zugehörigen Dualwert in Höhe von 1,1429 GE ($600 \cdot 0{,}0019 = 1{,}1429$).

Ähnlich ist der zur Schlupfvariablen s_2^D gehörige originäre Dualwert als positiver **Endwert** der Finanzierungsoption 2 zu interpretieren: Nähme der Schlupf den Wert Eins an, wäre dies gleichbedeutend mit einem *Verzicht* auf den periodenübergreifenden Kredit 2. Darüber hinaus würde dann auch der einperiodige Kredit 3 um 19,047 GE gesenkt (vgl. den Wert im Kreuzungsfeld von n_3-Zeile und s_2^D-Spalte), womit insgesamt 219,047 GE weniger für die periodenübergreifende Investition 1 zur Verfügung stünden ($\Delta n_1 = 219{,}047/500 = 0{,}438$; vgl. den Wert im Kreuzungsfeld von n_1-Zeile und s_2^D-Spalte). In $t = 1$ entspräche dann der ausbleibende Finanzmittelzufluß ($-0{,}438 \cdot 100 = -43{,}8$) exakt dem verhinderten Finanzmittelabfluß ($20 + 1{,}25 \cdot 19{,}047 = 43{,}8$), und in $t = 2$ verminderte sich das maximale Endvermögen um 42,857 GE ($-0{,}438 \cdot 600 + 220 = -42{,}857$). Analog können die derivativen Dualwerte in den Spalten der Strukturvariablen n_4, n_5 und n_6 als negative Endwerte interpretiert werden: Würde in $t = 1$ ein einperiodiger Kredit 4 in Höhe von einer Geldeinheit aufgenommen oder in $t = 0$ ($t = 1$) eine einperiodige Geldanlage 5 (6) in Höhe von einer Geldeinheit getätigt, so sänke das maximale Endvermögen um den entsprechenden Dualwert.

Diese Zusammenhänge lassen sich auch aus dem zum bereits diskutierten Primalproblem (max. EV) gehörigen **Dualproblem** ablesen,[1] das den Wert der Restriktionsobergrenzen minimiert (min. RW), der der Summe der mit den jeweiligen Größen λ_t bzw. δ_o als nichtnegativen Strukturvariablen des Dualproblems bewerteten rechten Seiten der Liquiditäts- $(E_t - A_t)$ bzw. Durchführungsrestriktionen N_o entspricht.

Zielfunktion: $\quad\quad\quad\quad\quad\quad$ $\min. RW; \quad RW := \sum_t (E_t - A_t) \cdot \lambda_t + \sum_{o \in O^G} N_o \cdot \delta_o$

Objektbezogene Restriktionen: $\quad \sum_t (A_{ot} - E_{ot}) \cdot \lambda_t + \delta_o \geq 0 \quad \forall\, o \in O^G$

$$\sum_t (A_{ot} - E_{ot}) \cdot \lambda_t \geq 0 \quad \forall\, o \in O \setminus O^G$$

„Endvermögensrestriktion": $\quad \lambda_T \geq 1$

Nichtnegativitätsbedingungen: $\quad \lambda_t \geq 0 \quad \forall\, t; \quad \delta_o \geq 0 \quad \forall\, o \in O^G$

Schlupfvariable s_o^O und s^{VT} verwandeln die Restriktionen in Gleichungen. Mit den Beispieldaten ergibt sich damit das duale Optimaltableau in Tabelle 8.

BV	s_1^O	s_2^O	s_3^O	s^{VT}	δ_1	RS
s_4^O	0,0019	0	0,9523	-0,1071	-0,0019	0,1071
s_5^O	-0,0002	0	0,857	-0,1714	0,0002	0,1714
s_6^O	-0,0019	0	-0,9523	-0,0429	0,0019	0,0429
λ_0	-0,00238	0	-0,1904	-1,4286	0,00238	1,4286
λ_1	-0,0019	0	-0,9523	-1,1429	0,0019	1,1429
λ_2	0	0	0	-1	0	1
δ_2	-0,438	-1	-19,047	-42,857	0,438	42,857
-RW	$0,5\overline{6}$	1	$53,\overline{3}$	150	$0,4\overline{3}$	-150

Tabelle 8: Duales Optimaltableau der Investitions- und Finanzierungsprogrammplanung

Es ist deutlich zu erkennen, daß das duale Optimaltableau dem entlang der Hauptdiagonalen gespiegelten primalen Optimaltableau entspricht, wobei sowohl die Werte, die nicht in den Randfeldern stehen, als auch der Zielfunktionswert im dualen Tableau ihre Vorzeichen wechseln. Voraussetzung ist allerdings, daß die dualen Schlupf- vor den

---

1 Zur Formulierung des zu einem Primalproblem gehörigen Dualproblems vgl. bspw. WITTE/DEPPE/BORN (1975), S. 120 ff., ELLINGER/BEUERMANN/LEISTEN (2003), S. 59 ff. oder die Kurzanleitung im Anhang 6 des vorliegenden Lehrbuchs.

dualen Strukturvariablen angeordnet sind. Die positiven Werte auf der rechten Seite (in der Zielfunktionszeile) des primalen Optimaltableaus finden sich nunmehr in der Ziel-funktionszeile (auf der rechten Seite) des dualen Optimaltableaus wieder. Während die Lösungswerte der dualen Struktur- (λ_t, δ_o) und Schlupfvariablen (s_o^O, s^{VT}), also der Dualvariablen, den originären bzw. derivativen Dualwerten des Primalproblems ent-sprechen, gleichen die originären und derivativen Dualwerte des Dualproblems den Lösungswerten der primalen Struktur- (n_o) bzw. Schlupfvariablen (s_t^L, s_o^D).[1] Die im folgenden sehr bedeutsamen, weiter oben bereits als Aufzinsungsfaktoren bezeichne-ten primalen originären Dualwerte der Liquiditätsrestriktionen stimmen also mit den dualen Strukturvariablen λ_t überein.

Durch Umstellen der objektspezifischen Restriktionen des Dualproblems gelangt man zu Gleichungen für die **Endwerte** der verschiedenen Investitions- und Finanzierungs-objekte als Summe der auf den Planungshorizont aufgezinsten periodenspezifischen Zahlungsüberschüsse.

$$\sum_t (A_{ot} - E_{ot}) \cdot \lambda_t + \delta_o - s_o^O = 0 \quad \forall\, o \in O^G \quad \rightarrow$$

$$\delta_o - s_o^O = \sum_t (E_{ot} - A_{ot}) \cdot \lambda_t = EW_o \quad \forall\, o \in O^G$$

$$\sum_t (A_{ot} - E_{ot}) \cdot \lambda_t - s_o^O = 0 \quad \forall\, o \in O \backslash O^G \quad \rightarrow$$

$$-s_o^O = \sum_t (E_{ot} - A_{ot}) \cdot \lambda_t = EW_o \quad \forall\, o \in O \backslash O^G$$

Soll ein Investitions- oder Finanzierungsobjekt o vollständig realisiert werden ($s_o^D = 0$), so nimmt die duale Strukturvariable δ_o einen Wert in Höhe seines nichtnegativen Endwerts an ($\delta_2 = 200 \cdot 1{,}4286 - 20 \cdot 1{,}1429 - 220 \cdot 1 = 42{,}857$ und $s_2^O = 0$). Soll ein Objekt o außer acht gelassen werden ($n_o = 0$), so entspricht der Wert der dualen Schlupfvariablen s_o^O *betragsmäßig* seinem nichtpositiven Endwert ($-s_5^O = -1 \cdot 1{,}4286 + 1{,}1 \cdot 1{,}1429 = -0{,}1714$). Der Endwert eines Grenzobjekts o ($s_o^D \geq 0$; $n_o \geq 0$) ist defi-nitionsgemäß gleich null ($\delta_1 = s_1^O = -500 \cdot 1{,}4286 + 100 \cdot 1{,}1429 + 600 \cdot 1 = 0$). Unbe-schränkte Objekte der Menge $O \backslash O^G$ können folglich niemals einen positiven Endwert aufweisen, weil sie entweder unvorteilhaft oder Grenzobjekt sind.

Zur Begründung dieser Aussagen sei auf den dualitätstheoretischen Satz vom kom-plementären Schlupf verwiesen, nach dem zwei zulässige Lösungen des vorgestellten Primal- und Dualproblems nur dann optimal sind, wenn die folgenden **Komplemen-taritätsbeziehungen** gelten.[2]

---

1 Vgl. WITTE/DEPPE/BORN (1975), S. 131 und Anhang 7 des vorliegenden Lehrbuchs.
2 Vgl. bspw. HERING (2022), S. 155 und die dort zitierte Literatur.

$$n_o \cdot s_o^O = 0 \quad \forall \, o \quad \wedge \quad s_o^D \cdot \delta_o = 0 \quad \forall \, o \in O^G \quad \wedge \quad s_t^L \cdot \lambda_t = 0 \quad \forall \, t \quad \wedge \quad V_T \cdot s^{V_T} = 0$$

Also gilt, daß der Endwert δ_o eines beschränkten Objekts o, dessen Durchführungs-obergrenze nicht ausgeschöpft wird ($s_o^D > 0$), nicht positiv und daß nur der Endwert $-s_o^O$ eines nicht zu realisierenden Objekts o ($n_o = 0$) negativ sein kann. Da die primalen Schlupfvariablen der Liquiditätsrestriktionen unter der Voraussetzung mindestens einer unerschöpflichen Geldanlagemöglichkeit pro Periode immer gleich null sind ($s_t^L = 0$), können alle Aufzinsungsfaktoren λ_t positive Werte annehmen.

Zusammenfassend läßt sich also sagen, daß die originären Dualwerte des Primalproblems bzw. die Lösungswerte der dualen Strukturvariablen den periodenspezifischen Aufzinsungsfaktoren oder den Endwerten der nicht unvorteilhaften beschränkten Investitions- und Finanzierungsobjekte[1] entsprechen, während die derivativen Dualwerte des Primalproblems bzw. die Lösungswerte der dualen Schlupfvariablen *betragsmäßig* den Endwerten der nicht beschränkten oder der nicht bzw. nicht vollständig zu realisierenden beschränkten Objekte gleichen.[2]

Auf Grund der Zusammenhänge läßt sich auch der optimale **Zielfunktionswert** eines Planungsproblems über die Zielfunktion sowohl des Primal- als auch des Dualproblems berechnen.[3]

$$EV^{max} = V_T = \sum_t \left(E_t - A_t \right) \cdot \lambda_t + \sum_{o \in O^G} N_o \cdot \delta_o = RW^{min}$$

$$EV^{max} = 150 = 30 \cdot \left(1,4286 + 1,1429 + 1 \right) + \left(1 \cdot 0 + 1 \cdot 42,857 \right) = RW^{min}$$

Wenngleich bislang alle Betrachtungen wegen der gewählten primalen Zielfunktion aus der Perspektive des Planungshorizonts T angestellt worden sind, lassen sich die gewonnenen Erkenntnisse problemlos auch für gegenwartsbezogene Überlegungen (t = 0) verwenden. Um aber von den berechneten Endwerten zu Kapitalwerten zu gelangen, sind die im Optimaltableau ausgewiesenen endogenen **Aufzinsungsfaktoren** zunächst in **Abzinsungsfaktoren** zu verwandeln. Wie bereits erörtert, gibt ein Aufzinsungsfaktor λ_t an, wie der Endwert einer zusätzlich in t verfügbaren Geldeinheit am Planungshorizont T zu bemessen ist. Zur Ermittlung eines Abzinsungsfaktors $\hat{\lambda}_t$, der den Gegenwartswert einer zusätzlich in t verfügbaren Geldeinheit zum Zeitpunkt t = 0 beschreibt, muß der Aufzinsungsfaktor λ_t auf den Planungszeitpunkt t = 0 abgezinst, also der Quotient aus λ_t und λ_0 gebildet werden (zur graphischen Veranschaulichung der Rechnung vgl. Abbildung 8).[4]

---

1 Im Falle eines unvorteilhaften Objekts o ($EW_o < 0$) wäre $\delta_o = 0$.
2 Im Falle eines vollständig zu realisierenden beschränkten Objekts o ($EW_o > 0$) wäre $s_o^O = 0$.
3 Zum sich hierin widerspiegelnden *Dualitätstheorem der linearen Optimierung* vgl. bspw. HERING (2022), S. 154 f. und die dort zitierte Literatur.
4 Vgl. HERING (2022), S. 157.

$$\hat{\lambda}_t := \frac{\lambda_t}{\lambda_0} = \frac{GE_T}{GE_t} \cdot \frac{GE_0}{GE_T} = \frac{GE_0}{GE_t} \quad \forall \, t \quad \rightarrow$$

$$\hat{\lambda}_0 = \frac{\lambda_0}{\lambda_0} = 1; \quad \hat{\lambda}_1 = \frac{\lambda_1}{\lambda_0} = \frac{1,1429}{1,4286} = 0,8; \quad \hat{\lambda}_2 = \frac{\lambda_2}{\lambda_0} = \frac{1}{1,4286} = 0,7$$

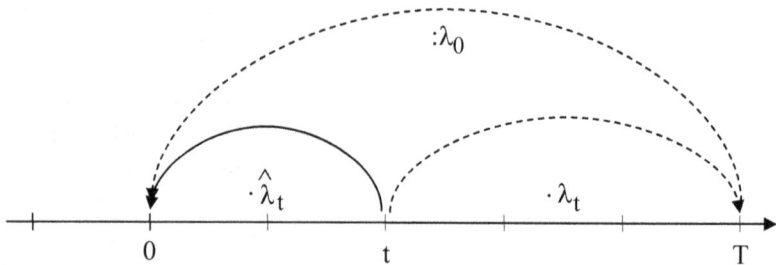

Abbildung 8:   Beziehung zwischen Auf- und Abzinsungsfaktor

Mit Hilfe der periodenspezifischen Abzinsungsfaktoren läßt sich beispielsweise der **Kapitalwert** KW_2 des periodenübergreifenden Kredits 2 folgendermaßen bestimmen.

$$KW_2 = 200 \cdot 1 - 20 \cdot 0,8 - 220 \cdot 0,7 = 30 = 42,857 \cdot 0,7 = EW_2 \cdot \hat{\lambda}_2$$

Ebenfalls unproblematisch ist die Ermittlung **periodenspezifischer Grenzzinsfüße**, mit denen die gleichen Berechnungen durchgeführt werden können. Eine Geldeinheit, die im Zeitpunkt $t-1$ zur Verfügung steht, kann eine Periode (und zwar die Periode t) länger angelegt werden (und zwar zum Zinssatz i_t) als eine Geldeinheit, die erst in t bereitsteht. Der in der Periode t geltende Zinsfaktor $(1+i_t)$ läßt sich also berechnen, indem der Quotient aus dem Aufzinsungsfaktor des Zeitpunkts $t-1$ und dem des Zeitpunkts t gebildet wird. Durch Umstellen nach i_t ergibt sich dann der implizite Periodenzinsfuß, der endogene periodenspezifische Grenz- oder Steuerungszinsfuß.[1]

$$\frac{\lambda_{t-1}}{\lambda_t} = \frac{\prod\limits_{\tau=t}^{T}(1+i_\tau)}{\prod\limits_{\tau=t+1}^{T}(1+i_\tau)} = 1+i_t \quad \rightarrow \quad i_t := \frac{\lambda_{t-1}}{\lambda_t} - 1 \quad \forall \, t \neq 0$$

Auch diese Rechnung kann graphisch veranschaulicht werden (vgl. Abbildung 9): Der Zinsfaktor $(1+i_t)$ für die Periode t läßt sich ermitteln, indem vom Periodenanfang $t-1$ auf den Planungshorizont T auf- und anschließend von T auf das Periodenende t wieder abgezinst wird.

---

1 Vgl. auch im folgenden HAX (1964), S. 441, HERING (1992), S. 30 und HERING (2022), S. 158 f.

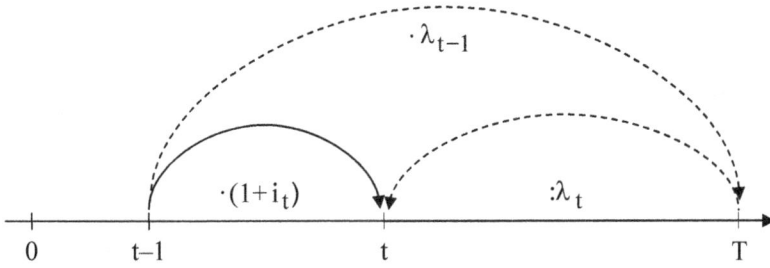

Abbildung 9: Beziehung zwischen Aufzinsungsfaktor und Periodenzinsfuß [1]

Im vorliegenden Beispielfall ergeben sich für die Perioden 1 und 2 die endogenen Grenzzinsfüße $i_1 = 0,25$ und $i_2 = 0,1429$, mit denen der **Kapitalwert** KW_2 des periodenübergreifenden Kredits 2 auch auf „herkömmliche Weise" bestimmt werden kann.

$$KW_2 = 200 - \frac{20}{1,25} - \frac{220}{1,25 \cdot 1,1429} = 30 = \frac{EW_2}{(1+i_1) \cdot (1+i_2)}$$

Die Dualvariable δ_o steht für den **Endwert** einer nicht unvorteilhaften Objekteinheit o. Wird dieser durch den Aufzinsungsfaktor λ_0 dividiert, ergibt sich der zugehörige **Kapitalwert** als $\hat{\delta}_o$.

$$\hat{\delta}_o := \frac{\delta_o}{\lambda_0} = \frac{GE_T}{OE_o} \cdot \frac{GE_0}{GE_T} = \frac{GE_0}{OE_o} \quad \forall\, o \in O^G \quad \rightarrow$$

$$\hat{\delta}_2 = \frac{\delta_2}{\lambda_0} = \frac{42,857}{1,4286} = 30 = \frac{EW_2}{\lambda_0} = KW_2$$

Mithin erlauben die Informationen, die dem **finanzwirtschaftlichen Basisprogramm** entnommen werden können, Entscheidungen auf der Grundlage sowohl des Endwert- als auch des Kapitalwertkriteriums. Diese Informationen stehen allerdings erst dann zur Verfügung, wenn das zugrundeliegende Planungsproblem mit dem vorgestellten Grundmodell bereits gelöst und somit ein Einsatz dieser Entscheidungskriterien verzichtbar geworden ist (Dilemma der Lenkpreistheorie).

2.1.2 Bewertungsansätze für Zahlungsströme

Der Wert einer zusätzlich zum Zeitpunkt t zur Verfügung stehenden Geldeinheit zu Beginn bzw. am Ende des Planungszeitraums wurde bereits im vorhergehenden Abschnitt mit den periodenspezifischen Ab- bzw. Aufzinsungsfaktoren berechnet. Im

---

1 Abbildung mit geringfügiger Modifikation aus HERING (2022), S. 159.

folgenden aber sind ganze Zahlungsströme zu bewerten. Entweder ist die kritische Anfangszahlung einer ansonsten vollständig gegebenen Zahlungsreihe oder aber der kritische Zins einer bis auf die mit ihm noch zu bestimmenden Zinszahlungen gegebenen Zahlungsreihe zu ermitteln.

In der einschlägigen Fachliteratur[1] wird für gewöhnlich die Frage beantwortet, wieviel ein Käufer (Verkäufer) eines beliebigen Zahlungsstroms maximal zu zahlen bereit ist (mindestens verlangen muß), um sich nicht schlechter zu stellen als bei Unterlassung des Geschäfts. Angenommen, ein Zahlungsstrom bestünde aus Zahlungen am Ende der Perioden 1, 2 und 3 und könnte zu Beginn der ersten Periode ($t = 0$) erworben (veräußert) werden. Ein Kaufakt kann in dieser Situation nur zustande kommen, wenn der Kaufpreis (Verkaufspreis) des Zahlungsstroms nicht oberhalb (unterhalb) des subjektiven Grenzpreises des potentiellen Erwerbers (Veräußerers) liegt. Mithin ist aus Käufersicht die **Preisobergrenze** des Zahlungsstroms **als maximale Anfangsauszahlung** und aus Verkäufersicht die **Preisuntergrenze als minimale Anfangseinzahlung** zu bestimmen.[2] Erst durch Ergänzung des maximal zulässigen Auszahlungsbetrags (mindestens einzufordernden Einzahlungsbetrags) in $t = 0$ wird die Zahlungsreihe komplett und die (der) dahinterstehende Finanzanlage (Kredit) mit einem (ggf. korrigierten) Kapital- und Endwert von null erkennbar. In gleicher Weise können auch Sachin- und -devestitionen bewertet werden, sofern sich entsprechende Zahlungsreihen isolieren lassen.[3]

Um den exakten subjektiven Grenzpreis für einen Zahlungsstrom ermitteln zu können, ist das Grundmodell der Investitions- und Finanzierungsprogrammplanung zu modifizieren. Der resultierende **finanzwirtschaftliche Bewertungsansatz I** maximiert den vorzeichenunbeschränkten subjektiven Grenzpreis P als Differenz aus maximal möglicher Anfangsauszahlung Z^F und mindestens zu fordernder Anfangseinzahlung Z^K einer Zahlungsreihe mit den zeitpunktspezifischen Zahlungen ($\tilde{E}_t - \tilde{A}_t$) unter der Nebenbedingung, mindestens das maximale Endvermögen des Basisprogramms EV_{Basis}^{max} zu erwirtschaften.[4] Die Anfangsauszahlung (Anfangseinzahlung) wird so

---

1 Vgl. bspw. HERING (2021), S. 45 ff., 74 ff. und auch MATSCHKE/BRÖSEL (2013), S. 165 ff.

2 Eine negative Preisober(unter)grenze als maximaler Auszahlungsbetrag (minimaler Einzahlungsbetrag) entspricht einer positiven Preisunter(ober)grenze als minimalem Einzahlungsbetrag (maximalem Auszahlungsbetrag). Ist die Preisober(unter)grenze also negativ, handelt es sich bei dem vermeintlichen „Käufer (Verkäufer) des Zahlungsstroms" also um einen „Verkäufer (Käufer)".

3 Die Bewertung von Potentialfaktoren, allerdings nicht (!) auf der Grundlage vorher isolierter Zahlungsreihen, ist Gegenstand des Unterkapitels 2.3.

4 Im Normalfall ist entweder die Preisobergrenze Z^F für einen Einzahlungsstrom oder die Preisuntergrenze Z^K für einen Auszahlungsstrom zu bestimmen (vgl. Abschnitt 2.1.3). Nur wenn der zu bewertende Zahlungsstrom auf Grund mehrerer Vorzeichenwechsel nicht erkennen läßt, ob es sich letztlich um eine Finanzanlage oder einen Kredit handelt, muß ein Ansatz in der vorliegenden Form aufgestellt und gelöst werden. In der Optimallösung wird dann höchstens zufälligerweise eine der beiden Variablen Z^F und Z^K den Wert Null annehmen und die jeweils andere Variable *allein* die Grenzzahlungsbereitschaft als Preisobergrenze oder die Grenzforderung als Preisuntergrenze verkörpern, denn genaugenommen spiegelt lediglich die positive oder negative *Differenz* der beiden Variablenwerte den vorzeichenunbeschränkten Grenzpreis P wider.

hoch (niedrig) ausfallen, daß dieses Mindestendvermögen von der Optimallösung gerade erreicht wird. Während der linken Seite der Liquiditätsrestriktion für t = 0 die noch zu bestimmende Anfangszahlung ($Z^F - Z^K$) hinzuzufügen ist, sind alle anderen Liquiditätsrestriktionen auf der rechten Seite um die zeitpunktspezifischen Zahlungen ($\tilde{E}_t - \tilde{A}_t$) des zu bewertenden Zahlungsstroms zu ergänzen. Die Durchführungs-restriktionen bleiben unverändert, und die neu eingeführten Variablen Z^F und Z^K unterliegen der Nichtnegativitätsbedingung.

Zielfunktion: $$\max. P; \quad P := Z^F - Z^K$$

Liquiditätsrestriktionen:
$$\sum_o (A_{o0} - E_{o0}) \cdot n_o + Z^F - Z^K \leq E_0 - A_0$$

$$\sum_o (A_{ot} - E_{ot}) \cdot n_o \leq E_t - A_t + \left(\tilde{E}_t - \tilde{A}_t \right) \quad \forall\, t \in \{1, ..., T-1\}$$

$$\sum_o (A_{oT} - E_{oT}) \cdot n_o + V_T \leq E_T - A_T + \left(\tilde{E}_T - \tilde{A}_T \right)$$

Durchführungsrestriktionen: $$n_o \leq N_o \quad \forall\, o \in O^G$$

Mindestendvermögen: $$-V_T \leq -EV_{Basis}^{max}$$

Nichtnegativitätsbedingungen: $\quad n_o \geq 0 \;\; \forall\, o; \qquad V_T \geq 0; \qquad Z^F \geq 0; \qquad Z^K \geq 0$

Damit aus der im Vergleich zum Basisansatz zusätzlichen Mindestendvermögens-bedingung eine Gleichung wird, ist die Schlupfvariable s^M einzuführen. Dies gilt auch für alle weiteren zahlungsorientierten Bewertungsansätze in diesem Lehrbuch.

Alternativ kann von einer bis auf die Zinszahlungen bekannten Zahlungsreihe ausge-gangen werden, für die dann unter Berücksichtigung einer gegebenen „Zinszahlungs-struktur" der kritische Zinsfuß zu berechnen ist. Angenommen, die zu beurteilende Zahlungsreihe bestünde lediglich aus einer Anfangs- und einer Endzahlung, wobei am Ende jeder Periode der Laufzeit gleich hohe Zinszahlungen anfallen sollen.[1] Bei einer positiven (negativen) Anfangs- und einer negativen (positiven) Endzahlung handelte es sich folglich um einen Kredit (eine Finanzanlage). Aus Sicht eines potentiellen Schuldners ließe sich in dieser Situation die **Preisobergrenze** eines Kredits **als maxi-maler Sollzinsfuß** und aus Sicht eines Investors die **Preisuntergrenze** einer Finanz-anlage analog **als minimaler Habenzinsfuß** beschreiben.[2] Wäre der jeweilige Grenz-

---

1 Die folgenden Überlegungen lassen sich problemlos auch auf „kompliziertere" Zahlungsreihen und Zinszahlungsstrukturen übertragen.

2 Die *kritische Anfangszahlung* einer Finanzanlage (eines Kredits) ist also als Preisobergrenze (Preis-untergrenze), der *kritische Zinsfuß* einer Finanzanlage (eines Kredits) dagegen als Preisuntergrenze (Preisobergrenze) zu interpretieren.

zinsfuß zu entrichten, so stünde der Schuldner (Investor) genauso da wie bei einer Unterlassung der Transaktion, und der (ggf. korrigierte) Kapital- und Endwert des Kredits (der Finanzanlage) beliefe sich auf null.

Wieder ist das Grundmodell der Investitions- und Finanzierungsprogrammplanung geringfügig abzuwandeln, um den maximal tolerierbaren Sollzinsfuß als Preisobergrenze für einen Kredit (Zielfunktionswert $P > 0$) oder den mindestens zu fordernden Habenzinsfuß als Preisuntergrenze für eine Finanzanlage ($P < 0$) berechnen zu können. Eine Maximierung der Differenz aus Kreditzins i^K und Finanzanlagezins i^F ist dabei gleichbedeutend mit einer Maximierung von i^K und einer Minimierung von i^F. Der resultierende **finanzwirtschaftliche Bewertungsansatz II** stellt über Zielfunktion und Mindestendvermögensrestriktion wieder sicher, daß das maximale Endvermögen aus dem Basisprogramm EV_{Basis}^{max} exakt erreicht wird. Stimmt die Laufzeit des Kredits bzw. der Finanzanlage mit dem Planungszeitraum überein, ist die Liquiditätsrestriktion für den Zeitpunkt $t = 0$ ($t = T$) auf der rechten Seite um den eingehenden bzw. abfließenden (abfließenden bzw. eingehenden) Betrag Z zu korrigieren. Da die am Ende der einzelnen Perioden der Laufzeit zu entrichtenden bzw. zu vereinnahmenden Zinszahlungen als Produkt aus Kredit- bzw. Anlagebetrag Z und der Differenz aus zu maximierendem Kreditzins i^K und zu minimierendem Anlagezins i^F erst noch zu bestimmen sind, finden sie sich auf der linken Seite der zugehörigen Liquiditätsrestriktionen wieder. Selbstverständlich dürfen die neu eingeführten Variablen i^K und i^F nicht negativ werden.

Zielfunktion:

$$\max. P; \quad P := i^K - i^F$$

Liquiditätsrestriktionen:

$$\sum_o (A_{o0} - E_{o0}) \cdot n_o \leq E_0 - A_0 \pm Z$$

$$\sum_o (A_{ot} - E_{ot}) \cdot n_o + Z \cdot \left(i^K - i^F \right) \leq E_t - A_t \quad \forall \, t \in \{1, ..., T-1\}$$

$$\sum_o (A_{oT} - E_{oT}) \cdot n_o + V_T + Z \cdot \left(i^K - i^F \right) \leq E_T - A_T \mp Z$$

Durchführungsrestriktionen: $n_o \leq N_o \quad \forall \, o \in O^G$

Mindestendvermögen: $-V_T \leq -EV_{Basis}^{max}$

Nichtnegativitätsbedingungen: $n_o \geq 0 \;\; \forall \, o; \quad V_T \geq 0; \quad i^K \geq 0; \quad i^F \geq 0$

2.1.3 Preisgrenzen für einen Ein- und einen Auszahlungsstrom

Nunmehr sei die maximale Anfangsauszahlung zum Zeitpunkt $t = 0$ für eine Zahlungs-reihe zu bestimmen, die am Ende der Periode 1 bzw. 2 eine Einzahlung in Höhe von 90 GE bzw. 180 GE vorsieht. Das sich unter Berücksichtigung der Beispieldaten aus Abschnitt 2.1.1 und des maximalen Endvermögens aus dem Basisprogramm in Höhe von 150 GE ergebende Optimaltableau lautet dann wie folgt.

BV	n_4	n_5	n_6	s_0^L	s_1^L	s_2^L	s_2^D	s^M	RS
n_1	-0,002	0	0,0018	0	0	$-0,001\overline{6}$	$0,3\overline{6}$	$-0,001\overline{6}$	$0,2\overline{6}$
n_2	0	0	0	0	0	0	1	0	1
n_3	$-0,9\overline{6}$	-0,88	$0,94\overline{6}$	0	0,8	$-0,1\overline{3}$	$13,\overline{3}$	$-0,1\overline{3}$	$101,\overline{3}$
V_2	0	0	0	0	0	0	0	-1	150
Z^F	0,075	0,12	0,03	1	0,8	0,7	30	0,7	198
s_1^D	0,002	0	-0,0018	0	0	$0,001\overline{6}$	$-0,3\overline{6}$	$0,001\overline{6}$	$0,7\overline{3}$
P	0,075	0,12	0,03	1	0,8	0,7	30	0,7	198

Tabelle 9:   Optimaltableau I zur Bestimmung einer Finanzanlagebetragsobergrenze

Die Finanzanlage ist nur dann nicht unvorteilhaft, wenn der Anlagebetrag 198 GE nicht übersteigt. Wird exakt diese **Preisobergrenze** in $t = 0$ gezahlt, ergibt sich wieder das aus dem Basisprogramm bekannte Endvermögen, wenn zur Finanzierung der Anlage im Gegenzug die Investition 1 um 150 GE reduziert und der kurzfristige Kredit 3 um 48 GE erhöht wird ($500 \cdot (0,5\overline{6} - 0,2\overline{6}) + (101,\overline{3} - 53,\overline{3}) = 198$). In $t = 1$ fallen dadurch 60 GE zusätzliche Zins- und Tilgungszahlungen an, und der Rückfluß in $t = 1$ und $t = 2$ sinkt um 30 GE bzw. 180 GE, was die zu bewertende Zahlungsreihe „neutralisiert".

Da der Bewertungsansatz eine Anfangsauszahlung zum Zeitpunkt $t = 0$ maximiert, handelt es sich bei den Dualwerten um Abzinsungsfaktoren und Kapitalwerte der Geldanlage- und Kreditaufnahmemöglichkeiten. Sie sind identisch mit denen, die sich aus den Aufzinsungsfaktoren und den Endwerten aus dem Basisprogramm berechnen lassen, weil die zusätzliche Finanzanlage **keine Umstrukturierung** im optimalen Investitions- und Finanzierungsprogramm bewirkt, denn keine Basisvariable des ursprünglichen Programms hat ihren Platz mit einer Nichtbasisvariablen tauschen müssen. Folglich ergibt sich der maximale Finanzanlagebetrag, der zu einem Kapital-wert KW^F von null Geldeinheiten führt, auch unter Einsatz einer *einfachen Bewer-tungsformel* und der Abzinsungsfaktoren aus dem Basisprogramm.

$$\lambda_t = \hat{\lambda}_t^{Basis} \quad \rightarrow \quad KW^F = -Z^{F\max} + \sum_{t \neq 0} \tilde{E}_t \cdot \hat{\lambda}_t^{Basis} \overset{!}{=} 0 \quad \rightarrow$$

$$P^* = P = Z^{F^{max}} = \sum_{t \neq 0} \tilde{E}_t \cdot \hat{\lambda}_t^{Basis} \quad \rightarrow \quad P^* = P = 90 \cdot 0,8 + 180 \cdot 0,7 = 198$$

Analog gelten im Falle ausbleibender Umstrukturierungen für die **Preisuntergrenze** einer Auszahlungsreihe in t = 0 und damit für den Mindestkreditbetrag zu Beginn des Planungszeitraums folgende Zusammenhänge.[1]

$$KW^K = Z^{K^{min}} - \sum_{t \neq 0} \tilde{A}_t \cdot \hat{\lambda}_t^{Basis} \overset{!}{=} 0 \quad \rightarrow \quad P^* = -P = Z^{K^{min}} = \sum_{t \neq 0} \tilde{A}_t \cdot \hat{\lambda}_t^{Basis}$$

Kommt es durch den zu bewertenden Zahlungsstrom zu **Umstrukturierungen** im optimalen Investitions- und Finanzierungsprogramm, so ist eine einfache Bewertung nicht mehr zielführend. Beispielsweise ergibt sich bei der Ermittlung der maximalen Anfangsauszahlung in t = 0 für eine Zahlungsreihe mit den Einzahlungen 60 GE und 360 GE am Ende der ersten bzw. zweiten Periode ceteris paribus folgendes Bewertungsprogramm mit den nunmehr relevanten Abzinsungsfaktoren und Kapitalwerten.

BV	n_1	n_5	n_6	s_0^L	s_1^L	s_2^L	s_2^D	s^M	RS
n_2	0	0	0	0	0	0	1	0	1
n_3	-464	-0,88	0,096	0	0,8	0,64	-156,8	0,64	68,8
n_4	-480	0	-0,88	0	0	0,8	176	0,8	16
V_2	0	0	0	0	0	0	0	-1	150
Z^F	36	0,12	0,096	1	0,8	0,64	43,2	0,64	298,8
s_1^D	1	0	0	0	0	0	0	0	1
P	36	0,12	0,096	1	0,8	0,64	43,2	0,64	298,8

Tabelle 10:   Optimaltableau II zur Bestimmung einer Finanzanlagebetragsobergrenze

Diesmal resultiert als **Preisobergrenze** für den Zahlungsstrom ein maximal in t = 0 zahlbarer Finanzanlagebetrag in Höhe von 298,8 GE. Um diesen Betrag aufzubringen, ist auf die Investition 1 vollständig zu verzichten, um $500 \cdot 0,5\overline{6} = 283,\overline{3}$ GE freizusetzen, und der kurzfristige Kredit um $68,8 - 53,\overline{3} = 15,4\overline{6}$ GE aufzustocken. Dies führt in t = 1 zu einem um knapp 56,67 GE verminderten Rückfluß und um gut 19,33 GE vermehrte Zins- und Tilgungszahlungen. Diesen insgesamt 76 GE stehen aber nur 60 GE aus der zu bewertenden Zahlungsreihe gegenüber. Deshalb muß in t = 1 ein weiterer kurzfristiger Kredit 4 in Höhe der Differenz von 16 GE aufgenommen werden. Am Ende des Planungszeitraums gleicht dann die Summe aus vermindertem

---

1 Zu beachten ist, daß im Falle einer sich ergebenden Preisuntergrenze der Mindestkreditbetrag P negativ ausgewiesen wird. Vgl. die Zielfunktion des Bewertungsansatzes I im Abschnitt 2.1.2.

Rückfluß und zusätzlicher Zins- und Tilgungszahlung ($600 \cdot 0,5\overline{6} + 1,25 \cdot 16$) die 360 zusätzlich zufließenden GE exakt aus.

Auf Grund des Basistauschs zwischen den Variablen n_1 und n_4 läßt sich der maximal vertretbare Auszahlungsbetrag als Preisobergrenze der Finanzanlage nicht mehr mit Hilfe der Abzinsungsfaktoren aus dem Basisprogramm, sondern nur noch durch Einsetzen der primalen originären Dualwerte des Bewertungsprogramms in die duale Zielfunktion des Bewertungsansatzes als *komplexe Bewertungsformel* bestimmen. Wegen der zusätzlich in den Bewertungsansatz eingeführten Mindestendvermögensrestriktion ist die Zielfunktion des zugehörigen Dualproblems gegenüber der des dualen Basisansatzes um das Produkt aus negativem Mindestendvermögen und dualer Strukturvariabler μ zu ergänzen. Zudem ist der zu beurteilende Einzahlungsstrom in der Zielfunktion zu berücksichtigen.

$$P^* = P = Z^{F^{max}} = \sum_t (E_t - A_t) \cdot \lambda_t + \sum_{t \neq 0} \tilde{E}_t \cdot \lambda_t + \sum_{o \in O^G} N_o \cdot \delta_o - EV_{Basis}^{max} \cdot \mu$$

Da es sich bei den dualen Strukturvariablen wie bei den primalen originären Dualwerten um Abzinsungsfaktoren und Kapitalwerte handelt, können die Dualvariablen ohne vorherige Umrechnung auch mit einem „Dach" als „Erkennungszeichen" für den Bezugszeitpunkt $t = 0$ versehen werden. Die umgestellte Formel läßt sich dann folgendermaßen interpretieren.

$$P^* = P = Z^{F^{max}} = \underbrace{\sum_{t \neq 0} \tilde{E}_t \cdot \hat{\lambda}_t}_{\substack{\text{Kapitalwert des} \\ \text{Einzahlungsstroms}}} + \underbrace{\sum_t (E_t - A_t) \cdot \hat{\lambda}_t + \sum_{o \in O^G} N_o \cdot \hat{\delta}_o - EV_{Basis}^{max} \cdot \hat{\mu}}_{\substack{\text{Kapitalwertänderung durch Umstrukturierung des} \\ \text{Investitions- und Finanzierungsprogramms}}}$$

Für die Bestimmung der **Preisuntergrenze** eines Auszahlungsstroms in $t = 0$ im Falle resultierender Umstrukturierungen gelten analoge Zusammenhänge.[1]

$$-P^* = P = -Z^{K^{min}} = \sum_t (E_t - A_t) \cdot \lambda_t - \sum_{t \neq 0} \tilde{A}_t \cdot \lambda_t + \sum_{o \in O^G} N_o \cdot \delta_o - EV_{Basis}^{max} \cdot \mu \quad \rightarrow$$

$$P^* = -P = Z^{K^{min}} = \underbrace{\sum_{t \neq 0} \tilde{A}_t \cdot \hat{\lambda}_t}_{\substack{\text{Kapitalwert des} \\ \text{Auszahlungsstroms}}} - \underbrace{\left(\sum_t (E_t - A_t) \cdot \hat{\lambda}_t + \sum_{o \in O^G} N_o \cdot \hat{\delta}_o - EV_{Basis}^{max} \cdot \hat{\mu} \right)}_{\substack{\text{Kapitalwertänderung durch Umstrukturierung des} \\ \text{Investitions- und Finanzierungsprogramms}}}$$

---

1 Im Falle einer sich ergebenden Preisuntergrenze wird der Mindestkreditbetrag P negativ ausgewiesen. Vgl. die Zielfunktion des Bewertungsansatzes I im Abschnitt 2.1.2.

Deutlich ist zu erkennen, daß die einfache Bewertungsformel als Spezialfall der komplexen interpretiert werden kann, weil im Falle ohne Umstrukturierung naheliegenderweise auch kein „Umstrukturierungsgewinn" anfällt. Um dies zu verdeutlichen, wird noch einmal auf den ersten Beispielfall dieses Abschnitts zurückgegriffen.

$$P^* = P = \underbrace{(90 \cdot 0{,}8 + 180 \cdot 0{,}7)}_{198} + \underbrace{30 \cdot (1 + 0{,}8 + 0{,}7) + 1 \cdot (0 + 30) - 150 \cdot 0{,}7}_{0} = 198$$

Sind dagegen Umstrukturierungen Folge der neuen Planungssituation, so steigern die daraus resultierenden Gewinne die Preisobergrenze der Finanzanlage so weit, daß ihr *isoliert* berechenbarer Kapitalwert als Summe aus Anfangsauszahlung in Höhe ebendieser Preisobergrenze und gegebenen Rückflüssen negativ wird (−20,4 GE). Unter Berücksichtigung der bestehenden Interdependenzen mit den übrigen Investitions- und Finanzierungsobjekten ist die Anlage aber nicht *unvorteilhaft*, sondern bedingt durch die Mindestendvermögensrestriktion erzwungenermaßen *zielwertneutral*.

$$P^* = P = \underbrace{(60 \cdot 0{,}8 + 360 \cdot 0{,}64)}_{278{,}4} + \underbrace{30 \cdot (1 + 0{,}8 + 0{,}64) + 1 \cdot (0 + 43{,}2) - 150 \cdot 0{,}64}_{20{,}4} = 298{,}8$$

Die Zusammenführung der beiden Preisgrenzenformeln führt zu einer komplexen Bewertungsformel, mit der sich **beliebige Zahlungsströme**, also auch solche, denen nicht unmittelbar anzusehen ist, ob es sich um eine Finanzanlage oder einen Kredit handelt, bewerten lassen. Ergibt sich ein positiver (negativer) Grenzpreis in $t = 0$, so repräsentiert die zugrundeliegende Zahlungsreihe letztlich eine(n) Finanzanlage (Kredit).

$$\pm P^* = P = Z^{F^{max}} - Z^{K^{min}}$$

$$= \underbrace{\sum_{t \neq 0} (\tilde{E}_t - \tilde{A}_t) \cdot \lambda_t}_{\substack{\text{Kapitalwert des} \\ \text{Zahlungsstroms}}} + \underbrace{\sum_t (E_t - A_t) \cdot \lambda_t + \sum_{o \in O^G} N_o \cdot \delta_o - EV_{Basis}^{max} \cdot \mu}_{\substack{\text{Kapitalwertänderung durch Umstrukturierung des} \\ \text{Investitions- und Finanzierungsprogramms}}}$$

Besteht also die Möglichkeit, einen Einzahlungsstrom zu kaufen oder einen Auszahlungsstrom zu verkaufen, könnte zunächst im Rahmen einer Sensitivitätsanalyse untersucht werden, ob sich dadurch die Struktur des optimalen Investitions- und Finanzierungsprogramms ändert.[1] Wenn keine Umstrukturierung droht, reicht eine Grenzpreisbestimmung mit der einfachen Bewertungsformel. Anderenfalls ist eine Lösung des Bewertungsansatzes unumgänglich. Da die komplexe Bewertungsformel Informationen aus dem Bewertungsprogramm benötigt, um zur Anwendung gelangen zu können, ist sie zur Ex-ante-Bewertung von Zahlungsströmen ungeeignet (Dilemma der Lenkpreistheorie). Gleichwohl kommt ihr aber eine Erklärungsfunktion zu.

---

1 Zur Berechnung lösungsstrukturerhaltender Schwankungsbreiten von rechten Seiten vgl. Anhang 8.

2.1.4 Maximalzins als Preisobergrenze für einen Kredit

Angenommen, in $t = 0$ könnte ein zusätzlicher Kredit im Umfang von 200 GE aufgenommen werden, der am Planungshorizont zurückzuzahlen ist und für den am Ende der Perioden 1 und 2 Zinszahlungen zu leisten sind. Unter Berücksichtigung der Beispieldaten aus Abschnitt 2.1.1 und des maximalen Endvermögens aus dem Basisprogramm in Höhe von 150 GE ergibt sich dann folgendes Optimaltableau.

BV	n_4	n_5	n_6	s_0^L	s_1^L	s_2^L	s_2^D	s^M	RS
n_1	-0,002	0,0001	0,0018	$0,00\overline{1}$	$0,000\overline{8}$	$-0,000\overline{8}$	0,4	$-0,000\overline{8}$	$0,9\overline{6}$
n_2	0	0	0	0	0	0	1	0	1
n_3	-1	$-0,9\overline{3}$	$0,9\overline{3}$	$-0,\overline{4}$	$0,\overline{4}$	$-0,\overline{4}$	0	$-0,\overline{4}$	$53,\overline{3}$
V_2	0	0	0	0	0	0	0	-1	150
i^K	0,00025	0,0004	0,0001	$0,00\overline{3}$	$0,002\overline{6}$	$0,002\overline{3}$	0,1	$0,002\overline{3}$	0,2
s_1^D	0,002	-0,0001	-0,0018	$-0,00\overline{1}$	$-0,000\overline{8}$	$0,000\overline{8}$	-0,4	$0,000\overline{8}$	$0,0\overline{3}$
P	0,00025	0,0004	0,0001	$0,00\overline{3}$	$0,002\overline{6}$	$0,002\overline{3}$	0,1	$0,002\overline{3}$	0,2

Tabelle 11: Optimaltableau I zur Bestimmung einer Kreditzinsobergrenze

Der betrachtete zusätzliche Kredit ist nur dann nicht unvorteilhaft, wenn der erhobene Kreditzins 20% nicht übersteigt. Ist exakt dieser Zins zu entrichten, ergibt sich das aus dem Basisprogramm bekannte Endvermögen in Höhe von 150 GE. Der Kredit fließt vollständig in die mehrperiodige Investition 1 (Grenzverwendung) mit einem Habenzins von 20% (Grenzverzinsung), die jetzt zu fast 97% realisiert wird. Folglich steigt das entsprechende Investitionsvolumen um 200 GE auf $500 \cdot 0,9\overline{6} = 483,\overline{3}$ GE. Der daraus resultierende größere Rückfluß wird vollständig von den zusätzlichen Zins- und Tilgungszahlungen aufgezehrt. Deshalb ändert sich ansonsten nichts; auch die Lösungsstruktur bleibt unangetastet.

Vorsicht ist jetzt allerdings bei der Interpretation der primalen **Dualwerte** geboten, da die Zielfunktion nicht mehr das Endvermögen, sondern den Kreditzins maximiert. Die zu den Schlupfvariablen s_t^L gehörigen originären Dualwerte und somit das Niveau der dualen Strukturvariablen λ_t spiegeln nunmehr die „Zinswirkung" Δi^K einer zusätzlich in t zur Verfügung stehenden Geldeinheit wider.

$$\lambda_t := \frac{\Delta i^K}{GE_t} \quad \forall\, t$$

Stünde beispielsweise zu Beginn des Planungszeitraums eine Geldeinheit mehr zur Verfügung, würde der einperiodige Kredit 3 um gute 0,44 GE reduziert (vgl. den Wert im Kreuzungsfeld von n_3-Zeile und $s_0^{\downarrow}$-Spalte), so daß die Investitionssumme nur um knappe 0,56 GE steigen könnte ($\Delta n_1 = 0,\overline{5}\,/\,500 = 0,00\,\overline{1}$; vgl. den Wert im Kreuzungsfeld von n_1-Zeile und $s_0^{\downarrow}$-Spalte). Dadurch wären am Ende der ersten und zweiten Periode jeweils knappe 0,67 GE ($100 \cdot 0,00\,\overline{1} + 1,25 \cdot 0,\overline{4} = 600 \cdot 0,00\,\overline{1} = 0,\overline{6}$) mehr verfügbar, die nur dann ebenfalls von den Zinszahlungen für den zusätzlichen Kredit aufgezehrt würden, wenn der Kreditzins um gute 0,33 % stiege ($0,\overline{6}\,/\,200 = 0,00\overline{3}$; vgl. den Wert im Kreuzungsfeld von i^k-Zeile und $s_0^{\downarrow}$-Spalte und den Dualwert λ_0).

Trotz des veränderten Aussagegehalts der Dualvariablen lassen sich wie zuvor endogene **Abzinsungsfaktoren** $\hat{\lambda}_t$ (und auch $\hat{\mu}$) als Gegenwartswerte einer zusätzlich in t verfügbaren Geldeinheit zum Zeitpunkt 0 berechnen.

$$\hat{\lambda}_t := \frac{\lambda_t}{\lambda_0} = \frac{\Delta i^K}{GE_t} \cdot \frac{GE_0}{\Delta i^K} = \frac{GE_0}{GE_t} \quad \forall\, t \quad \rightarrow$$

$$\hat{\lambda}_0 = \frac{\lambda_0}{\lambda_0} = 1; \quad \hat{\lambda}_1 = \frac{\lambda_1}{\lambda_0} = \frac{0,002\overline{6}}{0,00\overline{3}} = 0,8; \quad \hat{\lambda}_2 = \frac{\lambda_2}{\lambda_0} = \frac{0,002\overline{3}}{0,00\overline{3}} = 0,7 = \frac{\mu}{\lambda_0} = \hat{\mu}$$

Analog erhält man die **Kapitalwerte** $\hat{\delta}_o$ der nicht unvorteilhaften Investitions- und Finanzierungsobjekteinheiten, wenn die „Zinswirkung" δ_o einer zusätzlichen Objekteinheit o durch die „Zinswirkung" λ_0 einer zusätzlich zu Beginn des Planungszeitraums verfügbaren Geldeinheit dividiert wird.

$$\hat{\delta}_o := \frac{\delta_o}{\lambda_0} = \frac{\Delta i^K}{OE_o} \cdot \frac{GE_0}{\Delta i^K} = \frac{GE_0}{OE_o} \quad \forall\, o \in O^G \qquad \rightarrow \qquad \hat{\delta}_2 = \frac{\delta_2}{\lambda_0} = \frac{0,1}{0,00\overline{3}} = 30;$$

$$\hat{\delta}_1 = \delta_1 = 0$$

Da der zusätzliche Kredit zu **keiner Umstrukturierung** im optimalen Investitions- und Finanzierungsprogramm geführt hat, ergeben sich also wieder dieselben Werte für die periodenspezifischen Abzinsungsfaktoren wie im Abschnitt 2.1.1. Der gesuchte kritische Sollzinsfuß des Kredits, der zu einem Kapitalwert KW^K von null Geldeinheiten führt, hätte also auch problemlos mit einer *einfachen Bewertungsformel* und den Abzinsungsfaktoren aus dem Basisprogramm ermittelt werden können.

$$KW^K = Z - \sum_{t \neq 0} Z \cdot i^{K\,max} \cdot \hat{\lambda}_t^{Basis} - Z \cdot \hat{\lambda}_T^{Basis} \overset{!}{=} 0 \quad \rightarrow$$

$$P^* = P = i^{K\,max} = \frac{1 - \hat{\lambda}_T^{Basis}}{\sum_{t \neq 0} \hat{\lambda}_t^{Basis}} \quad \rightarrow \quad P^* = P = \frac{1 - 0,7}{0,8 + 0,7} = 0,2$$

Diese einfache Form der Bewertung ist allerdings nicht mehr zulässig, wenn es zu **Umstrukturierungen** im Investitions- und Finanzierungsprogramm kommt, was beispielsweise bei einem zusätzlichen Kredit in Höhe von 250 GE der Fall ist. Unter sonst gleichen Bedingungen resultiert dann folgendes Optimaltableau.

BV	n_4	n_5	s_0^L	s_1^L	s_2^L	s_1^D	s_2^D	s^M	RS
n_1	0	0	0	0	0	1	0	0	1
n_2	0	0	0	0	0	0	1	0	1
n_3	0	-1	-1	0	0	500	-200	0	20
n_6	-1,071	0,0714	0,5952	0,476	-0,476	-535,7	214,28	-0,476	35,714
V_2	0	0	0	0	0	0	0	-1	150
i^K	0,00029	0,00031	0,0026	0,0021	0,0019	0,0429	0,0629	0,0019	0,1971
P	0,00029	0,00031	0,0026	0,0021	0,0019	0,0429	0,0629	0,0019	0,1971

Tabelle 12: Optimaltableau II zur Bestimmung einer Kreditzinsobergrenze

Jetzt ist der betrachtete Kredit nur dann nicht unvorteilhaft, wenn der erhobene Kreditzins gute 19,71 % nicht übersteigt. Die zusätzlichen 250 GE reichen aus, um die periodenübergreifende Investition 1 nun vollständig zu realisieren ($s_1^D = 0$) und obendrein den einperiodigen Kredit 3 um 33,33 GE zu reduzieren ($500 \cdot (1 - 0,5\overline{6}) + (53,\overline{3} -20) = 250$). Dadurch stehen am Ende der ersten Periode 85 GE mehr zur Verfügung ($100 \cdot (1 - 0,5\overline{6}) + 1,25 \cdot 33,\overline{3} = 85$), die für die zusätzlichen Zinszahlungen in Höhe von knapp 49,29 GE und die einperiodige Finanzanlage 6 im Umfang von gut 35,71 GE (vgl. n_6) zu verbrauchen sind ($250 \cdot 0,1971 + 35,714 = 85$). Am Planungshorizont betragen dann die zusätzlichen Rückflüsse wie auch die zusätzlichen Zins- und Tilgungszahlungen 299,28 GE ($600 \cdot 0,4\overline{3} + 1,1 \cdot 35,714 = 299,28 = 250 \cdot 1,1971$).

Da ein Basistausch zwischen den Variablen s_1^D und n_6 stattgefunden hat, läßt sich der maximal zulässige Sollzinsfuß als Preisobergrenze des Kredits nicht mehr mit Hilfe der Abzinsungsfaktoren aus dem Basisprogramm bestimmen. Vielmehr ist erneut auf die Zusammenhänge zwischen Primal- und Dualproblem zurückzugreifen, um unter Verwendung der dualen Zielfunktion und damit der primalen originären Dualwerte des Bewertungsprogramms den kritischen Zins ermitteln zu können. Wegen der zusätzlich in den Bewertungsansatz eingeführten Mindestendvermögensrestriktion ist die Zielfunktion des zugehörigen Dualproblems gegenüber der des dualen Basisansatzes um das Produkt aus negativem Mindestendvermögen und dualer Strukturvariabler μ zu ergänzen. Zudem sind die Einzahlung und der Tilgungsbetrag Z des Kredits mit in die Zielfunktion einzubeziehen.

$$P^* = P = i^{k^{max}} = \sum_t (E_t - A_t) \cdot \lambda_t + Z \cdot \lambda_0 - Z \cdot \lambda_T + \sum_{o \in O^G} N_o \cdot \delta_o - EV_{Basis}^{max} \cdot \mu \quad \rightarrow$$

$$P^* = P = 30 \cdot (0,0026 + 0,0021 + 0,0019) + 250 \cdot (0,0026 - 0,0019) +$$
$$1 \cdot (0,0429 + 0,0629) - 150 \cdot 0,0019 = 0,1971$$

Diese *komplexe Bewertungsformel* läßt sich erst dann mit Daten „füttern", wenn der gesuchte Zinsfuß aus dem Bewertungsprogramm bereits bekannt ist. Darüber hinaus ist sie ökonomisch nur schwerlich zu deuten, weil die Dualvariablen keine Geldgrößen, sondern nur „Zinswirkungen" repräsentieren. Um jedoch auch in der vorliegenden Situation zu einer intuitiv einleuchtenden Bewertungsformel zu gelangen, muß man sich zunächst vergegenwärtigen, daß der zu ermittelnde Maximalzins eine durch die zusätzlich aufgenommenen Mittel bedingte Steigerung des Endvermögens über das aus dem Basisprogramm bekannte Niveau neutralisieren soll. Vor dem Hintergrund der Umstrukturierung reicht es daher nicht mehr aus, lediglich für einen Ausgleich zwischen dem Kapitalwert der Krediteinzahlung und dem der zugehörigen Zins- und Tilgungszahlungen zu sorgen. Vielmehr ist auch die aus der Umstrukturierung des Investitions- und Finanzierungsprogramms resultierende Kapitalwertänderung auszugleichen.

Zur Entwicklung einer dies berücksichtigenden Bewertungsformel muß die Modellwelt der *Sollzinsmaximierung* „kurzfristig" verlassen werden, um in die der *Anfangseinzahlungsminimierung* zurückkehren; d.h., es ist „so zu tun", als sei wieder der minimale Einzahlungsbetrag Z in t = 0 als Preisuntergrenze des Kredits unter Beachtung aller übrigen kreditbedingten Zahlungen, also inklusive der eigentlich erst noch zu bestimmenden (maximalen) Zinszahlungen, zu berechnen. Dann wechselt die Anfangszahlung Z auf die linke Seite der primalen Liquiditätsrestriktion für den Zeitpunkt t = 0, während die Zins- und Tilgungszahlungen auf die rechten Seiten der betroffenen primalen Liquiditätsbedingungen wandern. Damit lautet die zugehörige duale Zielfunktion folgendermaßen.[1]

$$-Z = \sum_t (E_t - A_t) \cdot \hat{\lambda}_t - \left(\sum_{t \neq 0} Z \cdot i^K \cdot \hat{\lambda}_t + Z \cdot \hat{\lambda}_T \right) + \sum_{o \in O^G} N_o \cdot \hat{\delta}_o - EV_{Basis}^{max} \cdot \hat{\mu} \quad \rightarrow$$

$$Z = -\sum_t (E_t - A_t) \cdot \hat{\lambda}_t + \left(\sum_{t \neq 0} Z \cdot i^K \cdot \hat{\lambda}_t + Z \cdot \hat{\lambda}_T \right) - \sum_{o \in O^G} N_o \cdot \hat{\delta}_o + EV_{Basis}^{max} \cdot \hat{\mu}$$

---

1 Vgl. die komplexe Bewertungsformel zur Bestimmung der minimalen Anfangseinzahlung einer Zahlungsreihe im Abschnitt 2.1.3.

Da nun annahmegemäß die Kreditzahlung Z zu Beginn des Planungszeitraums mini-
miert wird,[1] handelt es sich bei den Dualvariablen um Abzinsungsfaktoren ($\hat{\lambda}_t$; $\hat{\mu}$)
und Kapitalwerte ($\hat{\delta}_o$) der nicht unvorteilhaften Objekte. Sie lassen sich, genauso wie
zu Beginn dieses Abschnitts beschrieben, aus den originären Dualwerten des primalen
Zinsmaximierungsproblems (vgl. Tabelle 12) bzw. den Strukturvariablenwerten des
zugehörigen Dualproblems herleiten.

$$\hat{\lambda}_0 = \frac{\lambda_0}{\lambda_0} = 1; \quad \hat{\lambda}_1 = \frac{\lambda_1}{\lambda_0} = \frac{0,0021}{0,0026} = 0,8; \quad \hat{\lambda}_2 = \frac{\lambda_2}{\lambda_0} = \frac{0,0019}{0,0026} = 0,\overline{72} = \frac{\mu}{\lambda_0} = \hat{\mu}$$

$$\hat{\delta}_1 = \frac{\delta_1}{\lambda_0} = \frac{0,0429}{0,0026} = 16,\overline{36}; \quad \hat{\delta}_2 = \frac{\delta_2}{\lambda_0} = \frac{0,0629}{0,0026} = 24$$

Ein erstes Umstellen der obigen Formel zur Bestimmung der minimalen anfänglichen
Krediteinzahlung erlaubt eine eingängige ökonomische Interpretation.

$$Z = \underbrace{\sum_{t \neq 0} Z \cdot i^K \cdot \hat{\lambda}_t + Z \cdot \hat{\lambda}_T}_{\substack{\text{Kapitalwert der Zins- und Til-} \\ \text{gungszahlungen des Kredits}}} - \underbrace{\left(\sum_t (E_t - A_t) \cdot \hat{\lambda}_t + \sum_{o \in O^G} N_o \cdot \hat{\delta}_o - EV_{Basis}^{max} \cdot \hat{\mu} \right)}_{\substack{\text{Kapitalwertänderung durch Umstrukturierung} \\ \text{des Investitions- und Finanzierungsprogramms}}}$$

Der zusätzliche Kredit hat nur dann keinen Einfluß auf das aus dem Basisprogramm
bekannte maximale Endvermögen, wenn die anfängliche Kreditzahlung der Differenz
aus dem Kapitalwert der resultierenden Zins- und Tilgungszahlungen sowie der aus der
Umstrukturierung des Investitions- und Finanzierungsprogramms herrührenden Kapitalwertänderung entspricht. Diese mindestens zu fordernde Kreditzahlung Z findet sich
aber sowohl auf der linken als auch auf der rechten Seite der Bewertungsformel wieder.
Da jedoch nach wie vor der maximal zulässige Kreditzins bei gegebener Anfangseinzahlung gesucht wird, soll der obige Ausdruck nicht nach Z, sondern nach i^K umgestellt
werden. Diese zweite Umstellung führt zur folgenden allgemeingültigen *komplexen
Bewertungsformel* für den Kreditzins.

$$P^* = P = i^{K^{max}} = \frac{(1 - \hat{\lambda}_T)}{\sum_{t \neq 0} \hat{\lambda}_t} + \frac{\sum_t (E_t - A_t) \cdot \hat{\lambda}_t + \sum_{o \in O^G} N_o \cdot \hat{\delta}_o - EV_{Basis}^{max} \cdot \hat{\mu}}{Z \cdot \sum_{t \neq 0} \hat{\lambda}_t} \quad \rightarrow$$

$$P^* = P = \frac{(1 - 0,\overline{72})}{(0,8 + 0,\overline{72})} + \frac{30 \cdot (1 + 0,8 + 0,\overline{72}) + 1 \cdot (16,\overline{36} + 24) - 150 \cdot 0,\overline{72}}{250 \cdot (0,8 + 0,\overline{72})} = 0,1971$$

---

1 Es sei nochmals ausdrücklich darauf hingewiesen, daß weiterhin der maximal zulässige Kreditzins
  gesucht wird und die „zwischenzeitliche" Annahme der Krediteinzahlungsminimierung nur ein
  Hilfsmittel ist, um zu einer intuitiv einleuchtenden „Zinsformel" zu gelangen.

Es ist deutlich zu erkennen, daß die einfache Bewertungsformel einen Spezialfall des obigen Ausdrucks darstellt, weil im Falle ohne Umstrukturierungen im Investitions- und Finanzierungsprogramm der zweite Quotient den Wert Null annimmt und die verbleibenden Abzinsungsfaktoren mit denen aus dem Basisprogramm übereinstimmen.

Ein letzter Blick sei vor dem Hintergrund des gegebenen Zahlenmaterials auf die Kapitalwertänderung durch Umstrukturierung und auf den (isolierten) Kapitalwert des Kredits bei maximalen Zinszahlungen gestattet.

$$\sum_t (E_t - A_t) \cdot \hat{\lambda}_t + \sum_{o \in O^G} N_o \cdot \hat{\delta}_o - EV_{Basis}^{max} \cdot \hat{\mu} = 75,\overline{81} + 40,\overline{36} - 109,\overline{09} = 7,\overline{09}$$

$$KW^K = Z - \sum_{t \neq 0} Z \cdot i^{K^{max}} \cdot \hat{\lambda}_t - Z \cdot \hat{\lambda}_T = 250 - 75,\overline{27} - 181,\overline{81} = -7,\overline{09}$$

Der Kapitalwert des Bewertungsprogramms unter Vernachlässigung des zusätzlichen Kredits als Bewertungsobjekt ist um knappe 7,1 GE höher als der Kapitalwert des Basisprogramms. Dieser „Umstrukturierungsgewinn" ist dem Kredit zu verdanken und erlaubt entsprechend höhere Zinszahlungen, wenn eine Endvermögenssteigerung gegenüber dem Basisprogramm vermieden werden soll. Der korrespondierende maximal zulässige Zinssatz als Preisobergrenze des Kredits ist dann so hoch, daß der isoliert berechnete Kapitalwert seiner um die Zinszahlungen ergänzten Zahlungsreihe negativ wird – und zwar betragsmäßig exakt in Höhe des „Umstrukturierungsgewinns". Hierin spiegelt sich die Interdependenzproblematik wider: Bei *isolierter* Betrachtung des Kredits würde dieser bei einem Sollzinssatz von 19,71 % eindeutig als *unvorteilhaft* eingestuft, obwohl er auf Grund der Verflechtungen mit den übrigen Investitions- und Finanzierungsobjekten in Wirklichkeit *zielwertneutral* ist.[1]

Steht also ein Kredit zur Disposition, so könnte erneut mit einer Sensitivitätsanalyse abgeschätzt werden, ob durch die zusätzlichen Mittel die Struktur des bis dahin optimalen Investitions- und Finanzierungsprogramms in Mitleidenschaft gezogen wird.[2] Zur Ermittlung der subjektiven Preisobergrenze in Form des maximal akzeptablen Kreditzinses ist die einfache Bewertungsformel heranzuziehen, wenn die Programmstruktur unangetastet bleibt, und der Bewertungsansatz zu lösen, wenn mit Umstrukturierungen zu rechnen ist. Die komplexe Bewertungsformel ist zur Ex-ante-Bewertung von Krediten ungeeignet, weil sie Informationen aus dem Bewertungsprogramm benötigt, um zur Anwendung gelangen zu können (Dilemma der Lenkpreistheorie). Sie hat erneut nur erklärenden Charakter.

---

1 Bei Verwendung der Abzinsungsfaktoren aus dem Bewertungsprogramm führt eine isolierte Betrachtung des Kredits zu einem kritischen Sollzinsfuß von ungefähr 17,85 % < 19,71 %.

2 Zur Berechnung lösungsstrukturerhaltender Schwankungsbreiten von rechten Seiten vgl. Anhang 8.

2.1.5 Minimalzins als Preisuntergrenze für eine Finanzanlage

Angenommen, in $t = 0$ könnte eine zusätzliche Finanzanlage in Höhe von 200 GE getätigt werden, die am Planungshorizont in vollem Umfange zurückgezahlt wird und am Ende der Perioden 1 und 2 zu Zinszahlungen führt. Unter Berücksichtigung der Beispieldaten aus Abschnitt 2.1.1 und des maximalen Endvermögens aus dem Basisprogramm ergibt sich dann folgendes Optimaltableau.

BV	n_4	n_5	n_6	s_0^L	s_1^L	s_2^L	s_2^D	s^M	RS
n_1	-0,002	0,0001	0,0018	0,0011	$0,000\overline{8}$	$-0,000\overline{8}$	0,4	$-0,000\overline{8}$	$0,1\overline{6}$
n_2	0	0	0	0	0	0	1	0	1
n_3	-1	$-0,9\overline{3}$	$0,9\overline{3}$	$-0,\overline{4}$	$0,\overline{4}$	$-0,\overline{4}$	0	$-0,\overline{4}$	$53,\overline{3}$
V_2	0	0	0	0	0	0	0	-1	150
i^F	-0,0002	-0,0004	-0,0001	$-0,00\overline{3}$	$-0,002\overline{6}$	$-0,002\overline{3}$	-0,1	$-0,002\overline{3}$	0,2
s_1^D	0,002	-0,0001	-0,0018	-0,0011	$-0,000\overline{8}$	$0,000\overline{8}$	-0,4	$0,000\overline{8}$	$0,8\overline{3}$
P	0,0002	0,0004	0,0001	$0,00\overline{3}$	$0,002\overline{6}$	$0,002\overline{3}$	0,1	$0,002\overline{3}$	-0,2

Tabelle 13: Optimaltableau I zur Bestimmung einer Finanzanlagezinsuntergrenze

Die betrachtete Finanzanlage ist nur dann nicht unvorteilhaft, wenn der gebotene Anlagezins 20% nicht unterschreitet. Wird exakt dieser Zins vereinnahmt, ergibt sich das dem Basisprogramm bekannte Endvermögen in Höhe von 150 GE. Die Finanzanlage geht vollständig zu Lasten der mehrperiodigen Investition 1 (Grenzverwendung) mit einem Habenzins von 20% (Grenzverzinsung), die jetzt nur noch zu ungefähr 17% realisiert werden kann ($283,\overline{3} - 200 = 500 \cdot 0,1\overline{6} = 83,\overline{3}$). Dadurch entfallen Einzahlungen am Ende der Perioden 1 und 2, die durch Einzahlungen aus der zusätzlichen Finanzanlage exakt ausgeglichen werden. Deshalb ändert sich ansonsten nichts.

Da es zu **keiner Umstrukturierung** im Investitions- und Finanzierungsprogramm kommt, ergeben sich die gleichen Abzinsungsfaktoren $\hat{\lambda}_t$ (und auch $\hat{\mu}$) sowie Kapitalwerte $\hat{\delta}_0$ der nicht unvorteilhaften Objekte wie im Basisprogramm.

$$\hat{\lambda}_0 = \frac{\lambda_0}{\lambda_0} = 1; \quad \hat{\lambda}_1 = \frac{\lambda_1}{\lambda_0} = \frac{0,002\overline{6}}{0,00\overline{3}} = 0,8; \quad \hat{\lambda}_2 = \frac{\lambda_2}{\lambda_0} = \frac{0,002\overline{3}}{0,00\overline{3}} = 0,7 = \frac{\mu}{\lambda_0} = \hat{\mu}$$

$$\hat{\delta}_1 = \delta_1 = 0; \quad \hat{\delta}_2 = \frac{\delta_2}{\lambda_0} = \frac{0,1}{0,00\overline{3}} = 30$$

Der gesuchte kritische Habenzinsfuß der Finanzanlage, der zu einem Kapitalwert KW^F von 0 GE führt, hätte also wieder problemlos mit den Abzinsungsfaktoren aus dem Basisprogramm ermittelt werden können.

$$KW^F = -Z + \sum_{t \neq 0} Z \cdot i^{F^{min}} \cdot \hat{\lambda}_t^{Basis} + Z \cdot \hat{\lambda}_T^{Basis} \overset{!}{=} 0 \quad \rightarrow$$

$$P^* = -P = i^{F^{min}} = \frac{1 - \hat{\lambda}_T^{Basis}}{\sum_{t \neq 0} \hat{\lambda}_t^{Basis}} \quad \rightarrow \quad P^* = -P = \frac{1 - 0,7}{0,8 + 0,7} = 0,2$$

Offensichtlich sind die *einfachen Bewertungsformeln* zur Bestimmung des minimalen Anlage- und des maximalen Kreditzinses im Falle ohne Umstrukturierung identisch. Kommt es indes zu **Umstrukturierungen** im Investitions- und Finanzierungsprogramm, unterscheiden sich die *komplexen Bewertungsformeln* geringfügig, was im folgenden gezeigt werden soll. Wird davon ausgegangen, daß unter sonst gleichen Bedingungen der kritische Zins für eine Finanzanlage im Umfang von 300 GE zu ermitteln ist, so läßt sich nachstehendes Optimaltableau berechnen.

BV	n_1	n_5	n_6	s_0^L	s_1^L	s_2^L	s_2^D	s^M	RS
n_2	0	0	0	0	0	0	1	0	1
n_3	-500	-1	0	-1	0	0	-200	0	70
n_4	-500	$-0,0\overline{6}$	$-0,9\overline{3}$	$-0,\overline{5}$	$-0,\overline{4}$	$0,\overline{4}$	-200	$0,\overline{4}$	$16,\overline{6}$
V_2	0	0	0	0	0	0	0	-1	150
i^F	$-0,08\overline{3}$	-0,0003	$-0,000\overline{2}$	-0,0023	-0,0019	-0,0015	-0,1	-0,0015	$0,202\overline{7}$
s_1^D	1	0	0	0	0	0	0	0	1
P	$0,08\overline{3}$	0,0003	$0,000\overline{2}$	0,0023	0,0019	0,0015	0,0998	0,0015	$-0,202\overline{7}$

Tabelle 14: Optimaltableau II zur Bestimmung einer Finanzanlagezinsuntergrenze

Jetzt ist die Finanzanlage nur dann nicht unvorteilhaft, wenn der gebotene Anlagezins knappe 20,28% nicht unterschreitet. Um die zusätzlich erforderlichen 300 GE aufbringen zu können, muß auf die periodenübergreifende Investition 1 vollständig verzichtet ($n_1 = 0$) und der einperiodige Kredit 3 auf 70 GE ausgeweitet werden ($283,33 + (70 - 53,33) = 300$). Hieraus resultieren am Ende der ersten Periode zum einen eine Rückflußminderung in Höhe von knapp 56,67 GE und zum anderen eine um gut 20,83 GE höhere Zins- und Tilgungszahlung ($100 \cdot 0,5\overline{6} + 1,25 \cdot 16,\overline{6} = 77,5$), die durch eine zusätzliche Habenzinszahlung im Umfang von gut 60,83 GE und einen einperiodigen Kredit 4 über knapp 16,67 GE (vgl. n_4) wieder ausgeglichen werden ($300 \cdot 0,202\overline{7} + 16,\overline{6} = 77,5$). Am Planungshorizont beträgt die Summe aus Rückflußminderung und zusätzlicher Zins- und Tilgungszahlung ($600 \cdot 0,5\overline{6} + 1,25 \cdot 16,\overline{6}$) wie auch der zusätzliche Rückfluß aus der betrachteten Finanzanlage ($300 \cdot 1,202\overline{7}$) etwa 360,83 GE.

Da n_4 an Stelle von n_1 Basisvariable geworden ist, läßt sich der mindestens einzufordernde Habenzinsfuß als Preisuntergrenze der Finanzanlage nicht mehr mit den Abzinsungsfaktoren aus dem Basisprogramm, sondern nur noch unter Einsatz der dualen Zielfunktion als komplexer Bewertungsformel und damit der primalen originären Dualwerte des Bewertungsprogramms ermitteln. Wie schon bei der Kreditbewertung ist wegen der zusätzlich in den Bewertungsansatz eingeführten Mindestendvermögensrestriktion die Zielfunktion des zugehörigen Dualproblems gegenüber der des dualen Basisansatzes um das Produkt aus negativem Mindestendvermögen und dualer Strukturvariabler μ zu ergänzen. Darüber hinaus müssen Anfangs- und Endzahlung Z der betrachteten Finanzanlage Eingang in die Zielfunktion finden.[1]

$$-P^* = P = -i^{F^{min}} = \sum_t (E_t - A_t) \cdot \lambda_t - Z \cdot \lambda_0 + Z \cdot \lambda_T + \sum_{o \in O^G} N_o \cdot \delta_o - EV_{Basis}^{max} \cdot \mu \quad \rightarrow$$

$$P^* = -P = i^{F^{min}} = -\sum_t (E_t - A_t) \cdot \lambda_t + Z \cdot \lambda_0 - Z \cdot \lambda_T - \sum_{o \in O^G} N_o \cdot \delta_o + EV_{Basis}^{max} \cdot \mu \quad \rightarrow$$

$$P^* = -P = -30 \cdot (0,0023 + 0,0019 + 0,0015) + 300 \cdot (0,0023 - 0,0015) -$$
$$1 \cdot (0 + 0,0998) + 150 \cdot 0,0015 = 0,202\overline{7}$$

Um zu einer anschaulicheren Bewertungsformel zu gelangen, die nicht auf „Zinswirkungen" widerspiegelnde Dualwerte, sondern auf Abzinsungsfaktoren zurückgreift, muß die Modellwelt der *Habenzinsminimierung* verlassen werden, um „für kurze Zeit" in die der *Anfangsauszahlungsmaximierung* zurückzukehren. Angenommen, es wäre der maximale Auszahlungsbetrag Z in t = 0 als Preisobergrenze der Finanzanlage unter Beachtung aller übrigen anlagebedingten Zahlungen, also inklusive der eigentlich erst noch zu bestimmenden (minimalen) Zinszahlungen, zu berechnen. Dann wechselt die Anfangsauszahlung Z auf die linke Seite der primalen Liquiditätsrestriktion für den Zeitpunkt t = 0, während die Zins- und Rückzahlungen auf die rechten Seiten der betroffenen primalen Liquiditätsbedingungen wandern. Folgende duale Zielfunktion ist das Ergebnis.[2]

$$Z = \sum_t (E_t - A_t) \cdot \hat{\lambda}_t + \left(\sum_{t \neq 0} Z \cdot i^F \cdot \hat{\lambda}_t + Z \cdot \hat{\lambda}_T \right) + \sum_{o \in O^G} N_o \cdot \hat{\delta}_o - EV_{Basis}^{max} \cdot \hat{\mu}$$

---

1 Die folgende Rechnung veranschaulicht in eindrucksvoller Weise die Wirkung gerundeter Größen auf das Berechnungsergebnis (Ergebnis bei Verwendung gerundeter Größen = $0,1942 \neq 0,202\overline{7}$).

2 Vgl. die komplexe Bewertungsformel zur Bestimmung der maximalen Anfangsauszahlung einer Zahlungsreihe im Abschnitt 2.1.3.

Die einzusetzenden Abzinsungsfaktoren ($\hat{\lambda}_t$; $\hat{\mu}$) und nichtnegativen Kapitalwerte[1] ($\hat{\delta}_0$) ergeben sich erneut aus den originären Dualwerten des primalen Zinsminimierungsproblems (vgl. Tabelle 14) bzw. den Strukturvariablenwerten des zugehörigen Dualproblems.

$$\hat{\lambda}_0 = \frac{\lambda_0}{\lambda_0} = 1; \quad \hat{\lambda}_1 = \frac{\lambda_1}{\lambda_0} = \frac{0,0019}{0,0023} = 0,8; \quad \hat{\lambda}_2 = \frac{\lambda_2}{\lambda_0} = \frac{0,0015}{0,0023} = 0,64 = \frac{\mu}{\lambda_0} = \hat{\mu}$$

$$\hat{\delta}_2 = \frac{\delta_2}{\lambda_0} = \frac{0,0998}{0,0023} = 43,2$$

Als nächstes ist die obige Formel zur Bestimmung der maximalen Investitionssumme umzustellen,[2] um sie besser interpretieren zu können.

$$Z = \underbrace{\sum_{t \neq 0} Z \cdot i^F \cdot \hat{\lambda}_t + Z \cdot \hat{\lambda}_T}_{\substack{\text{Kapitalwert der anlagebeding-} \\ \text{ten Zins- und Rückzahlungen}}} + \underbrace{\sum_t (E_t - A_t) \cdot \hat{\lambda}_t + \sum_{o \in O^G} N_o \cdot \hat{\delta}_0 - EV_{\text{Basis}}^{\max} \cdot \hat{\mu}}_{\substack{\text{Kapitalwertänderung durch Umstrukturierung} \\ \text{des Investitions- und Finanzierungsprogramms}}}$$

Die betrachtete Finanzanlage ist nur dann zielwertneutral, wenn die anfängliche Investitionsauszahlung mit dem um die umstrukturierungsbedingte Kapitalwertänderung korrigierten Kapitalwert der resultierenden Zins- und Rückzahlungen übereinstimmt. Wird der Ausdruck nach i^F umgestellt, gelangt man zur folgenden allgemeingültigen *komplexen Bewertungsformel* für den Anlagezins.

$$P^* = -P = i^{F^{\min}} = \frac{(1 - \hat{\lambda}_T)}{\sum_{t \neq 0} \hat{\lambda}_t} - \frac{\left(\sum_t (E_t - A_t) \cdot \hat{\lambda}_t + \sum_{o \in O^G} N_o \cdot \hat{\delta}_0 - EV_{\text{Basis}}^{\max} \cdot \hat{\mu} \right)}{Z \cdot \sum_{t \neq 0} \hat{\lambda}_t} \quad \rightarrow$$

$$P^* = -P = \frac{(1 - 0,64)}{(0,8 + 0,64)} - \frac{\left(30 \cdot (1 + 0,8 + 0,64) + 1 \cdot (0 + 43,2) - 150 \cdot 0,64 \right)}{300 \cdot (0,8 + 0,64)} = 0,20\overline{27}$$

Wieder ist die einfache Bewertungsformel als Spezialfall der komplexen Bewertungsformel zu interpretieren, weil im Falle ohne Umstrukturierungen im Investitions- und Finanzierungsprogramm der zweite Quotient den Wert Null annimmt und die verbleibenden Abzinsungsfaktoren denen aus dem Basisprogramm entsprechen.

---

1 Die periodenübergreifende Investitionsmöglichkeit 1 ist jetzt unvorteilhaft und hat folglich einen negativen Kapitalwert: $KW_1 = -s_1^O/\lambda_0 = -0,0833/0,0023 = -500 + 100 \cdot 0,8 + 600 \cdot 0,64 = -36$.

2 Es sei nochmals ausdrücklich darauf hingewiesen, daß weiterhin der minimal zulässige Finanzanlagezins gesucht wird und die „zwischenzeitliche" Annahme der Investitionsauszahlungsmaximierung nur ein Hilfsmittel ist, um zu einer intuitiv einleuchtenden „Zinsformel" zu gelangen.

Auch an diesem Beispiel läßt sich die Interdependenzproblematik veranschaulichen, die sich durch die Verflechtung der verschiedenen Investitions- und Finanzierungsobjekte ergibt. Der Kapitalwert des Bewertungsprogramms unter Vernachlässigung der zusätzlichen Anlagemöglichkeit als Bewertungsobjekt ist um 20,4 GE höher als der Kapitalwert des Basisprogramms.

$$\sum_t (E_t - A_t) \cdot \hat{\lambda}_t + \sum_{o \in O^G} N_o \cdot \hat{\delta}_o - EV_{Basis}^{max} \cdot \hat{\mu} = 73,2 + 43,2 - 96 = 20,4$$

Dieser „Umstrukturierungsgewinn" ist der Finanzanlage zu verdanken und erlaubt entsprechend geringere Zinszahlungen, wenn eine Endvermögenssteigerung gegenüber dem Basisprogramm ausgeschlossen werden soll. Der korrespondierende minimal zulässige Zinssatz als Preisuntergrenze der Anlage ist dann so gering, daß der isoliert berechnete Kapitalwert ihrer um die Zinszahlungen ergänzten Zahlungsreihe negativ wird und betragsmäßig mit dem „Umstrukturierungsgewinn" übereinstimmt.

$$KW^F = -Z + \sum_{t \neq 0} Z \cdot i^{F^{min}} \cdot \hat{\lambda}_t + Z \cdot \hat{\lambda}_T = -300 + 87,6 + 192 = -20,4$$

Bei *isolierter* Betrachtung wäre die Anlagemöglichkeit bei einem Habenzinssatz von ungefähr 20,28% somit eindeutig als *unvorteilhaft* einzustufen, obwohl sie in Wirklichkeit *zielwertneutral* ist.[1]

Ist also eine Finanzanlage zu bewerten, so könnte mit einer Sensitivitätsanalyse untersucht werden, ob sich dadurch die Struktur des bis dahin optimalen Investitions- und Finanzierungsprogramms ändern wird,[2] um anschließend entweder mit der einfachen Bewertungsformel oder durch Lösung des Bewertungsansatzes die subjektive Preisuntergrenze in Form des mindestens zu erzielenden Anlagezinsfußes zu ermitteln. Die komplexe Bewertungsformel kann wegen des Dilemmas der Lenkpreistheorie wieder nur Erklärungszwecken dienen.

Nun soll die Finanzgütersphäre verlassen und die Realgütersphäre betreten werden. Während eine Bewertung von Zahlungsströmen wie die von Potentialfaktoren als Sachinvestitionen nicht ohne dynamische zahlungsorientierte Modelle zweckmäßig ist, kommt eine Bewertung von Repetierfaktoren und Zusatzaufträgen noch mit statischen kostenorientierten Ansätzen aus.

---

1 Eine isolierte Betrachtung der Finanzanlage führt bei Verwendung der Abzinsungsfaktoren aus dem Bewertungsprogramm zu einem kritischen Habenzinsfuß von 25% > 20,28%.

2 Zur Berechnung lösungsstrukturerhaltender Schwankungsbreiten von rechten Seiten vgl. Anhang 8.

2.2 Produktionswirtschaftlich integrierte Bewertung von Repetierfaktoren[1]

2.2.1 Basisansatz der Produktionsprogrammplanung

Um den Wert eines Repetierfaktors als subjektiven Grenzpreis bestimmen zu können, ist auf das lineare Grundmodell der einperiodigen und damit statischen Produktionsprogrammplanung als **Basisansatz** zurückzugreifen, das lediglich Bestandteile der Realgütersphäre abbildet.[2] Mit diesem Grundmodell wird der Deckungsbeitrag DB des Produktionsprogramms maximiert, der sich aus der Summe der mit den produktspezifischen Deckungsspannen (als Differenz aus Absatzpreis p_n und Produktionsstückkosten k_n) multiplizierten Produktionsmengen x_n der einzelnen Erzeugnisse n ergibt.

Dabei sind Absatz-, Beschaffungs- und Kapazitätsrestriktionen einzuhalten: Zum einen darf die maximal mögliche Absatzmenge X_n^A eines Produkts n nicht von der zugehörigen Produktionsmenge x_n überschritten werden. Zum anderen muß gewährleistet sein, daß der Repetier- bzw. Potentialfaktorbedarf das Repetier- bzw. Potentialfaktorangebot nicht übersteigt; d. h., die Summe der mit den entsprechenden faktorspezifischen Produktionskoeffizienten PK_{ln}^R bzw. PK_{jn}^P gewichteten Fertigungsmengen x_n der Erzeugnisse n darf nicht größer als die maximal beschaffbare Menge X_l^B des jeweiligen Repetierfaktors l bzw. als die maximal verfügbare Kapazität Kap_j^P des entsprechenden Potentialfaktors j sein. Negative Produktionsmengen x_n sind nicht erlaubt. Mithin läßt sich folgendes **Primalproblem** der Produktionsprogrammplanung formulieren.

Zielfunktion: $\max. DB; \quad DB := \sum_n (p_n - k_n) \cdot x_n$

Absatzrestriktionen: $x_n \leq X_n^A \quad \forall\, n$

Beschaffungsrestriktionen: $\sum_n PK_{ln}^R \cdot x_n \leq X_l^B \quad \forall\, l$

Kapazitätsrestriktionen: $\sum_n PK_{jn}^P \cdot x_n \leq Kap_j^P \quad \forall\, j$

Nichtnegativitätsbedingungen: $x_n \geq 0 \quad \forall\, n$

---

1 Vgl. ROLLBERG (2012), S. 74 ff.
2 Vgl. bspw. HERING (2002), S. 60 ff. sowie ADAM (1970), S. 50 ff., WITTE/DEPPE/BORN (1975), S. 104 ff. i. V. m. S. 58 ff., ADAM (1996), S. 460 ff., KLINGELHÖFER (2000), S. 417 ff., NIEUWENHUIZEN (2003), BLOECH/BOGASCHEWSKY/BUSCHER/DAUB/GÖTZE/ROLAND (2014), S. 120 ff., 125 ff., 131 ff., LOHMANN/KÖRNERT (2015), S. 113 ff., BLOHM/BEER/SEIDENBERG/SILBER (2016), S. 350 ff. und CORSTEN/GÖSSINGER (2016), S. 261 ff.

Die Schlupfvariablen s_n^A, s_l^B und s_j^K überführen die Absatz, Beschaffungs- und Kapazitätsrestriktionen in Gleichungen. Unter Berücksichtigung der Beispieldaten aus Tabelle 15 ergibt sich das in Tabelle 16 dargestellte Optimaltableau.[1]

PK_{ln}^R [FE/ME]	l=1	l=2	l=3	X_n^A [ME]	$(p_n - k_n)$ [GE/ME]
n=1	2	0	1	40	5
n=2	0	3	2	100	9
n=3	3	4	3	60	7
X_l^B [FE]	250	240	190		

Tabelle 15: Ausgangsdaten des Beispiels zur Produktionsprogrammplanung

BV	x_1	x_2	x_3	s_1^B	s_2^B	s_3^B	s_1^A	s_2^A	s_3^A	RS
x_1	1	0	0	0	0	0	1	0	0	40
x_2	0	1	1,5	0	0	0,5	-0,5	0	0	75
s_1^B	0	0	3	1	0	0	-2	0	0	170
s_2^B	0	0	-0,5	0	1	-1,5	1,5	0	0	15
s_2^A	0	0	-1,5	0	0	-0,5	0,5	1	0	25
s_3^A	0	0	1	0	0	0	0	0	1	60
DB	0	0	6,5	0	0	4,5	0,5	0	0	875

Tabelle 16: Primales Optimaltableau der Produktionsprogrammplanung

Von Produkt 1 sind also 40 ME, von Produkt 2 75 ME und von Produkt 3 0 ME herzustellen. Folglich wird das gegebene Absatzpotential nur von Produkt 1 voll ausgeschöpft. Produkt 2 bzw. 3 unterschreiten ihr Absatzpotential um 25 ME bzw. 60 ME. Während von den Repetierfaktoren 1 bzw. 2 noch 170 FE bzw. 15 FE mehr beschafft werden könnten, ist Faktor 3 knapp. Der maximal mögliche Deckungsbeitrag beläuft sich auf 875 GE.

---

1 Zwischen Beschaffungs- und Kapazitätsrestriktionen besteht strukturell kein Unterschied. Deshalb wird in den Beispielrechnungen des Unterkapitels 2.2 von Potentialfaktoren mit dem Hinweis abstrahiert, daß die Repetierfaktoren und Beschaffungsrestriktionen alternativ auch als Potentialfaktoren und Kapazitätsrestriktionen interpretiert werden können.

Die **Dualwerte** beziffern diesmal den Umfang der Gewinneinbuße, die entstünde, wenn eine Einheit[1] der entsprechenden Nichtbasisvariablen in die Lösung aufgenommen würde, und werden daher als Grenzgewinne, Opportunitätskosten, Schatten- oder Knappheitspreise bezeichnet.

Um eine ME des *Produkts 3* mit einer Deckungsspanne von 7 GE/ME produzieren und absetzen zu können, sind unter anderem 3 FE des knappen Repetierfaktors 3 erforderlich, die nur zur Verfügung stehen, wenn auf 1,5 ME des Produkts 2 mit einer Deckungsspanne von 9 GE/FE verzichtet wird (vgl. die 1,5 im Kreuzungsfeld von x_2-Zeile und x_3-Spalte). Dem zusätzlichen Deckungsbeitrag in Höhe von 7 GE stünde folglich eine Deckungsbeitragsminderung von 13,5 GE gegenüber, womit der maximale Deckungsbeitrag um insgesamt 6,5 GE sänke.

Entzöge man eine Einheit des knappen *Repetierfaktors 3* der produktiven Verwendung, reduzierte sich der maximale Deckungsbeitrag um 4,5 GE, weil die Produktionsmenge von Erzeugnis 2 mit einer Deckungsspanne von 9 GE/ME um 0,5 ME sänke (vgl. die 0,5 im Kreuzungsfeld von x_2-Zeile und s_3^B-Spalte). Umgekehrt ließe eine zusätzliche Faktoreinheit den Deckungsbeitrag um 4,5 GE steigen. Mithin entspricht der Grenznutzen des knappen Repetierfaktors 3 in der Grenzverwendung für Produkt 2 exakt 4,5 GE/FE. Dieser Wert repräsentiert die **Opportunitätskosten** des knappen Faktors. Werden zu den Opportunitätskosten die pagatorischen Kosten des Faktors addiert, ergeben sich die **wertmäßigen Kosten**.

Verminderte man das *Absatzpotential des Produkts 1* mit einer Deckungsspanne von 5 GE/ME um eine Einheit, so sänke der Deckungsbeitrag nur um 0,5 GE, weil durch die resultierende Reduktion der Produktionsmenge des Erzeugnisses 1 um 1 ME eine Einheit des knappen Repetierfaktors 3 für die Fertigung von 0,5 ME des Produkts 2 mit der bekannten Deckungsspanne von 9 GE/ME frei würde (vgl. die −0,5 im Kreuzungsfeld von x_2-Zeile und s_1^A-Spalte). Könnte eine Mengeneinheit des Produkts 1 zusätzlich verkauft werden, so stiege der Deckungsbeitrag entsprechend, weil dann zwar 1 ME von Produkt 1 mehr, aber 0,5 ME von Produkt 2 weniger hergestellt und verkauft würden.

Erneut soll auf das zum Primalproblem (max. DB) gehörige **Dualproblem** (min. RW) zurückgegriffen werden, um den Einblick in die bereits diskutierten Zusammenhänge weiter zu vertiefen. Der duale Zielfunktionswert RW entspricht der Summe der mit den jeweiligen Knappheitspreisen α_n, β_l und κ_j als nichtnegativen Strukturvariablen des Dualproblems bewerteten Absatz-, Beschaffungs- und Kapazitätsobergrenzen X_n^A, X_l^B bzw. Kap_j^P.

---

1 Wenngleich auch im folgenden stets marginalanalytische Betrachtungen angestellt werden und es sich somit selbstverständlich immer nur um infinitesimale (!) Veränderungen handelt, wird dennoch vereinfachend und daher nicht ganz präzise von „eine Einheit" gesprochen.

Zielfunktion:

$$\min. RW; \quad RW := \sum_n X_n^A \cdot \alpha_n + \sum_l X_l^B \cdot \beta_l + \sum_j Kap_j^P \cdot \kappa_j$$

Produktbezogene Restriktionen:

$$\alpha_n + \sum_l PK_{ln}^R \cdot \beta_l + \sum_j PK_{jn}^P \cdot \kappa_j \geq (p_n - k_n) \quad \forall n$$

Nichtnegativitätsbedingungen:

$$\alpha_n \geq 0 \quad \forall n; \quad \beta_l \geq 0 \quad \forall l; \quad \kappa_j \geq 0 \quad \forall j$$

Schlupfvariable s_n^P verwandeln die produktbezogenen Restriktionen in Gleichungen. Mit den Beispieldaten aus Tabelle 15 ergibt sich damit folgendes Optimaltableau für das Dualproblem.

BV	s_1^P	s_2^P	s_3^P	β_1	β_2	β_3	α_1	α_2	α_3	RS
s_3^P	0	-1,5	1	-3	0,5	0	0	1,5	-1	6,5
β_3	0	-0,5	0	0	1,5	1	0	0,5	0	4,5
α_1	-1	0,5	0	2	-1,5	0	1	-0,5	0	0,5
-RW	40	75	0	170	15	0	0	25	60	-875

Tabelle 17: Duales Optimaltableau der Produktionsprogrammplanung

Wieder ist deutlich erkennbar, daß die Lösungswerte der dualen Struktur- (α_n und β_l) und Schlupfvariablen (s_n^P), also der Dualvariablen, den originären bzw. derivativen Dualwerten des Primalproblems und daß die originären und derivativen Dualwerte des Dualproblems den Lösungswerten der Struktur- (x_n) bzw. Schlupfvariablen (s_n^A und s_l^B) des Primalproblems entsprechen. Der schon aus der Lösung des Primalproblems bekannte Zielfunktionswert ist wegen der Minimierungsvorschrift des Dualproblems mit negativem Vorzeichen im dualen Optimaltableau wiederzufinden.

Durch Umstellen der produktspezifischen Restriktionen des Dualproblems entstehen Gleichungen, die zeigen, wie sich sogenannte **wertmäßige Deckungsspannen** der Erzeugnisse als Differenz aus den pagatorischen Deckungsspannen und den Opportunitätskosten der in eine Mengeneinheit des jeweiligen Produkts eingehenden Faktoren und somit als Differenz aus den pagatorischen Absatzpreisen und den wertmäßigen Produktionsstückkosten errechnen lassen.

$$\alpha_n + \sum_l PK_{ln}^R \cdot \beta_l + \sum_j PK_{jn}^P \cdot \kappa_j - s_n^P = (p_n - k_n) \quad \forall n \quad \rightarrow$$

$$\alpha_n - s_n^P = (p_n - k_n) - \sum_l PK_{ln}^R \cdot \beta_l - \sum_j PK_{jn}^P \cdot \kappa_j = DS_n - K_n^{Opp} = WDS_n \quad \forall n$$

Soll das Absatzpotential eines Produkts n voll ausgeschöpft werden ($s_n^A = 0$), so nimmt die duale Strukturvariable α_n einen Wert in Höhe seiner nichtnegativen wertmäßigen Deckungsspanne an ($\alpha_1 = 5 - 1 \cdot 4{,}5 = 0{,}5$ und $s_1^P = 0$). Soll ein Produkt n nicht erzeugt werden ($x_n = 0$), so entspricht der Wert der dualen Schlupfvariablen s_n^P *betragsmäßig* seiner nichtpositiven wertmäßigen Deckungsspanne ($-s_3^P = 7 - 3 \cdot 4{,}5 = -6{,}5$ und $\alpha_3 = 0$). Die wertmäßige Deckungsspanne eines Grenzprodukts n ($s_n^A \geq 0$ und $x_n \geq 0$) ist definitionsgemäß gleich null ($\alpha_2 = s_2^P = 9 - 2 \cdot 4{,}5 = 0$).[1]

Auch hierin spiegelt sich der dualitätstheoretische Satz vom komplementären Schlupf wider, nach dem zwei zulässige Lösungen des vorgestellten Primal- und Dualproblems nur dann optimal sind, wenn die folgenden **Komplementaritätsbeziehungen** gelten.[2]

$$x_n \cdot s_n^P = 0 \quad \forall\, n \quad \wedge \quad s_n^A \cdot \alpha_n = 0 \quad \forall\, n \quad \wedge \quad s_l^B \cdot \beta_l = 0 \quad \forall\, l \quad \wedge \quad s_j^K \cdot \kappa_j = 0 \quad \forall\, j$$

Also gilt auch, daß die wertmäßige Deckungsspanne α_n eines Produkts n, dessen Absatzpotential nicht ausgeschöpft werden soll ($s_n^A > 0$), nicht positiv und lediglich die wertmäßige Deckungsspanne $-s_n^P$ eines nicht zu fertigenden Produkts n ($x_n = 0$) negativ sein kann. Obendrein liegt auf der Hand, daß nur die Opportunitätskosten β_l bzw. κ_j eines knappen Faktors l bzw. j ($s_l^B = 0$ bzw. $s_j^K = 0$) positiv sein können. Ein im Überfluß vorhandener Faktor l oder j ($s_l^B > 0$ bzw. $s_j^K > 0$) korrespondiert mit Opportunitätskosten in Höhe von null.

Zusammenfassend läßt sich also sagen, daß die originären Dualwerte des Primalproblems bzw. die Strukturvariablenwerte des Dualproblems den Opportunitätskosten der knappen Faktoren oder den wertmäßigen Deckungsspannen der nicht unvorteilhaften nur beschränkt absetzbaren Produkte[3] entsprechen, während die derivativen Dualwerte des Primalproblems bzw. die Schlupfvariablenwerte des Dualproblems *betragsmäßig* den wertmäßigen Deckungsspannen der unbeschränkt absetzbaren oder der nicht bzw. nicht in vollem Umfange zu produzierenden nur beschränkt absetzbaren Erzeugnisse gleichen.[4]

Auf Grund der Zusammenhänge läßt sich auch der optimale **Zielfunktionswert** des Primal- und des Dualproblems auf zwei Wegen errechnen: primal über eine Bewertung der optimalen Produktionsmengen mit den zugehörigen pagatorischen Deckungsspannen sowie dual über eine Bewertung des Absatzpotentials der vorteilhaften Produkte

---

1 Vgl. die analogen Ausführungen im Abschnitt 2.1.1 zum Endwert. Die wertmäßige Deckungsspanne ist das realgüterwirtschaftliche Pendant zum Kapital-, End- oder allgemeiner Gegenwartswert in der Finanzwirtschaft.

2 Vgl. erneut bspw. HERING (2022), S. 155 und die dort zitierte Literatur.

3 Im Falle eines unvorteilhaften Produkts n ($WDS_n < 0$) wäre $\alpha_n = 0$.

4 Im Falle eines in vollem Umfange zu produzierenden Erzeugnisses n ($WDS_n > 0$) wäre $s_n^P = 0$.

mit ihren wertmäßigen Deckungsspannen und der verfügbaren Faktoren mit ihren Opportunitätskosten.[1]

$$DB^{max} = \sum_n (p_n - k_n) \cdot x_n = \sum_n X_n^A \cdot \alpha_n + \sum_l X_l^B \cdot \beta_l + \sum_j Kap_j^P \cdot \kappa_j = RW^{min}$$

$$DB^{max} = 5 \cdot 40 + 9 \cdot 75 = 875 = 40 \cdot 0,5 + 190 \cdot 4,5 = RW^{min}$$

Um in den folgenden Abschnitten eine Bewertung von Repetierfaktoren vornehmen zu können, ist der zum **realgüterwirtschaftlichen Basisprogramm** gehörige maximale Deckungsbeitrag als Ergebnis der Produktionsprogrammplanung mit dem vorgestellten Grundmodell unverzichtbar.

2.2.2 Bewertungsansatz für Repetierfaktoren

Zunächst sollen Kauf und Verkauf von Repetierfaktoren im Mittelpunkt des Interesses stehen. Wie bereits erläutert, kann ein Kaufakt nur zustande kommen, wenn der für die Faktoren zu zahlende (zu vereinnahmende) Preis nicht oberhalb (unterhalb) des subjektiven Grenzpreises des potentiellen Käufers (Verkäufers) liegt. Vor dem Hintergrund der vorangegangenen Betrachtungen scheint es naheliegend zu sein, den subjektiven Grenzpreis für eine Faktoreinheit in Höhe der **wertmäßigen Kosten** als Summe aus pagatorischen Kosten (q_l) und Opportunitätskosten (β_l) aus dem Basisprogramm festzusetzen. Daß es sich hierbei aber lediglich um eine erste Abschätzung der gesuchten Preisgrenze handeln kann, soll im folgenden gezeigt werden.

Ausgangspunkt der Betrachtungen sei die Möglichkeit, die verfügbare Menge des knappen Repetierfaktors $\tilde{l}$ durch Zukauf (Verkauf) von $\Delta X_{\tilde{l}}^B$ FE zu erhöhen (reduzieren). Bei der Berechnung der pagatorischen Deckungsspannen wurde bereits $q_{\tilde{l}}$ als pagatorischer Preis pro Faktoreinheit $\tilde{l}$ berücksichtigt. Daher interessiert im folgenden nur, welcher Preisaufschlag ΔQ für die gesamte Zukaufmenge maximal gezahlt werden kann bzw. für die gesamte Verkaufsmenge mindestens zu fordern ist, wenn der maximale Deckungsbeitrag des Basisprogramms DB_{Basis}^{max} nicht unterschritten werden soll. $\Delta q_{\tilde{l}}$ entspricht dabei dem **maximal zulässigen** bzw. **mindestens erforderlichen Preisaufschlag** pro Faktoreinheit.

Um den exakten subjektiven Grenzpreis für eine Repetierfaktortransaktion ermitteln zu können, ist das Grundmodell der Produktionsprogrammplanung zu modifizieren. Der resultierende **realgüterwirtschaftliche Bewertungsansatz** berechnet als Zielfunktionswert den maximal möglichen ($\Delta Q > 0$) bzw. mindestens nötigen ($\Delta Q < 0$)

---

1 Zum sich hierin erneut widerspiegelnden *Dualitätstheorem der linearen Optimierung* vgl. wieder bspw. HERING (2022), S. 154 f. und die dort zitierte Literatur.

Preisaufschlag ΔQ in Geldeinheiten für die zusätzlich beschaff- bzw. für die veräußerbare Menge $\Delta X_{\tilde{I}}^B$ des Repetierfaktors $\tilde{I}$ unter der Nebenbedingung, mindestens den maximalen Deckungsbeitrag des Basisprogramms DB_{Basis}^{max} zu erwirtschaften. Da sich der Deckungsbeitrag wie im Grundmodell, allerdings reduziert um den maximal zahlbaren bzw. erhöht um den mindestens zu fordernden Preisaufschlag, errechnet, wird dieser Mindestdeckungsbeitrag von der Optimallösung exakt eingehalten. Während die produktspezifischen Absatzrestriktionen, die Beschaffungsrestriktionen für die nicht zu bewertenden Repetierfaktoren $l \neq \tilde{I}$ und die Kapazitätsrestriktionen unverändert bleiben, ist die Beschaffungsrestriktion für den zu bewertenden Faktor $\tilde{I}$ auf der rechten Seite um die Zukaufmenge zu lockern (+) oder um die Verkaufsmenge zu verschärfen (–). Die neu eingeführten Variablen $\Delta q_{\tilde{I}}^{max}$ und $\Delta q_{\tilde{I}}^{min}$ dürfen keinen Wert unter null annehmen.

Zielfunktion: $\qquad\qquad\qquad\qquad max.\ \Delta Q; \quad \Delta Q := \Delta X_{\tilde{I}}^B \cdot \left(\Delta q_{\tilde{I}}^{max} - \Delta q_{\tilde{I}}^{min} \right)$

Absatzrestriktionen: $\qquad\qquad\qquad x_n \leq X_n^A \quad \forall\, n$

Beschaffungsrestriktionen: $\qquad\qquad \sum_n PK_{ln} \cdot x_n \leq X_l^B \quad \forall\, l \neq \tilde{I}$

$$\sum_n PK_{\tilde{I}n} \cdot x_n \leq X_{\tilde{I}}^B \pm \Delta X_{\tilde{I}}^B$$

Kapazitätsrestriktionen: $\qquad\qquad \sum_n PK_{jn}^P \cdot x_n \leq Kap_j^P \quad \forall\, j$

Mindestdeckungsbeitrag: $\qquad -\sum_n (p_n - k_n) \cdot x_n + \Delta X_{\tilde{I}}^B \cdot \left(\Delta q_{\tilde{I}}^{max} - \Delta q_{\tilde{I}}^{min} \right) \leq -DB_{Basis}^{max}$

Nichtnegativitätsbedingungen: $\quad \Delta q_{\tilde{I}}^{max} \geq 0; \quad \Delta q_{\tilde{I}}^{min} \geq 0; \quad x_n \geq 0 \quad \forall\, n$

Damit aus der im Vergleich zum Basisansatz zusätzlichen Mindestdeckungsbeitragsbedingung eine Gleichung wird, ist die Schlupfvariable s^M einzuführen. Dies gilt auch für alle weiteren kostenorientierten Bewertungsansätze in diesem Lehrbuch.

2.2.3 Preisgrenzen für einen Repetierfaktorkauf und -verkauf

Angenommen, es könnten zusätzlich 6 FE des knappen Repetierfaktors 3 beschafft werden. Unter Rückgriff auf die Beispieldaten aus Abschnitt 2.2.1 sowie auf den maximalen Deckungsbeitrag des Basisprogramms in Höhe von 875 GE ergibt sich dann folgendes Optimaltableau.

BV	x_1	x_2	x_3	Δq_3	s_1^B	s_2^B	s_3^B	s_1^A	s_2^A	s_3^A	s^M	RS
x_1	1	0	0	0	0	0	0	1	0	0	0	40
x_2	0	1	1,5	0	0	0	0,5	-0,5	0	0	0	78
Δq_3	0	0	$1,08\overline{3}$	1	0	0	0,75	$0,08\overline{3}$	0	0	$0,1\overline{6}$	4,5
s_1^B	0	0	3	0	1	0	0	-2	0	0	0	170
s_2^B	0	0	-0,5	0	0	1	-1,5	1,5	0	0	0	6
s_2^A	0	0	-1,5	0	0	0	-0,5	0,5	1	0	0	22
s_3^A	0	0	1	0	0	0	0	0	0	1	0	60
ΔQ	0	0	6,5	0	0	0	4,5	0,5	0	0	1	27

Tabelle 18: Optimaltableau I zur Bestimmung einer Repetierfaktorpreisobergrenze

Mit den zusätzlichen 6 FE des knappen Repetierfaktors 3 sind weitere 3 ME des Produkts 2 (Grenzverwendung; $PK_{32}^R = 2$) herzustellen. Die Produktionsmenge x_2 steigt folglich von 75 ME auf 78 ME, während das nicht ausgeschöpfte Absatzpotential s_2^A von 25 ME auf 22 ME sinkt. Da in eine Mengeneinheit des Produkts 2 auch noch 3 FE des Faktors 2 eingehen ($PK_{22}^R = 3$), sinkt der Beschaffungsschlupf s_2^B von 15 FE auf 6 FE. Ansonsten bleiben die Variablenwerte des Basisprogramms unverändert. Der unter diesen Voraussetzungen maximal verkraftbare Preisaufschlag pro Faktoreinheit Δq_3 entspricht somit der relativen Deckungsspanne des Grenzprodukts 2 als faktorspezifischen Opportunitätskosten ($\Delta q_3 = 4,5 = \beta_3$, weil $DS_2 = 9$ und $PK_{32}^R = 2$), und der für die gesamte Zukaufmenge von sechs Faktoreinheiten beläuft sich naheliegenderweise auf $\Delta Q = 27$ GE. Mithin beträgt die **Preisobergrenze** pro Faktoreinheit $(q_3 + 4,5)$ GE/FE und die der gesamten Zusatzmenge $(q_3 \cdot 6 + 27)$ GE.

Eine Beschaffung zusätzlicher Repetierfaktoren 3 in dieser Größenordnung bewirkt also **keine Umstrukturierung** des optimalen Produktionsprogramms: Keine Basisvariable hat ihren Platz mit einer Nichtbasisvariablen tauschen müssen. Damit hat der zu bewertende Repetierfaktorkauf auch keinen Einfluß auf die Dualwerte in der primalen Optimallösung, und die Opportunitätskosten des Faktors 3 betragen weiterhin 4,5 GE/FE. Folglich führt die intuitiv naheliegende erste Abschätzung der Repetierfaktorpreisobergrenze q_3^{max} mit Hilfe der wertmäßigen Kosten aus dem Basisprogramm sofort zum richtigen Ergebnis, denn die Opportunitätskosten geben an, um wieviel der Faktorpreis höchstens steigen darf, damit der Kauf einer Faktoreinheit 3 nicht unvorteilhaft wird. Die Preisobergrenze Q* für die gesamte Zukaufmenge läßt sich daher mit einer *einfachen Bewertungsformel* errechnen und beträgt Q^{max}.

$$\Delta q_{\bar{i}}^{max} = \beta_{\bar{i}}^{Basis} \quad \rightarrow \quad q_3^{max} = q_3 + \beta_3^{Basis} = q_3 + \Delta q_3^{max} = q_3 + 4,5 \quad \rightarrow$$

$$Q^* = Q^{max} = \left(q_3 + \beta_3^{Basis}\right) \cdot \Delta X_3^B = \left(q_3 + \Delta q_3^{max}\right) \cdot \Delta X_3^B = q_3 \cdot \Delta X_3^B + \Delta Q = q_3 \cdot 6 + 27$$

Analog gelten für die **Preisuntergrenze** im Falle eines Repetierfaktorverkaufs, der zu keiner Umstrukturierung des bisherigen optimalen Produktionsprogramms führt, folgende Zusammenhänge.[1]

$$\Delta q_{\bar{1}}^{min} = \beta_{\bar{1}}^{Basis} \quad \rightarrow$$

$$q_{\bar{1}}^{min} = q_{\bar{1}} + \beta_{\bar{1}}^{Basis} \quad \text{und} \quad Q^* = Q^{min} = \left(q_{\bar{1}} + \beta_{\bar{1}}^{Basis}\right) \cdot \Delta X_{\bar{1}}^B = q_{\bar{1}} \cdot \Delta X_{\bar{1}}^B - \Delta Q$$

Wenn die Zukaufmenge zu **Umstrukturierungen** im optimalen Produktionsprogramm führt, ist indes eine *komplexe Bewertungsformel* zur Bestimmung der gesuchten Preisobergrenze heranzuziehen. Können beispielsweise 12 FE des knappen Repetierfaktors 3 zusätzlich eingekauft werden, resultiert folgendes Optimaltableau.

BV	x_1	x_2	x_3	Δq_3	s_1^B	s_2^B	s_3^B	s_1^A	s_2^A	s_3^A	s^M	RS
x_1	1	0	0	0	0	0	0	1	0	0	0	40
x_2	0	1	$1,\overline{3}$	0	0	$0,\overline{3}$	0	0	0	0	0	80
Δq_3	0	0	$0,41\overline{6}$	1	0	0,25	0	$0,41\overline{6}$	0	0	$0,08\overline{3}$	3,75
s_1^B	0	0	3	0	1	0	0	-2	0	0	0	170
s_3^B	0	0	$0,\overline{3}$	0	0	$-0,\overline{6}$	1	-1	0	0	0	2
s_2^A	0	0	$-1,\overline{3}$	0	0	$-0,\overline{3}$	0	0	1	0	0	20
s_3^A	0	0	1	0	0	0	0	0	0	1	0	60
ΔQ	0	0	5	0	0	3	0	5	0	0	1	45

Tabelle 19: Optimaltableau II zur Bestimmung einer Repetierfaktorpreisobergrenze

Mit den zusätzlichen 12 FE des knappen Repetierfaktors 3 können im Vergleich zum Basisprogramm nur weitere 5 ME des Produkts 2 hergestellt werden ($x_2 = 80$), weil statt der zur Fertigung von 6 ME erforderlichen 18 FE des Repetierfaktors 2 im Basisprogramm nur 15 FE übrigbleiben. Somit führt ein Kauf in dieser Größenordnung dazu, daß Faktor 3 im Überfluß vorhanden ist ($s_3^B = 2$) und Faktor 2 zum Engpaßfaktor wird ($s_2^B = 0$). Diese Veränderung der Lösungsstruktur bleibt nicht ohne Auswirkungen auf die primalen Dualwerte. Die Opportunitätskosten des Faktors 3 sind jetzt gleich

---

[1] Zu beachten ist, daß im Falle einer sich ergebenden Preisuntergrenze der Preisaufschlag ΔQ für die gesamte Verkaufsmenge negativ ausgewiesen wird. Vgl. die Zielfunktion des Bewertungsansatzes im Abschnitt 2.2.2.

null und die des Engpaßfaktors 2 positiv, nämlich exakt ein Drittel der pagatorischen Deckungsspanne des Grenzerzeugnisses 2 ($\beta_2 = 3$, weil $DS_2 = 9$ und $PK_{22}^R = 3$).

Auch die wertmäßigen Deckungsspannen der beiden Produkte 1 und 3 sind verändert ($\alpha_1 = 5$; $-s_3 = -5$): Reduzierte man jetzt das Absatzpotential des Produkts 1 mit einer Deckungsspanne von 5 GE/ME um eine Einheit, so sänke der Deckungsbeitrag um genau diese 5 GE, weil hierdurch nur Einheiten der ohnehin nicht mehr knappen Repetierfaktoren 1 und 3 frei würden, was keine Auswirkungen auf die Produktionsmengen der anderen Erzeugnisse hätte. Könnte eine Mengeneinheit des Produkts 1 zusätzlich verkauft werden, so stiege der Deckungsbeitrag entsprechend. Um eine Mengeneinheit des Produkts 3 mit einer Deckungsspanne von 7 GE/ME produzieren und absetzen zu können, sind unter anderem 4 FE des nun knappen Repetierfaktors 2 erforderlich, die nur zur Verfügung stehen, wenn auf $1,\overline{3}$ ME des Produkts 2 mit einer Deckungsspanne von 9 GE/ME verzichtet wird. Dem zusätzlichen Deckungsbeitrag in Höhe von 7 GE stünde folglich eine Deckungsbeitragsminderung von 12 GE gegenüber, womit der maximale Deckungsbeitrag um insgesamt 5 GE sänke.

Unter diesen Voraussetzungen verkraftet die gesamte Zukaufmenge maximal einen Preisaufschlag ΔQ von 45 GE. Wenn die beiden übrigbleibenden Einheiten des Repetierfaktors 3 zum ursprünglichen pagatorischen Preis q_3 verkauft werden können, beträgt die korrespondierende Preisobergrenze für die gesamte Zukaufmenge also ($q_3 \cdot 12 + 45$) GE. Vorsicht ist freilich bei der Berechnung der Preisobergrenze geboten, wenn die übrigbleibenden Faktoreinheiten *nicht* wieder verkauft werden können, weil lediglich 10 FE der zusätzlich zu beschaffenden 12 FE einer produktiven Verwendung zugeführt werden können und somit auch nur für diese 10 FE der pagatorische Preis q_3 über die Deckungsspanne des Produkts 2 verrechnet wird. Die Preisobergrenze für die gesamte Zukaufmenge beläuft sich dann auf ($q_3 \cdot 10 + 45$) GE. Insofern ist auch der Wert Δq_3 mit Vorsicht zu genießen, handelt es sich doch um den auf eine Faktoreinheit umgelegten maximal zulässigen Preisaufschlag der gesamten Zukaufmenge ($45/12 = 3{,}75$) und *nicht* um den maximal möglichen Preisaufschlag pro Faktoreinheit, der sich genausowenig wie eine Preisobergrenze pro Faktoreinheit errechnen läßt. Δq_3 steht lediglich für den *durchschnittlichen* maximal zulässigen Preisaufschlag pro Faktoreinheit der Zukaufmenge, denn der *tatsächliche* beträgt für die „ersten 10 FE" 4,5 GE/FE (β_3^{Basis}) und für die elfte und zwölfte Faktoreinheit jeweils 0 GE/FE (β_3^{Bewert}).

Während es zur Berechnung der Preisobergrenze für einen Repetierfaktorkauf geringen Umfangs in der Regel ausreicht, auf die im Basisprogramm ausgewiesenen Opportunitätskosten zurückzugreifen und die wertmäßigen Kosten des Faktors zu bestimmen, ist es im Falle größerer Zukaufmengen unvermeidbar, den vorgestellten Bewertungsansatz zu lösen. Auf Grund der aufgezeigten Zusammenhänge zwischen Primal- und Dualproblem läßt sich der gesuchte Wert ΔQ dann auch unter Verwendung der dualen Zielfunktion des Bewertungsansatzes und somit der primalen originären Dualwerte des Bewertungsprogramms ermitteln. Da der primale Bewertungsansatz mit der Mindestdeckungsbeitragsrestriktion eine Nebenbedingung mehr als der primale Basisansatz aufweist, ist die Zielfunktion des zugehörigen Dualproblems gegenüber der des dualen Basisansatzes um das Produkt aus negativem Mindestdeckungsbeitrag und dualer Strukturvariabler μ zu erweitern. Darüber hinaus ist die Lockerung der Beschaffungs-restrestriktion um die Zukaufmenge entsprechend zu berücksichtigen.

$$\Delta Q = \sum_n X_n^A \cdot \alpha_n + \sum_l X_l^B \cdot \beta_l + \Delta X_{\bar{i}}^B \cdot \beta_{\bar{i}} + \sum_j Kap_j^P \cdot \kappa_j - DB_{Basis}^{max} \cdot \mu$$

Eine Umstellung der Formel erlaubt weitere Interpretationen.

$$\Delta Q = \underbrace{\Delta X_{\bar{i}}^B \cdot \beta_{\bar{i}}}_{\substack{\text{Grenzgewinn der} \\ \text{zusätzlichen Menge}}} + \underbrace{\sum_n X_n^A \cdot \alpha_n + \sum_l X_l^B \cdot \beta_l + \sum_j Kap_j^P \cdot \kappa_j - DB_{Basis}^{max} \cdot \mu}_{\substack{\text{Deckungsbeitragsänderung durch Umstruk-} \\ \text{turierung des Produktionsprogramms}}}$$

Der maximal von der Zukaufmenge tragbare Preisaufschlag entspricht der Summe aus dem Grenzgewinn der zusätzlichen Faktoreinheiten und der Deckungsbeitrags-änderung, die sich aus einer etwaigen Umstrukturierung des ursprünglichen Produk-tionsprogramms ergibt. Nach einem Zukauf von 12 FE des Repetierfaktors 3 ist dieser im Überfluß vorhanden und der erste Term der Bewertungsformel gleich null. Die zulässige Preiserhöhung resultiert also ausschließlich aus der Umstrukturierung des Programms.

$$\Delta Q = 12 \cdot 0 + \left[(40 \cdot 5 + 100 \cdot 0 + 60 \cdot 0) + (250 \cdot 0 + 240 \cdot 3 + 190 \cdot 0) - 875 \cdot 1 \right] = 45$$

Werden nur 6 FE zusätzlich beschafft, kommt es, wie gezeigt, zu keiner deckungs-beitragsbeeinflussenden Umstrukturierung des Produktionsprogramms, die Opportu-nitätskosten des Faktors entsprechen weiterhin denen im Basisprogramm, und die zu-lässige Preiserhöhung ergibt sich allein aus dem Grenzgewinn der Zukaufmenge.

$$\Delta Q = \underbrace{(6 \cdot 4,5)}_{27} + \underbrace{\left[(40 \cdot 0,5 + 100 \cdot 0 + 60 \cdot 0) + (250 \cdot 0 + 240 \cdot 0 + 190 \cdot 4,5) - 875 \cdot 1 \right]}_{0} = 27$$

Die **Preisobergrenze** für einen Repetierfaktorkauf, der zu einer Umstrukturierung des bislang optimalen Produktionsprogramms führt, ergibt sich mithin aus folgender Berechnungsvorschrift, wenn unnötigerweise beschaffte Faktormengen zum pagato-rischen Preis q_3 wieder verkauft werden können. Anderenfalls ist Q* um die mit q_3 multiplizierte Überschußmenge zu reduzieren.

$$Q^* = Q^{max} = \left(q_3 + \Delta q_3^{max} \right) \cdot \Delta X_3^B = q_3 \cdot 12 + \Delta Q = q_3 \cdot 12 + 3,75 \cdot 12 = q_3 \cdot 12 + 45$$

Analoge Zusammenhänge gelten für die **Preisuntergrenze** im Falle eines Repetierfaktorverkaufs mit resultierender Umstrukturierung des Basisprogramms.[1]

$$\Delta Q = \sum_n X_n^A \cdot \alpha_n + \sum_l X_l^B \cdot \beta_l - \Delta X_{\bar{l}}^B \cdot \beta_{\bar{l}} + \sum_j Kap_j^P \cdot \kappa_j - DB_{Basis}^{max} \cdot \mu \quad \rightarrow$$

$$-\Delta Q = \underbrace{\Delta X_{\bar{l}}^B \cdot \beta_{\bar{l}}}_{\substack{\text{Grenzgewinn der} \\ \text{Verkaufsmenge}}} - \underbrace{\left(\sum_n X_n^A \cdot \alpha_n + \sum_l X_l^B \cdot \beta_l + \sum_j Kap_j^P \cdot \kappa_j - DB_{Basis}^{max} \cdot \mu \right)}_{\substack{\text{Deckungsbeitragsänderung durch Umstruk-} \\ \text{turierung des Produktionsprogramms}}} \quad \rightarrow$$

$$Q^* = Q^{min} = \left(q_{\bar{l}} + \Delta q_{\bar{l}}^{min} \right) \cdot \Delta X_{\bar{l}}^B = q_{\bar{l}} \cdot \Delta X_{\bar{l}}^B - \Delta Q$$

Besteht also die Möglichkeit, eine bestimmte Menge eines knappen Repetierfaktors zusätzlich zu beschaffen oder aber zu verkaufen, könnte zunächst im Rahmen einer Sensitivitätsanalyse untersucht werden, ob sich durch diese Transaktion die Struktur des optimalen Produktionsprogramms ändert.[2] Ist dies nicht der Fall, entspricht die Preisgrenze der Transaktionsmenge den mit den wertmäßigen Kosten aus dem Basisprogramm bewerteten Faktoreinheiten. Anderenfalls ist das Bewertungsprogramm zu bestimmen und wie oben beschrieben zu verfahren. Insofern hat die „Q*-Formel" lediglich erklärenden Charakter: Der maximal zulässige bzw. der mindestens erforderliche Preisaufschlag läßt sich mit ihr erst berechnen, wenn die Optimallösung des Bewertungsansatzes vorliegt; dann ist freilich auch der gesuchte Preisaufschlag schon bekannt. Hierin drückt sich erneut das Dilemma der wertmäßigen Kosten aus.

2.2.4 Preisuntergrenze für einen Zusatzauftrag

Grundsätzlich besteht zwischen der Ermittlung einer Preisuntergrenze für einen Repetierfaktorverkauf und der für einen Zusatzauftrag kein großer Unterschied. Im ersten Falle sind Mengen einer spezifischen Repetierfaktorart *direkt*, im zweiten Falle ist ein **Faktorbündel**, bestehend aus Faktoreinheiten mehrerer Repetier- und Zeiteinheiten verschiedener Potentialfaktorarten, über die Beanspruchung durch den Zusatzauftrag *indirekt* zu verkaufen und daher zu bewerten.

Läßt man sich auf einen Zusatzauftrag ein, der mehrere Repetier- und Potentialfaktoren beansprucht, so verschärfen sich auch mehrere Beschaffungs- und Kapazitätsrestriktionen. Die Menge eines Faktors, die für den Zusatzauftrag benötigt wird, ergibt sich aus der Multiplikation des jeweiligen Produktionskoeffizienten $PK_{l\,ZA}^R$ bzw. $PK_{j\,ZA}^P$

---

1 Wieder ist daran zu denken, daß im Falle einer Preisuntergrenze der Preisaufschlag ΔQ für die gesamte Verkaufsmenge negativ ausgewiesen wird. Vgl. Abschnitt 2.2.2.

2 Zur Berechnung lösungsstrukturerhaltender Schwankungsbreiten von rechten Seiten vgl. Anhang 8.

mit der gesamten Produktions- und Absatzmenge X_{ZA}^A des Zusatzauftrags. Der mit dem Zusatzauftrag insgesamt erzielbare Deckungsbeitrag DB_{ZA} muß mindestens so hoch sein, daß der maximale Deckungsbeitrag des Basisprogramms trotz etwaiger Faktorumschichtungen wieder erreicht wird. Folglich ist zur Berechnung der Preisuntergrenze des Zusatzauftrags der Deckungsbeitrag DB_{ZA} in einem **Bewertungsansatz** zu minimieren. Die Deckungsspanne DS_{ZA} pro Stück des Zusatzauftrags als zusätzliche Variable des Problems darf nicht negativ werden.

Zielfunktion: $\qquad\qquad\qquad$ min. DB_{ZA}; $\quad DB_{ZA} := X_{ZA}^A \cdot DS_{ZA}$

Absatzrestriktionen: $\qquad\qquad\quad x_n \le X_n^A \quad \forall\, n$

Beschaffungsrestriktionen: $\qquad \sum_n PK_{ln}^R \cdot x_n \le X_l^B - PK_{l\,ZA}^R \cdot X_{ZA}^A \quad \forall\, l$

Kapazitätsrestriktionen: $\qquad \sum_n PK_{jn}^P \cdot x_n \le Kap_j^P - PK_{j\,ZA}^P \cdot X_{ZA}^A \quad \forall\, j$

Mindestdeckungsbeitrag: $\qquad -\sum_n (p_n - k_n) \cdot x_n - X_{ZA}^A \cdot DS_{ZA} \le -DB_{Basis}^{max}$

Nichtnegativitätsbedingungen: $\;\; DS_{ZA} \ge 0; \quad x_n \ge 0 \;\; \forall\, n$

Angenommen, es könnten zusätzlich 20 ME eines Produkts abgesetzt werden, in das 5 FE des Repetierfaktors 1 und 2 FE des Repetierfaktors 3 eingehen. Dann ließe sich unter erneuter Berücksichtigung der Beispieldaten aus Abschnitt 2.2.1 sowie des maximalen Deckungsbeitrags aus dem Basisprogramm in Höhe von 875 GE das in Tabelle 20 wiedergegebene Optimaltableau ermitteln.

BV	x_1	x_2	x_3	DS_{ZA}	s_1^B	s_2^B	s_3^B	s_1^A	s_2^A	s_3^A	s^M	RS
x_1	1	0	0	0	0	0	0	1	0	0	0	40
x_2	0	1	1,5	0	0	0	0,5	-0,5	0	0	0	55
DS_{ZA}	0	0	-0,325	1	0	0	-0,225	-0,025	0	0	-0,05	9
s_1^B	0	0	3	0	1	0	0	-2	0	0	0	70
s_2^B	0	0	-0,5	0	0	1	-1,5	1,5	0	0	0	75
s_2^A	0	0	-1,5	0	0	0	-0,5	0,5	1	0	0	45
s_3^A	0	0	1	0	0	0	0	0	0	1	0	60
$-DB_{ZA}$	0	0	6,5	0	0	0	4,5	0,5	0	0	1	-180

Tabelle 20: Optimaltableau I zur Bestimmung einer Zusatzauftragspreisuntergrenze

Der Zusatzauftrag wird nur dann nicht abgelehnt, wenn er einen Deckungsbeitrag von mindestens 180 GE erbringt, was mit einer Mindestdeckungsspanne von 9 GE/ME korrespondiert. Dies rührt daher, daß der Zusatzauftrag insgesamt 40 FE des knappen Repetierfaktors 3 beansprucht ($X^A_{ZA} = 20$; $PK^R_{3\,ZA} = 2$) und deshalb 20 ME des Grenzprodukts 2 ($PK^R_{32} = 2$; $DS_2 = 9$) verdrängt. Folglich sinkt die Produktionsmenge des Erzeugnisses 2 von 75 ME auf 55 ME, während das nicht ausgeschöpfte Absatzpotential von 25 ME auf 45 ME steigt. Dadurch werden 60 FE des Repetierfaktors 2 frei ($PK^R_{22} = 3$), und s^B_2 steigt von 15 FE auf 75 FE. Schließlich gehen in den Zusatzauftrag insgesamt 100 FE des nicht knappen Repetierfaktors 1 ein, so daß der Schlupf s^B_1 von 170 FE auf 70 FE sinkt.

Alles in allem kommt es somit zu **keiner Umstrukturierung** im Produktionsprogramm, weshalb sich auch die Dualwerte nicht verändern. Nach wie vor betragen die Opportunitätskosten der Faktoren 1 und 2 0 GE/FE und die des Faktors 3 4,5 GE/FE. Die *Opportunitätskosten* der für eine Mengeneinheit des Zusatzauftrags insgesamt erforderlichen Faktoren determinieren die mindestens von ihr zu erwirtschaftende Deckungsspanne, die gemeinsam mit den zusatzauftragsspezifischen *pagatorischen Faktorkosten* $\sum PK^R_{l\,ZA} \cdot q_l$ zur Preisuntergrenze p^{min} einer Mengeneinheit des Zusatzauftrags führt.[1] Folglich spiegeln die *wertmäßigen Kosten* der insgesamt von dem Zusatzauftrag beanspruchten Faktoren als Summe aus Mindestdeckungsbeitrag und pagatorischen Faktorkosten $X^A_{ZA} \cdot \sum PK^R_{l\,ZA} \cdot q_l$ die Preisuntergrenze P^{min} des Zusatzauftrags wider (*„einfache Bewertungsformel"*).

$$DS^{min}_{ZA} = \sum_l PK^R_{l\,ZA} \cdot \beta^{Basis}_l + \sum_j PK^P_{j\,ZA} \cdot \kappa^{Basis}_j = 9 \quad \rightarrow$$

$$p^{min} = \sum_l PK^R_{l\,ZA} \cdot \left(\beta^{Basis}_l + q_l\right) + \sum_j PK^P_{j\,ZA} \cdot \kappa^{Basis}_j$$

$$= DS^{min}_{ZA} + \sum_l PK^R_{l\,ZA} \cdot q_l = 9 + \sum_l PK^R_{l\,ZA} \cdot q_l \quad \rightarrow$$

$$P^{min} = X^A_{ZA} \cdot \left(\sum_l PK^R_{l\,ZA} \cdot \left(\beta^{Basis}_l + q_l\right) + \sum_j PK^P_{j\,ZA} \cdot \kappa^{Basis}_j \right)$$

$$= DB^{min}_{ZA} + X^A_{ZA} \cdot \sum_l PK^R_{l\,ZA} \cdot q_l = 180 + 20 \cdot \sum_l PK^R_{l\,ZA} \cdot q_l$$

Je nach Umfang des Zusatzauftrags kann es aber auch zu **Umstrukturierungen** im Produktionsprogramm kommen, die den Einsatz einer *komplexen Bewertungsformel* verlangen. Umfaßt unter sonst gleichen Bedingungen der Zusatzauftrag 40 ME, so stellt sich die Situation folgendermaßen dar.

---

1 Von etwaigen reinen Prozeßstückkosten wird der Einfachheit halber abstrahiert.

BV	x_1	x_2	x_3	DS_{ZA}	s_1^B	s_2^B	s_3^B	s_1^A	s_2^A	s_3^A	sM	RS
x_1	1	0	1,5	0	0,5	0	0	0	0	0	0	25
x_2	0	1	0,75	0	-0,25	0	0,5	0	0	0	0	42,5
DS_{ZA}	0	0	-0,181	1	-0,006	0	-0,1125	0	0	0	-0,025	9,1875
s_2^B	0	0	1,75	0	0,75	1	-1,5	0	0	0	0	112,5
s_1^A	0	0	-1,5	0	-0,5	0	0	1	0	0	0	15
s_2^A	0	0	-0,75	0	0,25	0	-0,5	0	1	0	0	57,5
s_3^A	0	0	1	0	0	0	0	0	0	1	0	60
$-DB_{ZA}$	0	0	7,25	0	0,25	0	4,5	0	0	0	1	-367,5

Tabelle 21: Optimaltableau II zur Bestimmung einer Zusatzauftragspreisuntergrenze

Nunmehr verdrängt der Zusatzauftrag Produktionsmengen von Erzeugnis 1 und 2. Auch das Absatzpotential des Produkts 1 wird daher nicht mehr vollständig ausgeschöpft, und die Schlupfvariable s_1^A tritt in die Basis. Dafür wird s_1^B Nichtbasisvariable, denn Faktor 1 ist nun knapp. Die Umstrukturierung ist darauf zurückzuführen, daß 200 FE des Repetierfaktors 1 für den Zusatzauftrag benötigt werden ($X_{ZA}^A = 40$; $PK_{1\,ZA}^R = 5$), im Basisprogramm jedoch nur 170 FE brachliegen. Während die erforderlichen 80 FE des knappen Repetierfaktors 3 ($PK_{3\,ZA}^R = 2$) problemlos hätten über eine Verdrängung des Produkts 2 „beschafft" werden können, ist an die noch fehlenden 30 FE des Repetierfaktors 1 nur über Produkt 1 heranzukommen, dessen Fertigungsmenge hierfür um 15 ME sinken muß ($PK_{11}^R = 2$). Dies führt zu einer Deckungsbeitragsminderung von 75 GE ($DS_1 = 5$). Gleichzeitig werden dadurch aber auch 15 FE des knappen Repetierfaktors 3 eingespart ($PK_{31}^R = 1$), so daß jetzt nur noch auf die Herstellung von 32,5 ME statt 40 ME des Produkts 2 zu verzichten ist ($PK_{32}^R = 2$), was den Deckungsbeitrag um zusätzliche 292,5 GE schmälert ($DS_2 = 9$). Um auch in dieser Situation wenigstens den maximalen Deckungsbeitrag des Basisprogramms zu erzielen, muß der Zusatzauftrag einen Deckungsbeitrag von mindestens 75 + 292,5 = 367,5 GE aufweisen, was einer Mindestdeckungsspanne von 9,1875 GE/ME entspricht.

Trotz dieser Umstrukturierung hat sich der Wert der zur Schlupfvariablen s_3^B gehörigen Dualvariablen nicht verändert, weil eine zusätzliche Einheit des knappen Repetierfaktors 3 nach wie vor zur Fertigung von 0,5 ME des Produkts 2 Verwendung fände. Demgegenüber ist der Dualwert des Faktors 1 von null auf 0,25 gestiegen. Entzöge man eine Einheit dieses Faktors der produktiven Verwendung, so hätte dies zur Konsequenz, daß 0,5 ME des Produkts 1 weniger ($PK_{11}^R = 2$; $-0,5 \cdot DS_1 = -2,5$) und 0,25 ME des Produkts 2 mehr ($PK_{31}^R = 1$ und $PK_{32}^R = 2$; $+0,25 \cdot DS_2 = +2,25$) hergestellt würden und somit der Deckungsbeitrag um 0,25 GE sänke. Die wertmäßige Deckungsspanne des Erzeugnisses 3 beträgt jetzt $-7,25$ GE/ME. Die für eine ME dieses Produkts jeweils erforderlichen 3 FE des Repetierfaktors 1 und 3 stehen nur zur Verfügung, wenn von

Erzeugnis 1 1,5 ME ($2 \cdot 1,5 = 3$) und von Erzeugnis 2 0,75 ME ($1 \cdot 1,5 + 2 \cdot 0,75 = 3$) weniger produziert werden ($7 - 5 \cdot 1,5 - 9 \cdot 0,75 = -7,25 = 7 - 3 \cdot 0,25 - 3 \cdot 4,5$).

Zur Bestimmung der Preisuntergrenze des Zusatzauftrags reicht es jetzt nicht mehr aus, lediglich auf die faktorspezifischen wertmäßigen Kosten aus dem Basisprogramm zurückzugreifen, denn sie haben durch die Umstrukturierung ihre Geltung verloren. Vielmehr ist es erforderlich, den vorgestellten Bewertungsansatz zu lösen, um in einem ersten Schritt den mindestens durch den Auftrag zu erzielenden Deckungsbeitrag zu ermitteln. Dieser läßt sich dann nachträglich auch wieder unter Verwendung der dualen Zielfunktion und somit der primalen originären Dualwerte des Bewertungsprogramms berechnen. Auf Grund der primalen Mindestdeckungsbeitragsrestriktion ist die Zielfunktion des zugehörigen Dualproblems gegenüber der des dualen Basisansatzes erneut um das Produkt aus negativem Mindestdeckungsbeitrag und dualer Strukturvariabler μ zu erweitern. Darüber hinaus muß die Verschärfung der Beschaffungs- und Kapazitätsrestriktionen um den Faktorverbrauch durch den Zusatzauftrag berücksichtigt werden. Obendrein ist diesmal daran zu denken, daß es sich um ein primales Minimierungsproblem handelt, das durch Multiplikation der Zielfunktion mit minus eins zunächst in ein primales Maximierungsproblem zu transformieren ist.

$$-DB_{ZA}^{min} = \sum_n X_n^A \cdot \alpha_n + \sum_l \left(X_l^B - PK_{l\,ZA}^R \cdot X_{ZA}^A \right) \cdot \beta_l +$$
$$\sum_j \left(Kap_j^P - PK_{j\,ZA}^P \cdot X_{ZA}^A \right) \cdot \kappa_j - DB_{Basis}^{max} \cdot \mu \quad \rightarrow$$

$$DB_{ZA}^{min} = -\sum_n X_n^A \cdot \alpha_n - \sum_l \left(X_l^B - PK_{l\,ZA}^R \cdot X_{ZA}^A \right) \cdot \beta_l -$$
$$\sum_j \left(Kap_j^P - PK_{j\,ZA}^P \cdot X_{ZA}^A \right) \cdot \kappa_j + DB_{Basis}^{max} \cdot \mu$$

Vor einer weitergehenden Interpretation des Ausdrucks ist die Formel umzustellen.

$$DB_{ZA}^{min} = X_{ZA}^A \cdot \underbrace{\left(\sum_l PK_{l\,ZA}^R \cdot \beta_l + \sum_j PK_{j\,ZA}^P \cdot \kappa_j \right)}_{\text{Grenzgewinn der Faktorbeanspruchung}} -$$

$$\underbrace{\left(\sum_n X_n^A \cdot \alpha_n + \sum_l X_l^B \cdot \beta_l + \sum_j Kap_j^P \cdot \kappa_j - DB_{Basis}^{max} \cdot \mu \right)}_{\substack{\text{Deckungsbeitragsänderung durch Umstruk-} \\ \text{turierung des Produktionsprogramms}}}$$

Der mindestens vom Zusatzauftrag zu erbringende Deckungsbeitrag entspricht der Differenz aus dem Grenzgewinn des zusatzauftragsbedingten Faktorverzehrs und der Deckungsbeitragsänderung, die sich aus einer möglichen Umstrukturierung des Produktionsprogramms ergibt. Für den zuletzt betrachteten Zusatzauftrag errechnet sich der zugehörige, mindestens zu erzielende Deckungsbeitrag folgendermaßen.

$$DB_{ZA}^{min} = 40 \cdot (5 \cdot 0,25 + 2 \cdot 4,5) - (0 + (250 \cdot 0,25 + 240 \cdot 0 + 190 \cdot 4,5) - 875 \cdot 1) = 367,5$$

Kommt es durch den Zusatzauftrag zu keiner deckungsbeitragsbeeinflussenden Umstrukturierung des Produktionsprogramms, dann entsprechen die Opportunitätskosten der Einsatzfaktoren weiterhin denen im Basisprogramm, und der mindestens von diesem Auftrag zu erbringende Deckungsbeitrag resultiert allein aus dem Grenzgewinn der Faktorbeanspruchung.

Werden zu dem so ermittelten Mindestdeckungsbeitrag des Zusatzauftrags wieder die pagatorischen Kosten hinzuaddiert, ergibt sich die gesuchte Preisuntergrenze P^{min}.

$$P^{min} = DB_{ZA}^{min} + X_{ZA}^{A} \cdot \sum_l PK_{l\,ZA}^{R} \cdot q_l = 367,5 + 40 \cdot \sum_l PK_{l\,ZA}^{R} \cdot q_l$$

Ist also ein Zusatzauftrag zu bewerten, so sollte mit Hilfe einer Sensitivitätsanalyse untersucht werden, ob sich durch die Verschärfung der zugehörigen Faktorrestriktionen die Struktur des optimalen Produktionsprogramms ändert.[1] Wenn dies nicht der Fall ist, entspricht die Preisuntergrenze des Zusatzauftrags den mit den wertmäßigen Kosten aus dem Basisprogramm bewerteten verbrauchten Faktoreinheiten. Anderenfalls ist der Bewertungsansatz zu lösen. Wegen des Dilemmas der wertmäßigen Kosten haben die zuletzt hergeleiteten Bewertungsformeln wieder nur erklärenden Charakter.

Nach der isolierten Betrachtung der Finanzgütersphäre im Unterkapitel 2.1 und der Realgütersphäre im Unterkapitel 2.2 sind jetzt beide Welten miteinander zu vereinen, um nicht nur Zahlungsströme *oder* Repetierfaktoren, sondern auch Zahlungsströme induzierende Potentialfaktoren bewerten zu können.

---

1 Zur Berechnung lösungsstrukturerhaltender Schwankungsbreiten von rechten Seiten vgl. Anhang 8.

2.3 Produktions- und finanzwirtschaftlich integrierte Bewertung von Potentialfaktoren[1]

2.3.1 Basisansatz der Investitions-, Finanzierungs- und Produktionsprogrammplanung

Schon im Unterkapitel 1.5 wurden Potential- oder Gebrauchsfaktoren zur Abgrenzung von Repetier- oder Verbrauchsfaktoren als Nutzenpotentiale charakterisiert, die nicht durch einmaligen, sondern erst durch wiederholten Einsatz in einer produktiven Kombination aufgezehrt werden. Sie sind damit für gewöhnlich über mehrere Perioden nutzbar, weshalb ihre Bewertung den Einsatz dynamischer Modelle voraussetzt. Dynamische Modelle dürfen freilich nicht von der sogenannten Zeitpräferenz des Geldes[2] abstrahieren, die sich darin ausdrückt, daß finanzielle Mittel auf dem Kapitalmarkt verzinslich angelegt werden können. Um den Wert von Potentialfaktoren als subjektiven Grenzpreis zu ermitteln, ist deshalb idealerweise auf zahlungsorientierte dynamische Bewertungsansätze zurückzugreifen. Dies bedeutet jedoch nicht, daß die Zahlungswirkungen dieser Faktoren in Zahlungsreihen zu verdichten wären. Wenn Potentialfaktoren als Vertreter der Realgütersphäre direkte Auswirkungen auf die Finanzgütersphäre haben, bietet sich vielmehr eine integrierte Modellierung beider Bereiche an. Im einfachsten Falle läßt sich hierzu das vorgestellte Grundmodell der Investitions- und Finanzierungsprogrammplanung mit dem der Produktionsprogrammplanung zu einem umfassenden **Basisansatz** der Investitions-, Finanzierungs- und Produktionsprogrammplanung verbinden. Ein solcher Ansatz vereint die Zielfunktion und die Durchführungsrestriktionen aus dem finanzwirtschaftlichen sowie die Absatz-, Beschaffungs- und Kapazitätsrestriktionen aus dem produktionswirtschaftlichen Grundmodell, wobei jetzt alle Variablen und viele der Konstanten aus der Realgütersphäre ebenfalls mit dem zeitpunktspezifischen Index t zu versehen sind. Da der Einfachheit halber von der Möglichkeit einer Lagerhaltung abstrahiert wird, kann am Ende einer Periode nur verkauft werden, was in der Periode zuvor produziert wurde; daher gibt es keine Produktions- und Absatzmengen zu Beginn des Planungszeitraums (t = 0), sondern erst am Ende der ersten Periode (t = 1).

Das verbindende Element zwischen der Real- und der Finanzgütersphäre sind die **Liquiditätsbedingungen**, in denen die Variablen beider Bereiche zusammengeführt werden. Neben die Ein- und Auszahlungen der finanzwirtschaftlichen Objekte treten jetzt die Zahlungswirkungen des Produktionsbereichs in Gestalt erzeugnis- und zeitpunktspezifischer Deckungsbeiträge.[3] Sie ergeben sich aus einer Multiplikation der jeweiligen zahlungsorientierten Deckungsspanne (als Differenz aus Absatzpreis e_{nt} und

---

1 Vgl. ROLLBERG (2005), S. 488–499 und ROLLBERG (2012), S. 118 ff.

2 Vgl. JONAS (1961), S. 4 f.

3 Erneut sei darauf hingewiesen, daß Auszahlungen (Einzahlungen) auf der linken Seite der Liquiditätsrestriktionen mit positiven (negativen) und auf der rechten Seite mit negativen (positiven) Vorzeichen stehen, weil die Auszahlungen die Einzahlungen zu keinem Zeitpunkt übersteigen dürfen.

produktionsbedingten Auszahlungen pro Stück a_{nt}) mit der zugehörigen Produktionsmenge x_{nt}.

Unter Berücksichtigung der Nichtnegativitätsbedingungen für alle Variablen läßt sich
dann nachstehendes **Primalproblem** der simultanen Investitions-, Finanzierungs- und
Produktionsprogrammplanung formulieren.

Zielfunktion: $\qquad\qquad\qquad$ max. EV; $\quad$ EV $:= V_T$

Absatzrestriktionen: $\qquad\qquad x_{nt} \leq X_{nt}^A \quad \forall\, n,\, t \neq 0$

Kapazitätsrestriktionen: $\qquad \sum\limits_{n} PK_{jn}^P \cdot x_{nt} \leq Kap_{jt}^P \quad \forall\, j,\, t \neq 0$

Beschaffungsrestriktionen: $\quad \sum\limits_{n} PK_{ln}^R \cdot x_{nt} \leq X_{lt}^B \quad \forall\, l,\, t \neq 0$

Liquiditätsrestriktionen: $\qquad \sum\limits_{o}(A_{o0} - E_{o0}) \cdot n_o \leq E_0 - A_0$

$$\sum\limits_{n}(a_{nt} - e_{nt}) \cdot x_{nt} + \sum\limits_{o}(A_{ot} - E_{ot}) \cdot n_o \leq E_t - A_t \quad \forall\, t \in \{1, ..., T-1\}$$

$$\sum\limits_{n}(a_{nT} - e_{nT}) \cdot x_{nT} + \sum\limits_{o}(A_{oT} - E_{oT}) \cdot n_o + V_T \leq E_T - A_T$$

Durchführungsrestriktionen: $\; n_o \leq N_o \quad \forall\, o \in O^G$

Nichtnegativitätsbedingungen: $n_o \geq 0 \;\; \forall\, o; \qquad V_T \geq 0; \qquad x_{nt} \geq 0 \;\; \forall\, n,\, t \neq 0$

Zur Überführung des Modells in ein Gleichungssystem werden die gleichen Schlupfvariablen verwendet wie in den zuvor unterbreiteten Ansätzen, wobei die der realgüterwirtschaftlichen Nebenbedingungen um den Index t zu ergänzen sind.

Um das Zahlenbeispiel trotz der gestiegenen Modellkomplexität überschaubar zu hal-
ten, ist im folgenden davon auszugehen, daß die Daten für die aus nur zwei Produkten,
zwei Potentialfaktoren und einem Repetierfaktor bestehende Realgütersphäre im Zeit-
ablauf konstant und die Absatzmöglichkeiten unbeschränkt sind (vgl. Tabelle 22). Die
Finanzgütersphäre des zweiperiodigen Beispielfalls erstreckt sich auf nur eine periodenübergreifende Investitionsmöglichkeit zu Beginn des Planungszeitraums sowie
auf jeweils eine unbeschränkte einperiodige Geldanlage- und Kreditaufnahmemöglich-
keit zu Beginn jeder Periode. Von unbeeinflußbaren Zahlungen zu den einzelnen Zeitpunkten des Planungszeitraums wird abstrahiert (vgl. Tabelle 23). Unter Einsatz der
Beispieldaten läßt sich dann das in Tabelle 24 dargestellte Optimaltableau berechnen.

PK^P_{jn} [KE/ME] PK^R_{ln} [FE/ME]	j=1	j=2	l=1	X^A_{nt} [ME]	$(e_{nt} - a_{nt})$ [GE/ME]
n=1	3	0	1	∞	2
n=2	2	1	4	∞	4
Kap^P_{jt} [KE] X^B_{lt} [FE]	80	10	70		

Tabelle 22: Produktionswirtschaftliche Ausgangsdaten des Beispiels zur Investitions-, Finanzierungs- und Produktionsprogrammplanung

$(E_{ot} - A_{ot})$ [GE]	o=1	o=2	o=3	o=4	o=5	$(E_t - A_t)$ [GE]
t=0	-100	1	0	-1	0	0
t=1	20	-1,25	1	1,1	-1	0
t=2	120	0	-1,25	0	1,1	0
N_o [OE]	1	∞	∞	∞	∞	

Tabelle 23: Finanzwirtschaftliche Ausgangsdaten des Beispiels zur Investitions-, Finanzierungs- und Produktionsprogrammplanung

BV	n_3	n_4	n_5	s^K_{11}	s^K_{21}	s^K_{12}	s^K_{22}	s^L_0	s^L_1	s^L_2	RS
x_{11}	0	0	0	$0,\overline{3}$	$-0,\overline{6}$	0	0	0	0	0	20
x_{21}	0	0	0	0	1	0	0	0	0	0	10
x_{12}	0	0	0	0	0	$0,\overline{3}$	$-0,\overline{6}$	0	0	0	20
x_{22}	0	0	0	0	0	0	1	0	0	0	10
n_1	-0,01	0,001	0,01	0,0063	0,0253	0	0	0,012	0,01	0	0,7619
n_2	-0,952	-0,857	0,952	0,6349	2,5396	0	0	0,190	0,952	0	76,190
V_2	0,1071	0,1714	0,0429	0,7619	3,0476	1	1	1,429	1,1429	1	171,43
s^B_{11}	0	0	0	$-0,\overline{3}$	$-3,\overline{3}$	0	0	0	0	0	10
s^B_{12}	0	0	0	0	0	$-0,\overline{3}$	$-3,\overline{3}$	0	0	0	10
s^D_1	0,01	-0,001	-0,01	-0,0063	-0,0253	0	0	-0,012	-0,01	0	0,2380
EV	0,1071	0,1714	0,0429	0,7619	3,0476	$0,\overline{6}$	$2,\overline{6}$	1,429	1,1429	1	171,43

Tabelle 24: Primales Optimaltableau der Investitions-, Finanzierungs- und Produktionsprogrammplanung

Die Optimallösung[1] sieht vor, in jeder der beiden Perioden von Produkt 1 20 ME und von Produkt 2 10 ME herzustellen sowie zu Beginn des Planungszeitraums den einperiodigen Kredit 2 im Umfang von 76,19 GE aufzunehmen, um die dadurch zufließenden Mittel vollständig in die periodenübergreifende Finanzanlagemöglichkeit 1 zu investieren ($100 \cdot 0,7619 = 76,19$). Nur diese Maßnahmen gemeinsam garantieren das maximal mögliche Endvermögen in Höhe von 171,43 GE. Unter diesen Bedingungen sind die Kapazitäten der Potentialfaktoren in beiden Perioden knapp, während die Beschaffungsobergrenzen nicht ausgeschöpft werden. Auch die periodenübergreifende Investition 1 wird nicht vollständig realisiert.

Die **Dualwerte** sind wie im Falle der einfachen Investitions- und Finanzierungsprogrammplanung zu interpretieren: Gehören sie zu den Schlupfvariablen der Liquiditätsrestriktionen, handelt es sich wieder um **Aufzinsungsfaktoren**; sind sie den Schlupfvariablen der Durchführungsrestriktionen zugeordnet, repräsentieren sie die **Endwerte** der Investitions- und Finanzierungsobjekteinheiten. Analog sind die zu den Schlupfvariablen der Kapazitäts- und Beschaffungsrestriktionen gehörenden Dualwerte als Endwerte pro Kapazitäts- bzw. Faktoreinheit zu deuten. Dies sei an dem der Schlupfvariablen s_{21}^{K} zugeordneten Dualwert beispielhaft erläutert: Steht 1 KE des Potentialfaktors 2 in Periode 1 zusätzlich zur Verfügung, kann damit nur dann 1 ME des Produkts 2 mehr hergestellt werden ($PK_{22}^{P} = 1$; vgl. auch den Wert im Kreuzungsfeld von x_{21}-Zeile und s_{21}^{K}-Spalte), wenn die Fertigung des Erzeugnisses 1 um zwei Drittel Mengeneinheiten reduziert wird (vgl. den Wert im Kreuzungsfeld von x_{11}-Zeile und s_{21}^{K}-Spalte), um die für Produkt 2 zusätzlich erforderlichen 2 KE des Potentialfaktors 1 freizusetzen ($PK_{11}^{P} = 3$; $PK_{12}^{P} = 2$). Dies hat eine Deckungsbeitragssteigerung in $t = 1$ von knapp 2,67 GE zur Folge ($2 \cdot (-0,\overline{6}) + 4 \cdot 1 = 2,\overline{6}$), die das Endvermögen am Planungshorizont um 3,0476 GE erhöht ($2,\overline{6} \cdot 1,1429 = 3,0476$). Mithin hat eine zusätzlich in der Periode 1 verfügbare Kapazitätseinheit des Potentialfaktors 2 einen Endwert von 3,0476 GE.

Mit den endwertorientierten Dualwerten lassen sich auch wieder Abzinsungsfaktoren und Kapitalwerte für gegenwartsbezogene Betrachtungen berechnen, was aber erst nach der Dualisierung des Primalproblems gezeigt werden soll, um die Zusammenhänge mit Hilfe der entsprechenden Dualvariablen veranschaulichen zu können. Das zum Primalproblem (max. EV) gehörige **Dualproblem** minimiert erneut die Summe der mit den jeweiligen Knappheitspreisen als nichtnegativen Strukturvariablen bewerteten Restriktionsobergrenzen (min. RW).

---

1 Es sei daran erinnert, daß sich in den finanzwirtschaftlichen Berechnungen auch des Unterkapitels 2.3 Rundungsfehler auf Grund zahlreicher oder gar zahlloser Nachkommastellen nicht vermeiden lassen. Die präsentierten Ergebnisse sind aber, wie im Unterkapitel 2.1, stets *exakt gerundet* und damit *richtig*.

Zielfunktion: min. RW; $RW := \sum_n \sum_{t \neq 0} X_{nt}^A \cdot \alpha_{nt} + \sum_j \sum_{t \neq 0} Kap_{jt}^P \cdot \kappa_{jt} +$

$$\sum_l \sum_{t \neq 0} X_{lt}^B \cdot \beta_{lt} + \sum_t (E_t - A_t) \cdot \lambda_t + \sum_{o \in O^G} N_o \cdot \delta_o$$

Produktbezogene Restriktionen:

$$\alpha_{nt} + \sum_j PK_{jn}^P \cdot \kappa_{jt} + \sum_l PK_{ln}^R \cdot \beta_{lt} + (a_{nt} - e_{nt}) \cdot \lambda_t \geq 0 \quad \forall\, n,\, t \neq 0$$

Objektbezogene Restriktionen: $\sum_t (A_{ot} - E_{ot}) \cdot \lambda_t + \delta_o \geq 0 \quad \forall\, o \in O^G$

$$\sum_t (A_{ot} - E_{ot}) \cdot \lambda_t \geq 0 \quad \forall\, o \in O \setminus O^G$$

„Endvermögensrestriktion": $\lambda_T \geq 1$

Nichtnegativitätsbedingungen: $\alpha_{nt} \geq 0 \;\; \forall\, n,\, t \neq 0; \quad \kappa_{jt} \geq 0 \;\; \forall\, j,\, t \neq 0;$

$$\beta_{lt} \geq 0 \;\; \forall\, l,\, t \neq 0; \quad \lambda_t \geq 0 \;\; \forall\, t; \quad \delta_o \geq 0 \;\; \forall\, o \in O^G$$

Die Schlupfvariablen s_{nt}^P, s_o^O und s^{V_T} transformieren die produkt- und objektbezogenen Nebenbedingungen sowie die „Endvermögensrestriktion" in Gleichungen. Das dem primalen äquivalente duale Optimaltableau für den Beispielfall lautet folgendermaßen.

BV	s_{11}^P	s_{21}^P	s_{12}^P	s_{22}^P	s_1^O	s_2^O	s^{V_T}	β_{11}	β_{12}	δ_1	RS
s_3^O	0	0	0	0	0,01	0,952	-0,1071	0	0	-0,01	0,1071
s_4^O	0	0	0	0	-0,001	0,857	-0,1714	0	0	0,001	0,1714
s_5^O	0	0	0	0	-0,01	-0,952	-0,0429	0	0	0,01	0,0429
κ_{11}	$-0,\overline{3}$	0	0	0	-0,0063	-0,6349	-0,7619	$0,\overline{3}$	0	0,0063	0,7619
κ_{21}	$0,\overline{6}$	-1	0	0	-0,0253	-2,5396	-3,0476	$3,\overline{3}$	0	0,0253	3,0476
κ_{12}	0	0	$-0,\overline{3}$	0	0	0	-1	0	$0,\overline{3}$	0	$0,\overline{6}$
κ_{22}	0	0	$0,\overline{6}$	-1	0	0	-1	0	$3,\overline{3}$	0	$2,\overline{6}$
λ_0	0	0	0	0	-0,012	-0,190	-1,429	0	0	0,012	1,429
λ_1	0	0	0	0	-0,01	-0,952	-1,1429	0	0	0,01	1,1429
λ_2	0	0	0	0	0	0	-1	0	0	0	1
-RW	20	10	20	10	0,7619	76,190	171,43	10	10	0,2380	-171,43

Tabelle 25: Duales Optimaltableau der Investitions-, Finanzierungs- und Produktionsprogrammplanung

Ein letztes Mal wird wie schon in den Abschnitten 2.1.1 und 2.2.1 deutlich, daß das duale Optimaltableau dem entlang der Hauptdiagonalen gespiegelten primalen Optimaltableau entspricht, wobei die Werte, die nicht in den Randfeldern stehen, und der Zielfunktionswert im dualen Tableau ihre Vorzeichen wechseln. Wieder gelten grundsätzlich die gleichen Zusammenhänge zwischen den originären und derivativen Dualwerten des Primalproblems (Dualproblems) einerseits und den Struktur- und Schlupfvariablenwerten des Dualproblems (Primalproblems) andererseits. Unter erneutem Hinweis auf den dualitätstheoretischen Satz vom komplementären Schlupf sind zwei zulässige Lösungen des vorgestellten Primal- und Dualproblems diesmal nur dann optimal, wenn folgende **Komplementaritätsbeziehungen** gelten.[1]

$$x_{nt} \cdot s_{nt}^P = 0 \quad \forall \, n, t \qquad\qquad n_o \cdot s_o^O = 0 \quad \forall \, o \qquad\qquad V_T \cdot s^{V_T} = 0$$

$$s_{nt}^A \cdot \alpha_{nt} = 0 \quad \forall \, n, t \qquad\qquad s_{jt}^K \cdot \kappa_{jt} = 0 \quad \forall \, j, t \qquad\qquad s_{lt}^B \cdot \beta_{lt} = 0 \quad \forall \, l, t$$

$$s_t^L \cdot \lambda_t = 0 \quad \forall \, t \qquad\qquad s_o^D \cdot \delta_o = 0 \quad \forall \, o \in O^G$$

Da die investitions- und finanzierungsobjektbezogenen Nebenbedingungen mit denen im rein finanzwirtschaftlichen Fall übereinstimmen, ist den Ausführungen zu den Aufzinsungsfaktoren und Endwerten im Abschnitt 2.1.1 nichts hinzuzufügen. Mit ihnen können auch wieder in altbekannter Weise die **Abzinsungsfaktoren** und die **Kapitalwerte** der nicht unvorteilhaften Objekte berechnet werden.

$$\hat{\lambda}_t := \frac{\lambda_t}{\lambda_0} \quad \rightarrow \quad \hat{\lambda}_0 = \frac{\lambda_0}{\lambda_0} = 1 \, ; \quad \hat{\lambda}_1 = \frac{\lambda_1}{\lambda_0} = \frac{1,1429}{1,4286} = 0,8 \, ; \quad \hat{\lambda}_2 = \frac{\lambda_2}{\lambda_0} = \frac{1}{1,4286} = 0,7$$

$$\hat{\delta}_o := \frac{\delta_o}{\lambda_0} \quad \rightarrow \quad \hat{\delta}_1 = \frac{0}{\lambda_0} = 0$$

Ebenso gelangt man von den Endwerten zu den Kapitalwerten der nicht im Überfluß vorhandenen Repetierfaktoreinheiten, die sich analog zu den **Opportunitätskosten** im rein produktionswirtschaftlichen Fall interpretieren lassen und deshalb im folgenden als **Nettokapitalwerte** bezeichnet werden sollen. Würde zu einem solchen Nettokapitalwert einer Repetierfaktoreinheit der Kapitalwert ihres Beschaffungspreises[2] addiert, so wäre die resultierende Größe als **Bruttokapitalwert** mit den weiter oben diskutierten **wertmäßigen Kosten** dieser Faktoreinheit vergleichbar. Im Falle von Potentialfaktorkapazitäten erübrigt sich eine Unterscheidung zwischen Netto- und Bruttokapitalwert einer Kapazitätseinheit. Es bleibt darauf hinzuweisen, daß sich im zahlungsorientierten

---

1 Vgl. abermals bspw. HERING (2022), S. 155 und die dort zitierte Literatur.

2 Die (pagatorischen) Auszahlungen für die in ein Produkt n in der Periode t eingehenden Repetierfaktoren sind Bestandteil der produktionsbedingten Auszahlungen pro Stück a_{nt}, die zur Berechnung der zahlungsorientierten Deckungsspanne bereits vom Absatzpreis e_{nt} abgezogen wurden.

dynamischen Fall für ein und denselben Faktor in Abhängigkeit vom Zeitpunkt seiner Verfügbarkeit unterschiedliche „Opportunitäts- und wertmäßige Kosten" ergeben.

$$\hat{\beta}_{lt} := \frac{\beta_{lt}}{\lambda_0} = \frac{GE_T}{FE_{lt}} \cdot \frac{GE_0}{GE_T} = \frac{GE_0}{FE_{lt}} \quad \forall \, l, t \qquad \rightarrow \qquad \hat{\beta}_{11} = \hat{\beta}_{12} = \frac{0}{\lambda_0} = 0$$

$$\hat{\kappa}_{jt} := \frac{\kappa_{jt}}{\lambda_0} = \frac{GE_T}{KE_{jt}} \cdot \frac{GE_0}{GE_T} = \frac{GE_0}{KE_{jt}} \quad \forall \, j, t$$

$$\rightarrow \quad \hat{\kappa}_{11} = \frac{\kappa_{11}}{\lambda_0} = \frac{0,7619}{1,4286} = 0,5\overline{3}; \quad \hat{\kappa}_{12} = \frac{\kappa_{12}}{\lambda_0} = \frac{0,\overline{6}}{1,4286} = 0,4\overline{6}$$

$$\rightarrow \quad \hat{\kappa}_{21} = \frac{\kappa_{21}}{\lambda_0} = \frac{3,0476}{1,4286} = 2,1\overline{3}; \quad \hat{\kappa}_{22} = \frac{\kappa_{22}}{\lambda_0} = \frac{2,\overline{6}}{1,4286} = 1,8\overline{6}$$

Ähnlich wie im Abschnitt 2.2.1 lassen sich durch Umstellen der produktbezogenen Restriktionen nunmehr Gleichungen zur Berechnung von **bezugszeitpunktspezifischen zahlungsorientierten wertmäßigen Deckungsspannen** der Erzeugnisse gewinnen. Aus der Perspektive des Planungshorizonts (Planungszeitpunkts) entspricht eine zahlungsorientierte wertmäßige Deckungsspanne des Zeitpunkts t $zWDS_{nt}^T$ ($zWDS_{nt}^0$) der Differenz aus dem Endwert (Kapitalwert) der pagatorischen Deckungsspanne und dem (Netto-)Endwert ((Netto-)Kapitalwert) der zur Herstellung des betrachteten Produkts erforderlichen Repetierfaktor- und Kapazitätseinheiten.

$$\alpha_{nt} + \sum_j PK_{jn}^P \cdot \kappa_{jt} + \sum_l PK_{ln}^R \cdot \beta_{lt} + (a_{nt} - e_{nt}) \cdot \lambda_t - s_{nt}^P = 0 \quad \forall \, n, t \neq 0 \qquad \rightarrow$$

$$\alpha_{nt} - s_{nt}^P = (e_{nt} - a_{nt}) \cdot \lambda_t - \sum_j PK_{jn}^P \cdot \kappa_{jt} - \sum_l PK_{ln}^R \cdot \beta_{lt} = zWDS_{nt}^T \quad \forall \, n, t \neq 0 \qquad \rightarrow$$

$$\hat{\alpha}_{nt} - \hat{s}_{nt}^P = (e_{nt} - a_{nt}) \cdot \hat{\lambda}_t - \sum_j PK_{jn}^P \cdot \hat{\kappa}_{jt} - \sum_l PK_{ln}^R \cdot \hat{\beta}_{lt} = zWDS_{nt}^0 \quad \forall \, n, t \neq 0$$

Soll das Absatzpotential eines Produkts n in Periode t voll ausgeschöpft werden ($s_{nt}^A = 0$), so nimmt die (auf t = 0 abgezinste) duale Strukturvariable α_{nt} ($\hat{\alpha}_{nt}$) einen Wert in Höhe seiner nichtnegativen zahlungsorientierten wertmäßigen Deckungsspanne an. Soll ein Produkt n in Periode t nicht erzeugt werden ($x_{nt} = 0$), so entspricht der Wert der (auf t = 0 abgezinsten) dualen Schlupfvariablen s_{nt}^P ($\hat{s}_{nt}^P$) dem *Betrag* seiner nichtpositiven zahlungsorientierten wertmäßigen Deckungsspanne. Die zahlungsorientierte wertmäßige Deckungsspanne eines Grenzprodukts n ($s_{nt}^A > 0$; $x_{nt} > 0$) ist gleich null.

Da es im Beispielfall keine Absatzrestriktionen und folglich auch keine Dualvariablen α gibt, können die zahlungsorientierten wertmäßigen Deckungsspannen der betrachteten Produkte niemals einen positiven Wert aufweisen. Sie sind entweder unvorteilhaft oder wie in der vorliegenden Optimallösung Grenzobjekte mit einer zahlungsorientierten wertmäßigen Deckungsspanne von null:

$$zWDS_{11}^0 = 2 \cdot 0,8 - 3 \cdot 0,5\overline{3} - 0 \cdot 2,1\overline{3} - 1 \cdot 0 = 0 = zWDS_{11}^T / \lambda_0$$
$$zWDS_{12}^0 = 2 \cdot 0,7 - 3 \cdot 0,4\overline{6} - 0 \cdot 1,8\overline{6} - 1 \cdot 0 = 0 = zWDS_{12}^T / \lambda_0$$

$$zWDS_{21}^0 = 4 \cdot 0,8 - 2 \cdot 0,5\overline{3} - 1 \cdot 2,1\overline{3} - 4 \cdot 0 = 0 = zWDS_{21}^T / \lambda_0$$
$$zWDS_{22}^0 = 4 \cdot 0,7 - 2 \cdot 0,4\overline{6} - 1 \cdot 1,8\overline{6} - 4 \cdot 0 = 0 = zWDS_{22}^T / \lambda_0$$

Abschließend ist noch auf die neuerliche Identität der optimalen **Zielfunktionswerte** des Primal- und des Dualproblems hinzuweisen (Dualitätstheorem).[1]

$$EV^{max} = V_T = \sum_n \sum_{t \neq 0} X_{nt}^A \cdot \alpha_{nt} + \sum_j \sum_{t \neq 0} Kap_{jt}^P \cdot \kappa_{jt} + \sum_l \sum_{t \neq 0} X_{lt}^B \cdot \beta_{lt} +$$

$$\sum_t (E_t - A_t) \cdot \lambda_t + \sum_{o \in O^G} N_o \cdot \delta_o = RW^{min}$$

$$EV^{max} = 171,43$$

$$= 0 + \left(80 \cdot \left(0,7619 + 0,\overline{6} \right) + 10 \cdot \left(3,0476 + 2,\overline{6} \right) \right) + 70 \cdot \left(0 + 0 \right) + 0 + 1 \cdot 0 = RW^{min}$$

Dieser zum **realgüter- und finanzwirtschaftlichen Basisprogramm** gehörige Zielfunktionswert als Ergebnis der integrierten Investitions-, Finanzierungs- und Produktionsprogrammplanung ist unverzichtbar, um in den beiden folgenden Abschnitten Potentialfaktoren bewerten zu können.

2.3.2 Bewertungsansatz für Potentialfaktoren

Der Kauf eines Potentialfaktors führt zum Anschaffungszeitpunkt zu einer Auszahlung und in allen Perioden danach zu einer Kapazitätsausweitung, bis das Ende seiner Nutzungsdauer erreicht ist. Einzahlungen resultieren erst aus der produktiven Verwendung dieser Zusatzkapazität, sofern ein bestehender Produktionsengpaß gelockert werden konnte. Es lohnt sich für einen Produzenten also nur dann, einen bestimmten Potentialfaktor anzuschaffen, wenn der Kapitalwert der Anschaffungsauszahlung den *Kapitalwert der sich aus der Engpaßlockerung ergießenden Rückflüsse* als subjektive **Preisobergrenze** zumindest nicht übersteigt. Analog führt der Verkauf eines Potentialfaktors im Veräußerungszeitpunkt zu einer Einzahlung und danach in allen Perioden bis zum ursprünglich geplanten Ende seiner Nutzungsdauer zu einer Kapazitätsreduktion. Im Falle knapper Kapazitäten wird dadurch ein bereits bestehender Produk-

---

1 Vgl. ein letztes Mal bspw. HERING (2022), S. 154 f. und die dort zitierte Literatur.

tionsengpaß weiter verschärft, wodurch die aus dem leistungswirtschaftlichen Prozeß quellenden Rückflüsse (teilweise) versiegen. Es lohnt sich daher nur dann, einen Potentialfaktor zu verkaufen, wenn der Kapitalwert der Einzahlung den *Kapitalwert der sich aus der Engpaßverschärfung ergebenden Rückflußminderung* als subjektive **Preisuntergrenze** des potentiellen Liquidators zumindest nicht unterschreitet.

Um den Grenzpreis für einen Potentialfaktorkauf oder -verkauf bestimmen zu können, ist zunächst der Basisansatz der Investitions-, Finanzierungs- und Produktionsprogrammplanung in einen **realgüter- und finanzwirtschaftlichen Bewertungsansatz** zu überführen. Die Zielfunktion strebt jetzt nach einer Maximierung der Anschaffungsauszahlung A^A ($P > 0$) bzw. nach einer Minimierung der Liquidationseinzahlung E^L ($P < 0$) eines zusätzlich beschaffbaren bzw. veräußerbaren Potentialfaktors vom Typ $\tilde{j}$ mit der Periodenkapazität ΔKAP^P unter der Nebenbedingung, wenigstens das maximale Endvermögen aus dem Basisprogramm EV_{Basis}^{max} wieder zu erreichen. Erneut sorgt die Extremierungsvorschrift dafür, daß die Mindestendvermögensrestriktion in der Optimallösung als Gleichung eingehalten wird. Unter der Voraussetzung, daß der Potentialfaktor zu Beginn des Planungszeitraums gekauft (verkauft) wird und anschließend (ursprünglich) bis zum Planungshorizont genutzt werden soll(te), ist die Liquiditätsrestriktion für den Zeitpunkt $t = 0$ auf der linken Seite um die Differenz aus zu maximierender Anschaffungsauszahlung und zu minimierender Liquidationseinzahlung zu ergänzen. Darüber hinaus sind alle Kapazitätsrestriktionen der betroffenen Faktorart $\tilde{j}$ für die Perioden der Nutzungsdauer auf der rechten Seite um die beschaffbare Zusatzkapazität zu lockern bzw. veräußerbare Kapazität zu verschärfen. Zur Komplettierung des Bewertungsansatzes fehlen jetzt nur noch die Nichtnegativitätsbedingungen für die variable Anschaffungsauszahlung A^A und den variablen Liquidationserlös E^L.

Zielfunktion:

$$\max. P; \quad P := A^A_{\tilde{j}} - E^L_{\tilde{j}}$$

Absatzrestriktionen:

$$x_{nt} \leq X^A_{nt} \quad \forall \, n, t \neq 0$$

Kapazitätsrestriktionen:

$$\sum_n PK^P_{jn} \cdot x_{nt} \leq Kap^P_{jt} \quad \forall \, j \neq \tilde{j}, t \neq 0$$

$$\sum_n PK^P_{\tilde{j}n} \cdot x_{nt} \leq Kap^P_{\tilde{j}t} \pm \Delta Kap^P_{\tilde{j}t} \quad \forall \, t \neq 0$$

Beschaffungsrestriktionen:

$$\sum_n PK^R_{ln} \cdot x_{nt} \leq X^B_{lt} \quad \forall \, l, t \neq 0$$

Liquiditätsrestriktionen:

$$\sum_o (A_{o0} - E_{o0}) \cdot n_o + A^A_{\tilde{j}} - E^L_{\tilde{j}} \leq E_0 - A_0$$

$$\sum_n (a_{nt} - e_{nt}) \cdot x_{nt} + \sum_o (A_{ot} - E_{ot}) \cdot n_o \leq E_t - A_t \quad \forall \, t \in \{1, ..., T-1\}$$

$$\sum_{n}(a_{nT}-e_{nT})\cdot x_{nT}+\sum_{o}(A_{oT}-E_{oT})\cdot n_o+V_T\le E_T-A_T$$

Durchführungsrestriktionen: $n_o\le N_o \quad \forall\, o\in O^G$

Mindestendvermögen: $-V_T\le -EV_{Basis}^{max}$

Nichtnegativitätsbedingungen: $A_{\tilde{j}}^A\ge 0;\quad E_{\tilde{j}}^L\ge 0;\quad n_o\ge 0 \quad\forall\, o;\quad V_T\ge 0;$

$$x_{nt}\ge 0\quad\forall\, n,\,t$$

2.3.3 Preisgrenzen für einen Potentialfaktorkauf und -verkauf

Angenommen, in $t=0$ könnte ein Potentialfaktor beschafft werden, der die Kapazität der Betriebsmittel vom Typ 2 in beiden Perioden des zweiperiodigen Planungsproblems um 1 KE ausweitet. Mit den Beispieldaten aus Abschnitt 2.3.1 und dem aus dem Basisprogramm bekannten maximalen Endvermögen läßt sich dann unter sonst identischen Bedingungen folgendes Optimaltableau zur Bestimmung der Preisobergrenze für einen **Potentialfaktorkauf** errechnen.

BV	n_3	n_4	n_5	s_{11}^K	s_{21}^K	s_{12}^K	s_{22}^K	s_0^L	s_1^L	s_2^L	s^M	RS
x_{11}	0	0	0	$0,\overline{3}$	$-0,\overline{6}$	0	0	0	0	0	0	$19,\overline{3}$
x_{21}	0	0	0	0	1	0	0	0	0	0	0	11
x_{12}	0	0	0	0	0	$0,\overline{3}$	$-0,\overline{6}$	0	0	0	0	$19,\overline{3}$
x_{22}	0	0	0	0	0	0	1	0	0	0	0	11
n_1	-0,01	0	0,009	0	0	$-0,00\overline{5}$	$-0,0\overline{2}$	0	0	-0,008	-0,008	0,7397
n_2	-0,966	-0,88	0,946	$0,5\overline{3}$	$2,1\overline{3}$	$-0,0\overline{8}$	$-0,3\overline{5}$	0	0,8	$-0,1\overline{3}$	$-0,1\overline{3}$	77,97
V_2	0	0	0	0	0	0	0	0	0	0	-1	171,43
A_2^A	0,075	0,12	0,03	$0,5\overline{3}$	$2,1\overline{3}$	$0,4\overline{6}$	$1,8\overline{6}$	1	0,8	0,7	0,7	4
s_{11}^B	0	0	0	$-0,\overline{3}$	$-3,\overline{3}$	0	0	0	0	0	0	$6,\overline{6}$
s_{12}^B	0	0	0	0	0	$-0,\overline{3}$	$-3,\overline{3}$	0	0	0	0	$6,\overline{6}$
s_1^D	0,01	0	-0,009	0	0	$0,00\overline{5}$	$0,0\overline{2}$	0	0	0,008	0,008	0,2603
P	0,075	0,12	0,03	$0,5\overline{3}$	$2,1\overline{3}$	$0,4\overline{6}$	$1,8\overline{6}$	1	0,8	0,7	0,7	4

Tabelle 26: Optimaltableau I zur Bestimmung einer Potentialfaktorpreisobergrenze

Die durch den Potentialfaktorkauf verfügbare Zusatzkapazität vom Typ 2 wird in beiden Perioden dazu genutzt, jeweils 1 ME von Produkt 2 mehr zu erzeugen ($PK_{22}^P = 1$). Da hierfür aber auch Potentialfaktoren vom Typ 1 erforderlich sind, muß gleichzeitig in jeder Periode die Fertigungsmenge des Produkts 1 um zwei Drittel ME reduziert werden ($PK_{11}^P = 3$; $PK_{12}^P = 2$). Am Ende der beiden Perioden ist folglich eine Deckungsbeitragsteigerung von jeweils knapp 2,67 GE zu verzeichnen ($2 \cdot (-0,\overline{6}) + 4 \cdot 1 = 2,\overline{6}$). Endvermögensneutral ist die Anschaffung des Potentialfaktors daher nur, wenn den endvermögenssteigernden güterwirtschaftlichen Effekten entsprechende endvermögensmindernde finanzwirtschaftliche Effekte gegenüberstehen. Dies ist aber nur dann der Fall, wenn für den Potentialfaktor die Preisobergrenze in Höhe von 4 GE gezahlt wird. Eine solche Sachinvestition geht einerseits zu Lasten der Finanzinvestition 1, die um $100 \cdot (0,7619 - 0,7397) = 2,\overline{2}$ GE zu reduzieren ist, und verlangt andererseits einen zusätzlichen einperiodigen Kredit 2 in Höhe von $77,97 - 76,19 = 1,\overline{7}$ GE. Am Ende der beiden Perioden vermindert sich dadurch der Finanzmittelbestand um jeweils knapp 2,67 GE ($20 \cdot 0,0\overline{2} + 1,25 \cdot 1,\overline{7} = 120 \cdot 0,0\overline{2} = 2,\overline{6}$), womit die Deckungsbeitragssteigerung wieder ausgeglichen ist.

Wenn eine Anschaffungsauszahlung zu Beginn des Planungszeitraums maximiert wird und damit der zur Schlupfvariablen der Liquiditätsrestriktion für den Zeitpunkt t = 0 gehörige Dualwert gleich eins ist ($\lambda_0 = 1$), dann entsprechen die originären **Dualwerte** des Optimaltableaus den Abzinsungsfaktoren ($\lambda_t = \hat{\lambda}_t$), den Kapitalwerten der nicht unvorteilhaften Investitions- und Finanzierungsobjekte ($\delta_o = \hat{\delta}_o$), den (Netto-)Kapitalwerten der nicht im Überfluß vorhandenen Repetierfaktor- ($\beta_{lt} = \hat{\beta}_{lt}$) und Kapazitätseinheiten ($\kappa_{jt} = \hat{\kappa}_{jt}$) sowie im Falle vorhandener Absatzrestriktionen den gegenwartsbezogenen zahlungsorientierten wertmäßigen Deckungsspannen der nicht unvorteilhaften Produkte ($\alpha_{nt} = \hat{\alpha}_{nt}$). Mithin erübrigt sich für den Beispielfall eine Berechnung dieser jetzt dem Optimaltableau unmittelbar zu entnehmenden Werte.

Es ist unschwer zu erkennen, daß sie mit den im Abschnitt 2.3.1 berechneten Größen übereinstimmen, weil die Zusatzkapazität **keine Umstrukturierung** im optimalen Investitions-, Finanzierungs- und Produktionsprogramm bewirkt hat. In dieser Situation kann die **Preisobergrenze** für die Potentialfaktorzusatzkapazität vom Typ $\tilde{j}$ durch eine einfache Bewertung der periodenspezifischen Zusatzkapazität mit den aus dem Basisprogramm bekannten Kapitalwerten („Opportunitätskosten") pro Kapazitätseinheit bestimmt werden.

$$P^* = P = A_{\tilde{j}}^{A^{max}} = \sum_{t \neq 0} \Delta Kap_{\tilde{j}t}^P \cdot \hat{\kappa}_{\tilde{j}t}^{Basis} \quad \rightarrow \quad P^* = P = 1 \cdot \left(2,1\overline{3} + 1,8\overline{6}\right) = 1 \cdot 4 = 4$$

Naheliegenderweise gilt für die **Preisuntergrenze** im Falle eines Potentialfaktorverkaufs, der zu keiner Umstrukturierung im bisherigen Investitions-, Finanzierungs- und Produktionsprogramm führt, folgende analoge *einfache Bewertungsformel*.[1]

$$P^* = -P = E_{\tilde{j}}^{L^{min}} = \sum_{t \neq 0} \Delta Kap_{\tilde{j}t}^{P} \cdot \hat{\kappa}_{\tilde{j}t}^{Basis}$$

Bewirkt die Zusatzkapazität indes **Umstrukturierungen** in der bisherigen Optimallösung, so muß zur Ermittlung der gesuchten Preisobergrenze der Bewertungsansatz gelöst werden. Dies ist beispielsweise der Fall, wenn unter sonst gleichen Bedingungen ein Potentialfaktor vom Typ 2 mit einer Periodenkapazität von 5 KE bewertet werden soll (vgl. das Optimaltableau in Tabelle 27).

BV	n_3	n_4	n_5	s_{11}^K	s_{11}^B	s_{12}^K	s_{12}^B	s_0^L	s_1^L	s_2^L	s^M	RS
x_{11}	0	0	0	0,4	-0,2	0	0	0	0	0	0	18
x_{21}	0	0	0	-0,1	0,3	0	0	0	0	0	0	13
x_{12}	0	0	0	0	0	0,4	-0,2	0	0	0	0	18
x_{22}	0	0	0	0	0	-0,1	0,3	0	0	0	0	13
n_1	-0,01	0	0,009	0	0	$-0,00\overline{3}$	$-0,00\overline{6}$	0	0	-0,008	-0,008	0,6952
n_2	-0,966	-0,88	0,946	0,32	0,64	-0,053	-0,106	0	0,8	$-0,1\overline{3}$	$0,1\overline{3}$	81,524
V_2	0	0	0	0	0	0	0	0	0	0	-1	171,43
A_2^A	0,075	0,12	0,03	0,32	0,64	0,28	0,56	1	0,8	0,7	0,7	12
s_{21}^K	0	0	0	0,1	-0,3	0	0	0	0	0	0	2
s_{22}^K	0	0	0	0	0	0,1	-0,3	0	0	0	0	2
s_1^D	0,01	0	-0,009	0	0	$0,00\overline{3}$	$0,00\overline{6}$	0	0	0,008	0,008	0,305
P	0,075	0,12	0,03	0,32	0,64	0,28	0,56	1	0,8	0,7	0,7	12

Tabelle 27: Optimaltableau II zur Bestimmung einer Potentialfaktorpreisobergrenze

Offensichtlich reicht eine relativ geringe Menge an Kapazitätseinheiten aus, um zu einem Engpaßwechsel zu gelangen. Die Produktionsmenge von Erzeugnis 2 wird in jeder Periode nur so lange ausgedehnt, bis alle überschüssigen 10 FE des einzigen Repetierfaktors aufgebraucht sind. Daher werden nicht 5 ME, sondern nur 3 ME des Produkts 2 zuungunsten nicht von $3,\overline{3}$ ME, sondern nur von 2 ME des Produkts 1 in jeder Periode zusätzlich hergestellt, denn der Nettobedarf an Repetierfaktoreinheiten

---

1 Zu beachten ist, daß im Falle einer sich ergebenden Preisuntergrenze der Mindestverkaufspreis negativ ausgewiesen wird. Vgl. die Zielfunktion des Bewertungsansatzes im Abschnitt 2.3.2.

pro ME des Produkts 2 beträgt $3,\overline{3}$ FE ($PK_{11}^R = 1$; $PK_{12}^R = 4$; $1 \cdot (-0,\overline{6}) + 4 \cdot 1 = 3,\overline{3}$).
Durch diese Produktionsausdehnung wird der Repetierfaktor knapp ($s_{11}^B = s_{12}^B = 0$),
während 2 KE des angeschafften Potentialfaktors in jeder Periode ungenutzt bleiben
($s_{21}^K = s_{22}^K = 2$). Die resultierende Deckungsbeitragsteigerung pro Periode beträgt 8 GE
($2 \cdot (-2) + 4 \cdot 3 = 8$) und wird schon bei einer Anschaffungsauszahlung von nur 12 GE
($3 \cdot 4 = 12$) statt der erwarteten 20 GE ($5 \cdot 4 = 20$) vollständig aufgezehrt. Um diesen
Preis für den Potentialfaktor zahlen zu können, ist die Finanzinvestition 1 jetzt um
knapp 6,67 GE zurückzufahren ($100 \cdot (0,7619 - 0,6952) = 6,\overline{6}$) und der einperiodige
Kredit 2 um gut 5,33 GE auszuweiten ($81,52 - 76,19 = 5,\overline{3}$). Am Ende der beiden
Perioden vermindert sich dadurch der Finanzmittelbestand exakt in Höhe der zu kom-
pensierenden Deckungsbeitragsteigerung ($20 \cdot 0,0\overline{6} + 1,25 \cdot 5,\overline{3} = 120 \cdot 0,0\overline{6} = 8$).

Durch den Engpaßwechsel und den damit einhergehenden Basistausch zwischen den
Schlupfvariablen s_{2t}^K und s_{1t}^B haben die faktorspezifischen Kapitalwerte aus dem
Basisprogramm ihre Geltung verloren. Zur Bestimmung der **Preisobergrenze** des
Potentialfaktors ist es jetzt unumgänglich, den entsprechenden Bewertungsansatz zu
lösen. Ex post kann dieser subjektive Grenzpreis dann wieder an Hand der dualen
Zielfunktion des Bewertungsansatzes als *komplexer Bewertungsformel* und somit der
primalen originären Dualwerte des Bewertungsprogramms nachvollzogen werden.
Zuvor aber ist die Zielfunktion des zugehörigen Dualproblems gegenüber der des
dualen Basisansatzes wegen der Mindestendvermögensrestriktion um das Produkt aus
negativem Mindestendvermögen und dualer Strukturvariabler μ zu ergänzen. Obendrein ist die Lockerung der entsprechenden Kapazitätsrestriktionen in den Perioden der
Nutzungsdauer des Potentialfaktors abzubilden.

$$P^* = P = \sum_n \sum_{t \neq 0} X_{nt}^A \cdot \alpha_{nt} + \sum_j \sum_{t \neq 0} Kap_{jt}^P \cdot \kappa_{jt} + \sum_{t \neq 0} \Delta Kap_{\tilde{j}t}^P \cdot \kappa_{\tilde{j}t} + \sum_l \sum_{t \neq 0} X_{lt}^B \cdot \beta_{lt} +$$

$$\sum_t (E_t - A_t) \cdot \lambda_t + \sum_{o \in O^G} N_o \cdot \delta_o - EV_{Basis}^{max} \cdot \mu$$

Da es sich bei den dualen Strukturvariablen wie bei den primalen originären Dualwerten um Abzinsungsfaktoren, (Netto-)Kapitalwerte und gegenwartsbezogene zahlungsorientierte wertmäßige Deckungsspannen handelt, können die Dualvariablen erneut
ohne vorherige Umrechnung auch mit einem „Dach" als „Erkennungszeichen" für den
Bezugszeitpunkt $t = 0$ versehen werden. Nach einer geringfügigen Umstellung der
Bewertungsformel ergibt sich dann folgender Ausdruck.

$$P^* = P = \underbrace{\sum_{t \neq 0} \Delta Kap_{\tilde{j}t}^P \cdot \hat{\kappa}_{\tilde{j}t}}_{\substack{\text{Kapitalwert der} \\ \text{Zusatzkapazität}}} + \underbrace{\left(\begin{array}{l} \sum_n \sum_{t \neq 0} X_{nt}^A \cdot \hat{\alpha}_{nt} + \sum_j \sum_{t \neq 0} Kap_{jt}^P \cdot \hat{\kappa}_{jt} + \sum_l \sum_{t \neq 0} X_{lt}^B \cdot \hat{\beta}_{lt} + \\ \sum_t (E_t - A_t) \cdot \hat{\lambda}_t + \sum_{o \in O^G} N_o \cdot \hat{\delta}_o - EV_{Basis}^{max} \cdot \hat{\mu} \end{array} \right)}_{\substack{\text{Kapitalwertänderung durch Umstrukturierung des} \\ \text{Investitions-, Finanzierungs- und Produktionsprogramms}}}$$

Der Potentialfaktorkauf ist also nur dann endvermögensneutral, wenn die Anschaffungsauszahlung der Summe aus dem Kapitalwert der dadurch zusätzlich zur Verfügung stehenden Kapazitätseinheiten und der aus der Umstrukturierung des Investitions-, Finanzierungs- und Produktionsprogramms herrührenden Kapitalwertänderung entspricht. Im vorliegenden Zahlenbeispiel resultiert die Preisobergrenze allein aus dem „Umstrukturierungsgewinn", denn der betrachtete Potentialfaktor ist nach seiner Anschaffung nicht mehr knapp.

$$P^* = P = 5 \cdot (0+0) + \left(0 + \left(80 \cdot (0,32+0,28) + 10 \cdot (0+0)\right) + 70 \cdot (0,64+0,56) + \right.$$
$$0 + 1 \cdot 0 - 171,43 \cdot 0,7\right) = 12$$

Kommt es durch den Potentialfaktorerwerb zu keiner Umstrukturierung der bisherigen Optimallösung, dann ergänzen sich die Terme über der zweiten geschweiften Klammer zu null, und die Kapitalwerte pro Kapazitätseinheit aus der Basislösung behalten ihre Gültigkeit. Insofern handelt es sich bei der einfachen Bewertungsformel erneut um einen Spezialfall der komplexen.

Analoge Überlegungen lassen sich für den Fall eines **Potentialfaktorverkaufs** anstellen. Soll in t = 0 ein Potentialfaktor vom Typ 1 mit einer Periodenkapazität von 61 KE verkauft werden, so gelangt man unter sonst gleichen Bedingungen wie im Beispielfall aus Abschnitt 2.3.1 und unter Berücksichtigung des aus dem Basisprogramm bekannten maximalen Endvermögens zu folgendem Optimaltableau.

BV	x_{11}	x_{12}	n_3	n_4	s_{11}^K	s_{12}^K	s_0^L	s_1^L	s_2^L	s_1^D	s^M	RS
x_{21}	1,5	0	0	0	0,5	0	0	0	0	0	0	9,5
x_{22}	0	1,5	0	0	0	0,5	0	0	0	0	0	9,5
n_1	0	0	0	0	0	0	0	0	0	1	0	1
n_2	3,2	$2,\overline{90}$	$0,\overline{109}$	-0,88	1,6	$1,\overline{45}$	0	0,8	$0,\overline{72}$	103,3	$0,\overline{72}$	36,63
n_5	0	$-3,\overline{63}$	-1,136	0	-0,082	$-1,\overline{81}$	0	0	-0,909	-109,0	-0,909	12,21
V_2	0	0	0	0	0	0	0	0	0	0	-1	171,43
E_1^L	-3,2	$-0,\overline{48}$	$-0,\overline{109}$	-0,12	-1,6	$-1,\overline{45}$	-1	-0,8	$-0,\overline{72}$	$-3,\overline{27}$	$-0,\overline{72}$	63,37
s_{21}^K	-1,5	0	0	0	-0,5	0	0	0	0	0	0	0,5
s_{11}^B	-5	0	0	0	-2	0	0	0	0	0	0	32
s_{22}^K	0	-1,5	0	0	0	-0,5	0	0	0	0	0	0,5
s_{12}^B	0	-5	0	0	0	-2	0	0	0	0	0	32
P	3,2	$2,\overline{90}$	$0,\overline{109}$	0,12	1,6	$1,\overline{45}$	1	0,8	$0,\overline{72}$	$3,\overline{27}$	$0,\overline{72}$	-63,37

Tabelle 28: Optimaltableau zur Bestimmung einer Potentialfaktorpreisuntergrenze

Stehen 61 KE der Potentialfaktorart 1 weniger zur Verfügung, ist auf eine Fertigung des Produkts 1 zu verzichten ($x_{11} = x_{12} = 0$) und die Herstellung des Produkts 2 um 0,5 ME zu reduzieren ($PK_{11}^P = 3$; $PK_{12}^P = 2$; $3 \cdot 20 + 2 \cdot 0,5 = 61$). Dadurch werden 0,5 KE auf dem Betriebsmittel 2 frei ($PK_{22}^P = 1$), die ungenutzt bleiben ($s_{21}^K = s_{22}^K = 0,5$). Die resultierende Deckungsbeitragsminderung pro Periode beträgt 42 GE ($2 \cdot 20 + 4 \cdot 0,5 = 42$). Wird im Gegenzug für den Potentialfaktor die **Preisuntergrenze** in Höhe von ungefähr 63,37 GE vereinnahmt, läßt sich die periodenübergreifende Finanzinvestition 1 vollständig realisieren ($s_1^D = 0$) und der einperiodige Kredit 2 um ca. 39,56 GE verringern ($100 \cdot (1 - 0,7619) + (76,19 - 36,63) = 23,81 + 39,56 = 63,37$). Am Ende der ersten Periode übersteigt dann der hieraus resultierende zusätzliche Finanzmittelbestand ($20 \cdot 0,2381 + 1,25 \cdot 39,56 = 54,21$) die Deckungsbeitragsminderung, so daß noch 12,21 GE in die einperiodige Finanzanlage 5 fließen können ($54,21 - 42 = 12,21 = n_5$). Damit wird dann am Planungshorizont der gewünschte Ausgleich des endvermögensmindernden realwirtschaftlichen Effekts durch den endvermögenssteigernden finanzwirtschaftlichen Effekt ebenfalls erreicht ($120 \cdot 0,2381 + 1,1 \cdot 12,21 = 42$).

Der Potentialfaktorverkauf bewirkt einen dreifachen Basistausch, bei dem die Variablen x_{11}, x_{12} und s_1^D die Basis zugunsten der Variablen s_{21}^K, s_{22}^K und n_5 verlassen. Da somit die faktorspezifischen Kapitalwerte aus dem Basisprogramm ihre Gültigkeit verloren haben, ist zur Ermittlung der Preisuntergrenze des Potentialfaktors ein letztes Mal auf die duale Zielfunktion des Bewertungsansatzes als *komplexe Bewertungsformel* zurückzugreifen, die sich nur durch ein Vorzeichen (diesmal Verschärfung (−) statt Lockerung (+) der Kapazitätsrestriktion) von der zur Berechnung einer Preisobergrenze unterscheidet.

$$-P^* = P = \sum_n \sum_{t \neq 0} X_{nt}^A \cdot \alpha_{nt} + \sum_j \sum_{t \neq 0} Kap_{jt}^P \cdot \kappa_{jt} - \sum_{t \neq 0} \Delta Kap_{jt}^P \cdot \kappa_{jt} + \sum_l \sum_{t \neq 0} X_{lt}^B \cdot \beta_{lt} +$$

$$\sum_t (E_t - A_t) \cdot \lambda_t + \sum_{o \in O^G} N_o \cdot \delta_o - EV_{Basis}^{max} \cdot \mu$$

Aus den bekannten Gründen repräsentieren die Dualvariablen Gegenwartswerte zum Zeitpunkt $t = 0$; sie können deshalb ohne vorherige Umrechnung mit einem Dach versehen werden. Durch Umstellen der Formel treten wieder die beiden klassischen Elemente eines subjektiven Grenzpreises in den Vordergrund.

$$P^* = -P = \underbrace{\sum_{t \neq 0} \Delta Kap_{jt}^P \cdot \hat{\kappa}_{jt}}_{\substack{\text{Kapitalwert der} \\ \text{Minderkapazität}}} - \underbrace{\left(\begin{array}{l} \sum_n \sum_{t \neq 0} X_{nt}^A \cdot \hat{\alpha}_{nt} + \sum_j \sum_{t \neq 0} Kap_{jt}^P \cdot \hat{\kappa}_{jt} + \sum_l \sum_{t \neq 0} X_{lt}^B \cdot \hat{\beta}_{lt} + \\ \sum_t (E_t - A_t) \cdot \hat{\lambda}_t + \sum_{o \in O^G} N_o \cdot \hat{\delta}_o - EV_{Basis}^{max} \cdot \hat{\mu} \end{array} \right)}_{\substack{\text{Kapitalwertänderung durch Umstrukturierung des} \\ \text{Investitions-, Finanzierungs- und Produktionsprogramms}}}$$

Der Potentialfaktorverkauf ist folglich nur dann endvermögensneutral, wenn der Verkaufspreis der Differenz aus dem Kapitalwert der dadurch verlorengehenden Kapazitätseinheiten und der aus der Umstrukturierung des Investitions-, Finanzierungs- und Produktionsprogramms resultierenden Kapitalwertänderung entspricht. Bei Verwendung der Beispieldaten ergibt sich ein „Umstrukturierungsgewinn" von fast 123 GE. Um genau diesen Betrag kann der Kapitalwert der verkauften Kapazitätseinheiten reduziert werden, um zur Preisuntergrenze des zu bewertenden Potentialfaktors zu gelangen.

$$P^* = -P = 61 \cdot \left(1{,}6 + 1{,}\overline{45}\right) - \left(0 + \left(80 \cdot \left(1{,}6 + 1{,}\overline{45}\right) + 10 \cdot \left(0 + 0\right)\right) + 70 \cdot \left(0 + 0\right) + $$
$$0 + 1 \cdot 3{,}\overline{27} - 171{,}43 \cdot 0{,}\overline{72}\right) = 63{,}37$$

Ist also ein Potentialfaktorkauf oder -verkauf zu beurteilen, so sollte – wie in den vorhergehenden Fällen auch – zunächst im Rahmen einer Sensitivitätsanalyse untersucht werden, ob sich durch die Transaktion Umstrukturierungen im bisherigen Investitions-, Finanzierungs- und Produktionsprogramm ergeben.[1] Ist die Frage zu verneinen, entspricht die Preisgrenze des Potentialfaktors den mit den Kapitalwerten aus dem Basisprogramm gewichteten zusätzlichen bzw. abgehenden Periodenkapazitäten. Anderenfalls ist der Bewertungsansatz zu lösen. Die komplexen Bewertungsformeln lassen sich wegen des Dilemmas der Lenkpreistheorie wieder nur ex post anwenden und dienen lediglich der Erklärung der Preisgrenzen.

Im folgenden Unterkapitel 2.4 und im Hauptkapitel 3 wird die Universalität des zugleich produktions- und finanzwirtschaftlich fundierten Bewertungsansatzes herausgearbeitet, die es erlaubt, neben Potential- auch Repetierfaktoren und Zusatzaufträge, beliebige Zahlungsreihen, gleichgültig ob von Krediten oder Finanzanlagen, sowie ganze Produktionsbetriebe und Unternehmen zu bewerten.

---

1 Zur Berechnung lösungsstrukturerhaltender Schwankungsbreiten von rechten Seiten vgl. Anhang 8.

2.4 Produktions- und finanzwirtschaftlich integrierte Bewertung beliebiger Ressourcen[1]

2.4.1 Preisgrenzen für Potentialfaktoren

Wie gezeigt werden konnte, ist eine Bewertung von Repetierfaktoren mit kostenorientierten statischen Modellen der Produktionsprogrammplanung möglich, während eine Bewertung von Finanzgütern zahlungsorientierte dynamische Modelle der Investitions- und Finanzierungsprogrammplanung voraussetzt. Letzteres gilt auch für die Bewertung von Potentialfaktoren, sofern sich hierfür Zahlungsreihen isolieren lassen, die die Grenzen zwischen Real- und Finanzgütern verwischen. Dies ist allerdings in den seltensten Fällen möglich, weil Potentialfaktoren für gewöhnlich erst im Zusammenspiel mit anderen Realgütern über den „Umweg" der Leistungserstellung und -verwertung Zahlungswirkungen entfalten. Um dieser Tatsache Rechnung zu tragen, muß eine Bewertung von Potentialfaktoren auf zahlungsorientierte dynamische Modelle der integrierten Investitions-, Finanzierungs- und Produktionsprogrammplanung zurückgreifen, die den realgüterwirtschaftlichen Kombinationsprozeß explizit abbilden und über den Rückfluß aus dem sich anschließenden Umsatzprozeß mit der Finanzgütersphäre verbinden.

Mit derartigen Modellen lassen sich Potentialfaktoren problemlos bewerten, indem die unmittelbaren realgüterwirtschaftlichen Konsequenzen des Potentialfaktorzu- oder -abgangs in den Kapazitätsrestriktionen und die zu extremierenden Zahlungen für den Kauf- oder Verkauf in der jeweiligen Liquiditätsrestriktion des Bewertungsansatzes erfaßt werden. Dabei ist es grundsätzlich möglich, jeden beliebigen Transaktionszeitpunkt t* und Kapazitätswirkungen in beliebigen Perioden abzubilden. Die Verallgemeinerung der im Unterkapitel 2.3 hergeleiteten Ausdrücke führt zu der folgenden auf den Lösungswerten des Basis- bzw. Bewertungsprogramms gründenden einfachen und komplexen Bewertungsformel für die Preisgrenze P*.

$$P^* = \sum_{t \neq 0} \Delta Kap^P_{\tilde{j}t} \cdot \hat{\kappa}^{Basis}_{\tilde{j}t} \quad \text{mit} \quad \hat{\kappa}^{Basis}_{\tilde{j}t} := \frac{\kappa^{Basis}_{\tilde{j}t}}{\lambda^{Basis}_{t^*}} \quad \forall\, t \neq 0$$

$$P^* = \underbrace{\sum_{t \neq 0} \Delta Kap^P_{\tilde{j}t} \cdot \kappa_{\tilde{j}t}}_{\substack{\text{Gegenwartswert der} \\ \text{Kapazitätsveränderung} \\ \text{zum Zeitpunkt } t^*}} \pm \underbrace{\left(\begin{array}{l} \displaystyle\sum_n \sum_{t \neq 0} X^A_{nt} \cdot \alpha_{nt} + \sum_j \sum_{t \neq 0} Kap^P_{jt} \cdot \kappa_{jt} + \sum_l \sum_{t \neq 0} X^B_{lt} \cdot \beta_{lt} + \\ \displaystyle\sum_t (E_t - A_t) \cdot \lambda_t + \sum_{o \in O^G} N_o \cdot \delta_o - EV^{max}_{Basis} \cdot \mu \end{array} \right)}_{\substack{\text{Gegenwartswertänderung zum Zeitpunkt } t^* \\ \text{durch Umstrukturierung des Investitions-,} \\ \text{Finanzierungs- und Produktionsprogramms}}}$$

---

1 Vgl. ROLLBERG (2012), S. 133 ff.

2.4.2 Preisgrenzen für Repetierfaktoren

Zwischen einer Potential- und einer Repetierfaktorbewertung bestehen nur geringfügige Unterschiede. Die unmittelbaren realgüterwirtschaftlichen Konsequenzen spiegeln sich jetzt in den Beschaffungsrestriktionen des Bewertungsansatzes wider, die durch einen Kauf oder Verkauf von Repetierfaktoren der Art $\tilde{\text{l}}$ für die Perioden t um die Faktormenge $\Delta X_{\tilde{\text{l}}t}^{B}$ gelockert oder verschärft werden. Dabei ist es gleichgültig, ob nur eine oder mehrere Perioden von einer Bestandsveränderung betroffen sind.

Ist der Grenzpreis für den Kauf (Verkauf) von Repetierfaktoren zu bestimmen, so muß die *Liquiditätsrestriktion für den Zeitpunkt der geplanten Bezahlung t** auf der linken Seite den zu maximierenden Auszahlungsbetrag (minimierenden Einzahlungsbetrag) ausweisen. Es darf aber nicht übersehen werden, daß die mit den marktüblichen periodenspezifischen Faktorpreisen berechneten Auszahlungen für die in ein Produkt n in der Periode t eingehenden Repetierfaktoren schon Bestandteil der produktionsbedingten Auszahlungen pro Stück a_{nt} sind, die zur Berechnung der zahlungsorientierten Deckungsspannen bereits von den jeweiligen Absatzpreisen e_{nt} abgezogen wurden. Um im Falle eines **Repetierfaktorkaufs** die Verrechnung der Auszahlungen für die zusätzlich zu beschaffenden Faktoren wieder rückgängig zu machen, sind daher die *Liquiditätsrestriktionen für die Zeitpunkte der geplanten Bestandserhöhung* auf den rechten Seiten um den mit den marktüblichen periodenspezifischen Faktorpreisen $q_{\tilde{\text{l}}t}$ berechneten und in jedem Falle zu zahlenden Betrag für die in der jeweiligen Periode zugehenden Repetierfaktormengen zu *lockern* (+). Andererseits müssen bei einem Verkauf von Repetierfaktoren selbige zuvor beschafft worden sein. Wird von Lagerhaltung abstrahiert, sind sie in derselben Periode zu beschaffen, in der sie auch wieder verkauft werden sollen. Deshalb sind bei einem **Repetierfaktorverkauf** die *Liquiditätsrestriktionen für die Zeitpunkte der geplanten Bestandsreduzierung* auf den rechten Seiten um den mit den marktüblichen periodenspezifischen Faktorpreisen $q_{\tilde{\text{l}}t}$ berechneten und in jedem Falle zu vereinnahmenden vorherigen Auszahlungsbetrag für die jeweils abgehenden Repetierfaktormengen zu *verschärfen* (–). Unter Berücksichtigung dieser Zusammenhänge lassen sich dann die folgende einfache und komplexe Bewertungsformel formulieren.[1]

$$P^* = \sum_{t \neq 0} \Delta X_{\tilde{\text{l}}t}^{B} \cdot \hat{\beta}_{\tilde{\text{l}}t}^{Basis} + \sum_{t \neq 0} \Delta X_{\tilde{\text{l}}t}^{B} \cdot q_{\tilde{\text{l}}t} \cdot \hat{\lambda}_{t}^{Basis}$$

$$\text{mit} \quad \hat{\beta}_{\tilde{\text{l}}t}^{Basis} := \frac{\beta_{\tilde{\text{l}}t}^{Basis}}{\lambda_{t*}^{Basis}} \quad \forall \, t \neq 0 \quad \text{und} \quad \hat{\lambda}_{t}^{Basis} := \frac{\lambda_{t}^{Basis}}{\lambda_{t*}^{Basis}} \quad \forall \, t \neq 0$$

---

1 Nimmt in der einfachen Bewertungsformel der erste Term den Wert Null an, ist also kein Engpaß von der jeweiligen Transaktion betroffen, so bietet sich ein „reines Handelsgeschäft" (Kauf/Verkauf) an, wenn der marktübliche Faktorpreis als Preisobergrenze (Preisuntergrenze) über (unter) dem für die Zukaufmenge (Verkaufsmenge) verlangten (gebotenen) Preis liegt.

$$P^* = \left(\begin{array}{c} \sum\limits_{t\neq 0} \Delta X^B_{\tilde{l}t} \cdot \beta_{\tilde{l}t} + \\[2mm] \sum\limits_{t\neq 0} \Delta X^B_{\tilde{l}t} \cdot q_{\tilde{l}t} \cdot \lambda_t \end{array} \right) \pm \left(\begin{array}{c} \sum\limits_{n}\sum\limits_{t\neq 0} X^A_{nt} \cdot \alpha_{nt} + \sum\limits_{j}\sum\limits_{t\neq 0} Kap^P_{jt} \cdot \kappa_{jt} + \sum\limits_{l}\sum\limits_{t\neq 0} X^B_{lt} \cdot \beta_{lt} + \\[2mm] \sum\limits_{t} (E_t - A_t) \cdot \lambda_t + \sum\limits_{o\in O^G} N_o \cdot \delta_o - EV^{max}_{Basis} \cdot \mu \end{array} \right)$$

$$\underbrace{\phantom{\sum\limits_{t\neq 0} \Delta X^B_{\tilde{l}t} \cdot \beta_{\tilde{l}t}}}_{\substack{\text{Gegenwartswert der} \\ \text{Bestandsveränderung} \\ \text{zum Zeitpunkt } t^*}} \qquad \underbrace{\phantom{\sum\limits_{n}\sum\limits_{t\neq 0} X^A_{nt} \cdot \alpha_{nt} + \sum\limits_{j}\sum\limits_{t\neq 0} Kap^P_{jt}}}_{\substack{\text{Gegenwartswertänderung zum Zeitpunkt } t^* \\ \text{durch Umstrukturierung des Investitions-,} \\ \text{Finanzierungs- und Produktionsprogramms}}}$$

2.4.3 Preisgrenzen für Zusatzaufträge

Ein Zusatzauftrag beansprucht in der Regel mehrere Potential- und Repetierfaktoren und kann deshalb auch als „indirekter Verkauf von Faktorbündeln" interpretiert werden, durch den sich gleichzeitig mehrere Kapazitäts- und Beschaffungsrestriktionen, gegebenenfalls auch unterschiedlicher Perioden, verschärfen. Die Kapazität oder Menge eines Faktors, die in Periode t für den Zusatzauftrag benötigt wird, ergibt sich durch Multiplikation des jeweiligen Produktionskoeffizienten $PK^P_{jt\,ZA}$ bzw. $PK^R_{lt\,ZA}$ mit der gesamten Produktions- und Absatzmenge X^A_{ZA} des Zusatzauftrags. Wird von einem Faktor in einer Periode nichts benötigt, so nimmt der jeweilige Koeffizient den Wert Null an.

Darüber hinaus sind die Liquiditätsrestriktionen für die Zeitpunkte am Ende all jener Perioden zu verschärfen, in denen Repetierfaktoren für den Zusatzauftrag verbraucht werden, und zwar um den mit den periodenspezifischen marktüblichen Faktorpreisen q_{lt} berechneten Auszahlungsbetrag für die in der jeweiligen Periode beanspruchten Repetierfaktoren. Die aus dem Zusatzauftrag resultierende Einzahlung, die auf der linken Seite der Liquiditätsrestriktion für den Zeitpunkt des geplanten Zahlungseingangs t^* auszuweisen ist, muß mindestens so hoch sein, daß das maximale Endvermögen aus dem Basisprogramm trotz etwaiger Faktorumschichtungen wieder erreicht wird. Dementsprechend ist dieser Einzahlungsbetrag zur Ermittlung der Preisuntergrenze des Zusatzauftrags im Bewertungsansatz zu minimieren. Wird von einem Zahlungseingang in $t = t^*$ ausgegangen, ergeben sich die folgende einfache und komplexe Bewertungsformel für die Preisuntergrenze P^{min}.

$$P^{min} = X^A_{ZA} \cdot \left(\sum_{j}\sum_{t\neq 0} PK^P_{jt\,ZA} \cdot \hat{\kappa}^{Basis}_{jt} + \sum_{l}\sum_{t\neq 0} PK^R_{lt\,ZA} \cdot \left(\hat{\beta}^{Basis}_{lt} + q_{lt} \cdot \hat{\lambda}^{Basis}_t \right) \right) \qquad \text{mit}$$

$$\hat{\kappa}^{Basis}_{jt} := \frac{\kappa^{Basis}_{jt}}{\lambda^{Basis}_{t^*}} \ \forall\, j, t \neq 0; \qquad \hat{\beta}^{Basis}_{lt} := \frac{\beta^{Basis}_{lt}}{\lambda^{Basis}_{t^*}} \ \forall\, l, t \neq 0; \qquad \hat{\lambda}^{Basis}_t := \frac{\lambda^{Basis}_t}{\lambda^{Basis}_{t^*}} \ \forall\, t \neq 0$$

$$P^{min} = X^A_{ZA} \cdot \underbrace{\left(\sum_j \sum_{t \neq 0} PK^P_{jt\,ZA} \cdot \kappa_{jt} + \sum_l \sum_{t \neq 0} PK^R_{lt\,ZA} \cdot (\beta_{lt} + q_{lt} \cdot \lambda_t) \right)}_{\substack{\text{Gegenwartswert der Potential- und Repetier-} \\ \text{faktorbeanspruchung zum Zeitpunkt t*}}} -$$

$$\underbrace{\left(\begin{array}{l} \sum_n \sum_{t \neq 0} X^A_{nt} \cdot \alpha_{nt} + \sum_j \sum_{t \neq 0} Kap^P_{jt} \cdot \kappa_{jt} + \sum_l \sum_{t \neq 0} X^B_{lt} \cdot \beta_{lt} + \\[2mm] \sum_t (E_t - A_t) \cdot \lambda_t + \sum_{o \in O^G} N_o \cdot \delta_o - EV^{max}_{Basis} \cdot \mu \end{array} \right)}_{\substack{\text{Gegenwartswertänderung zum Zeitpunkt t*} \\ \text{durch Umstrukturierung des Investitions-,} \\ \text{Finanzierungs- und Produktionsprogramms}}}$$

2.4.4 Preisgrenzen für Zahlungsströme

Methodisch ist es irrelevant, ob Zahlungsreihen von Finanzanlagen und Krediten mit einem produktions- und finanzwirtschaftlichen oder, wie im Unterkapitel 2.1, mit einem rein finanzwirtschaftlichen Modell bewertet werden. Da aber Finanzinvestitionen in Konkurrenz mit Sachinvestitionen (Potentialfaktoren) stehen, für die sich in der Regel keine Zahlungsreihen isolieren lassen, ist der Einsatz eines umfassenderen Modells zweckmäßig, um bei der Bewertung künftiger Zahlungsströme die Interdependenzen zwischen der Finanz- und der Realgütersphäre hinreichend berücksichtigen zu können.

Zunächst soll die Frage beantwortet werden, wieviel ein Käufer (Verkäufer) eines beliebigen Zahlungsstroms mit den zeitpunktspezifischen Zahlungsüberschüssen $(\tilde{E}_t - \tilde{A}_t)$ maximal zu zahlen bereit ist (mindestens verlangen muß), um sich nicht schlechter zu stellen als bei Unterlassung des Geschäfts. Aus Käufersicht (Verkäufersicht) ist dann die Preisobergrenze (Preisuntergrenze) des Zahlungsstroms als maximaler Auszahlungsbetrag (minimaler Einzahlungsbetrag) zum Wunschzahlungszeitpunkt $t = t^*$ zu bestimmen. Erst durch Ergänzung dieses Zahlungsbetrags wird die Zahlungsreihe komplett und die (der) dahinterstehende Finanzanlage (Kredit) mit einem (ggf. korrigierten) Kapital-, Gegenwarts- oder Endwert von null erkennbar.

Im zu lösenden Bewertungsansatz sind jetzt lediglich die gegebenen Zahlungsüberschüsse ($\tilde{E}_t - \tilde{A}_t$) des zu bewertenden Zahlungsstroms zu den rechten Seiten der betroffenen Liquiditätsrestriktionen zu addieren. Da man im vorhinein nicht unbedingt wird abschätzen können, ob sich für die Zahlungsreihe eher ein maximaler Aus- oder aber ein minimaler Einzahlungsbetrag errechnen läßt, ist die Differenz ($Z^F - Z^K$) auf die linke Seite der Liquiditätsrestriktion für den Wunschzahlungszeitpunkt $t = t^*$ zu stellen und in der Zielfunktion zu maximieren. Die Differenz wird dann entweder einen positiven maximalen oder einen negativen, betragsmäßig minimalen Wert annehmen. Im ersten Fall repräsentiert die Preisgrenze +P* eine Preisobergrenze, im zweiten Fall steht −P* für eine Preisuntergrenze. Je nachdem, ob die finanzwirtschaftliche Transaktion die Struktur des optimalen Investitions-, Finanzierungs- und Produktionsprogramms unberührt läßt oder verändert, ist die einfache oder die komplexe Bewertungsformel zur Ermittlung des **maximalen Finanzanlage-** bzw. **minimalen Kreditbetrags** gültig.

$$\pm P^* = \sum_t \left(\tilde{E}_t - \tilde{A}_t \right) \cdot \hat{\lambda}_t^{Basis} \quad \text{mit} \quad \hat{\lambda}_t^{Basis} := \frac{\lambda_t^{Basis}}{\lambda_{t^*}^{Basis}} \quad \forall \, t$$

$$\pm P^* = \underbrace{\sum_t \left(\tilde{E}_t - \tilde{A}_t \right) \cdot \lambda_t}_{\substack{\text{Gegenwartswert des} \\ \text{Zahlungsstroms} \\ \text{zum Zeitpunkt } t^*}} + \underbrace{\left(\begin{array}{c} \sum_n \sum_{t \neq 0} X_{nt}^A \cdot \alpha_{nt} + \sum_j \sum_{t \neq 0} Kap_{jt}^P \cdot \kappa_{jt} + \sum_l \sum_{t \neq 0} X_{lt}^B \cdot \beta_{lt} + \\ \sum_t \left(E_t - A_t \right) \cdot \lambda_t + \sum_{o \in O^G} N_o \cdot \delta_o - EV_{Basis}^{max} \cdot \mu \end{array} \right)}_{\substack{\text{Gegenwartswertänderung zum Zeitpunkt } t^* \\ \text{durch Umstrukturierung des Investitions-,} \\ \text{Finanzierungs- und Produktionsprogramms}}}$$

Ist die Frage zu beantworten, welchen Zins ein potentieller Kreditnehmer (Investor) maximal (mindestens) für einen (eine) in $t = t^+$ aufzunehmenden (zu tätigende) und in $t = t^{++}$ zu tilgenden Kredit (zu erstattende Finanzanlage) zu zahlen bereit ist (zu verlangen hat), um sich nicht schlechter zu stellen als bei Unterlassung des Geschäfts, sind die Bewertungsformeln aus den Abschnitten 2.1.4 und 2.1.5 entsprechend zu modifizieren. Diesmal spielt es keine Rolle, auf welchen einheitlichen Bezugszeitpunkt sich die Größen in der *einfachen Bewertungsformel* beziehen, weil der zu ermittelnde Zins als Preisgrenze P* eine zu den unterschiedlichsten Zeitpunkten t (ggf. auch zum Zeitpunkt t = 0) relevante relative Größe ist und dafür sorgt, daß der Kapital-, Gegenwarts- oder Endwert gleich null wird. Insofern erübrigt sich eine vorherige Umrechnung der Dualwerte aus dem Basisprogramm („keine Dächer"). Dafür sind jetzt die Dualwerte aus dem Bewertungsprogramm zunächst auf einen beliebigen einheitlichen Bezugszeitpunkt t* umzurechnen, um in der *komplexen Bewertungsformel* als Auf- oder Abzinsungsfaktoren, als Kapital-, Gegenwarts- oder Endwerte sowie als bezugszeitpunktspezifische zahlungsorientierte wertmäßige Deckungsspannen verarbeitet werden zu können, weil sie in ihrer Reinform lediglich „Zinswirkungen" widerspiegeln – deshalb sind diesmal die „Dächer" über den Dualvariablen in der komplexen Bewertungsformel zur Bestimmung des **maximalen Kredit-** bzw. **minimalen Finanzanlagezinses** zu finden.

$$P^* = \frac{\lambda_{t^+}^{Basis} - \lambda_{t^{++}}^{Basis}}{\sum_{t^+ < t \leq t^{++}} \lambda_t^{Basis}}$$

$$P* = \frac{\left(\hat{\lambda}_{t^+} - \hat{\lambda}_{t^{++}}\right)}{\sum_{t^+ < t \le t^{++}} \hat{\lambda}_t} \pm \frac{\left(\begin{array}{l} \sum_n \sum_{t \ne 0} X_{nt}^A \cdot \hat{\alpha}_{nt} + \sum_j \sum_{t \ne 0} Kap_{jt}^P \cdot \hat{\kappa}_{jt} + \sum_l \sum_{t \ne 0} X_{lt}^B \cdot \hat{\beta}_{lt} + \\ \sum_t (E_t - A_t) \cdot \hat{\lambda}_t + \sum_{o \in O^G} N_o \cdot \hat{\delta}_o - EV_{Basis}^{max} \cdot \hat{\mu} \end{array}\right)}{Z \cdot \sum_{t^+ < t \le t^{++}} \hat{\lambda}_t}$$

$$\text{mit} \quad \hat{\alpha}_{nt} := \frac{\alpha_{nt}}{\lambda_{t*}} \ \forall \, n, t \ne 0; \quad \hat{\kappa}_{jt} := \frac{\kappa_{jt}}{\lambda_{t*}} \ \forall \, j, t \ne 0; \quad \hat{\beta}_{lt} := \frac{\beta_{lt}}{\lambda_{t*}} \ \forall \, l, t \ne 0 \quad \text{sowie}$$

$$\hat{\lambda}_t := \frac{\lambda_t}{\lambda_{t*}} \ \forall \, t; \quad \hat{\delta}_o := \frac{\delta_o}{\lambda_{t*}} \ \forall \, o \in O^G; \quad \hat{\mu} := \frac{\mu}{\lambda_{t*}}$$

Abschließend bleibt festzustellen, daß im Kapitel 2 nur Modelle mit einer äußerst geringen Komplexität zum Einsatz gelangten, um die Wechselwirkungen zwischen den verschiedenen Handlungsmöglichkeiten eines Unternehmens und ihren Einfluß auf den Wert einer Ressource möglichst anschaulich darstellen zu können. Dabei hat sich gezeigt, daß sich der subjektive Wert einer Ressource theoretisch korrekt nur integriert unter Berücksichtigung sowohl der Finanz- als auch der Realgütersphäre des jeweiligen Unternehmens ermitteln läßt. Mithin sind bereits zur Lösung des einfachen Ressourcenbewertungsproblems die komplexen Modelle der integrierten Unternehmensplanung erforderlich, die möglichst vielen Interdependenzen zwischen den einzelnen unternehmerischen Teilbereichen Rechnung tragen. Modelltheoretisch und lösungstechnisch besteht daher letztlich kein Unterschied zwischen der Ermittlung eines subjektiven Grenzpreises für eine spezifische Ressource und der Festlegung des konkreten Niveaus aller Unternehmensvariablen, was selbstverständlich genauso für die im folgenden zu erörternde Unternehmensbewertung als Bewertung von Ressourcenbündeln gilt.

3 Unternehmensbewertung als Bewertung von Ressourcenbündeln

3.1 Zur Bewertung eines Unternehmens als Finanzanlage[1]

Beabsichtigt ein Investor ein Unternehmen als Finanzanlage zu kaufen, so existiert das betroffene Unternehmen nach dem Kauf unverändert weiter. In diesem Falle könnte aus den Zahlungsmittelrückflüssen der Vergangenheit auf den künftig zu erwartenden Zahlungsstrom des Investitionsobjekts geschlossen werden. Als Ausgangspunkt der Bewertung dieser Zahlungsreihe eignet sich dann wieder der bereits im Abschnitt 2.1.1 ausführlich erläuterte rein **finanzwirtschaftliche Basisansatz**. Dieser Basisansatz behält ebenfalls bei einem Verkauf eines als Finanzanlage gehaltenen Unternehmens seine Gültigkeit.

Auch der Ansatz zur Ermittlung der Preisobergenze (Preisuntergrenze) für den Kauf (Verkauf) eines Unternehmens als Finanzanlage unterscheidet sich nur geringfügig vom bereits im Abschnitt 2.1.2 ausführlich besprochenen rein **finanzwirtschaftlichen Bewertungsansatz** für Zahlungsströme. Lediglich die Symbole für die zu maximierende Anfangsauszahlung A bzw. zu minimierende Anfangseinzahlung E unterscheiden sich von denen aus dem bekannten Ansatz, weil jetzt nicht mehr die Zahlungsreihe eines Kredits oder einer beliebigen Finanzanlage, sondern die eines Unternehmens Gegenstand der Betrachtungen ist.

Freilich bleibt darauf hinzuweisen, daß bei Betrachtung eines Unternehmens als Finanzanlage für den interessierenden Zahlungsstrom erneut die im Unternehmen ablaufenden **realgüterwirtschaftlichen Prozesse** ausschlaggebend sind, so daß eine produktionswirtschaftliche Fundierung zumindest des Bewertungsansatzes nicht abwegig ist. Dies gilt nicht unbedingt für den Basisansatz. Umfaßt die Geschäftstätigkeit des Käufers bislang ausschließlich Finanzobjekte (Finanzanlagen, Kredite), so kann nur ein rein *finanzwirtschaftlich fundierter Basisansatz* in Gestalt des linearen Grundmodells der Investitions- und Finanzierungsprogrammplanung aufgestellt werden. Handelt es sich bei dem Käufer dagegen um ein Unternehmen, so könnte auch ein *produktions- und finanzwirtschaftlich fundierter Basisansatz* in Gestalt des aus Abschnitt 2.3.1 bekannten Modells der integrierten Investitions-, Finanzierungs- und Produktionsprogrammplanung zum Einsatz gelangen.

Um die Preisobergrenze für das Kaufobjekt ermitteln zu können, ist der jeweilige Basisansatz in einen **produktions- und finanzwirtschaftlich fundierten Bewertungsansatz** wie in Abschnitt 2.3.2 zu transformieren. An die Stelle der Endvermögensmaximierung tritt die Kaufpreismaximierung, und zwar unter den Restriktionen des ursprünglichen Basisansatzes, der Mindestendvermögensrestriktion sowie den Beschaffungs-, Kapazitäts-, Absatz- und Durchführungsrestriktionen des zu bewertenden Unternehmens.

---

1 Vgl. ROLLBERG (2008), S. 26 f.

Darüber hinaus sind die Liquiditätsrestriktionen des Basisansatzes um die Zahlungs-wirkungen der Finanz- und der Realgütersphäre des erwerbbaren Unternehmens sowie um die Variable A des zu maximierenden Kaufpreises zu ergänzen.

Investitions-, Finanzierungs- und Produktionsprogramm des Unternehmens sind für eine rein finanzwirtschaftliche Bewertung seiner Zahlungsreihe vorab und unter Ver-nachlässigung der *Finanzmittel des potentiellen Käufers* festzulegen. Sie ergeben sich indes simultan mit der gesuchten Preisobergrenze, wenn finanz- und produktionswirt-schaftlich fundiert bewertet wird. Dabei kann sich die wirtschaftliche Situation des Käu-fers auf diese Programme auswirken, weil zwar keine realgüterwirtschaftliche, wohl aber eine finanzwirtschaftliche Verschmelzung von Käufer und Kaufobjekt über die Liquiditätsrestriktionen erfolgt. Insofern kann ein aus Sicht der vorab quantifizierten Zahlungsreihe bereits vorteilhaftes Unternehmen durch eine explizite Betrachtung seiner Realgütersphäre und eine **direkte Kooplung der Finanzgütersphären** von Käufer und Kaufobjekt noch vorteilhafter werden; denn immer wenn eine dem erwerb-baren Unternehmen zusätzlich zur Verfügung gestellte Geldeinheit einen höheren Rück-fluß verspricht als eine in den bisherigen Finanzinvestitionen des potentiellen Erwer-bers angelegte Geldeinheit, wird es zu vermögenssteigernden *Finanzmittelumschich-tungen* kommen. Auch können Finanzmittel aus nicht ausgeschöpften Kreditlinien des Investors ihren Weg in das erwerbbare Unternehmen finden.

Im Falle eines bereits realgüterwirtschaftlich fundierten Basisansatzes bewirken die Liquiditätsrestriktionen nicht nur eine direkte Verquickung der Finanzgütersphären, sondern obendrein auch eine **indirekte Kopplung der Realgütersphären** der beiden Unternehmen, weil aus finanzwirtschaftlicher Sicht eine *Finanzmittelumschichtung* vom einen zum anderen Produktionsapparat durchaus geboten sein kann. Soll schließ-lich noch die Möglichkeit eines verstärkten Güteraustauschs zwischen Käufer und Kaufobjekt berücksichtigt werden, so verschwimmen die Grenzen zwischen dem hier betrachteten „Finanzanlagenkauf" und der später zu behandelnden Akquisition.

3.2 Produktions- und finanzwirtschaftlich integrierte Bewertung einer horizontal-lateralen Fusion und Akquisition[1]

3.2.1 Basisansätze der betroffenen Unternehmen

Im Falle einer echten horizontal-lateralen Unternehmensverschmelzung unter Gleichen schließen sich zwei rechtlich und wirtschaftlich selbständige Unternehmen, die zu einem Teil derselben Branche und Wertschöpfungsstufe und zu einem anderen Teil unterschiedlichen Branchen angehören, freiwillig zu einer rechtlichen und wirtschaft-lichen Einheit zusammen. Eine Abschätzung aller erdenklichen positiven und nega-

---

1 Vgl. ROLLBERG/LERM (2006), S. 246–255 und 262–265.

tiven Synergieeffekte einer solchen Fusion setzt eine Neubestimmung der Werte zahlreicher Koeffizienten des Problems voraus, bevor eine realgüterwirtschaftlich fundierte
Bewertung des Fusionsvorhabens durchgeführt werden kann. Doch zunächst ist für
jedes beteiligte Unternehmen u ein realgüterwirtschaftlich fundierter **Basisansatz** nach
dem im Abschnitt 2.3.1 vorgestellten Muster zu formulieren und zu optimieren. Hierzu
muß für die zu verschmelzenden Unternehmen ein gemeinsamer Planungshorizont T
gewählt werden, um eine abgestimmte, ökonomische Vergleiche erlaubende zeitliche
Reichweite der einzel- und fusionsunternehmensspezifischen Planungen sicherzu-
stellen.

Eine Angleichung der einzelunternehmerischen Bezugszeitpunkte tu der Vermögensmaximierung ist dagegen nicht notwendig. Folglich ist aus Sicht des jeweiligen Unternehmens u das Vermögen VZu als Saldo V_{tu}^u aller Ein- und Auszahlungen zum Zeitpunkt tu unter Berücksichtigung der ansonsten bekannten real- und finanzgüterwirt-
schaftlichen Restriktionen zu maximieren. Das zu maximierende Vermögen wird als
Entnahme V_{tu}^u im Zeitpunkt tu auf der linken Seite der entsprechenden Liquiditätsrestriktion modelliert. Das Symbol $\bar{u}_t^u$ steht in diesem Zusammenhang für eine Schalt-
konstante, die nur im Zeitpunkt tu auf den Wert Eins gesetzt wird, um die Vermögensvariable zu aktivieren, und ansonsten gleich null ist.

Mithin ergibt sich für jeden potentiellen Fusionspartner u folgendes, im Vergleich zum
im Abschnitt 2.3.1 präsentierten Ansatz leicht modifiziertes **Primalproblem** der integrierten Investitions-, Finanzierungs- und Produktionsprogrammplanung.

$$\max. \text{VZu}; \quad \text{VZu} := V_{tu}^u$$

$$x_{nt} \leq X_{nt}^A \quad \forall\, n,\, t \neq 0$$

$$\sum_n PK_{jn}^P \cdot x_{nt} \leq Kap_{jt}^P \quad \forall\, j,\, t \neq 0$$

$$\sum_n PK_{ln}^R \cdot x_{nt} \leq X_{lt}^B \quad \forall\, l,\, t \neq 0$$

$$n_o \leq N_o \quad \forall\, o \in O^G$$

$$\sum_o (A_{o0} - E_{o0}) \cdot n_o + \bar{u}_0^u \cdot V_{tu}^u \leq E_0 - A_0$$

$$\sum_n (a_{nt} - e_{nt}) \cdot x_{nt} + \sum_o (A_{ot} - E_{ot}) \cdot n_o + \bar{u}_t^u \cdot V_{tu}^u \leq E_t - A_t \quad \forall\, t \neq 0$$

$$n_o \geq 0 \quad \forall\, o; \quad V_{tu}^u \geq 0; \quad x_{nt} \geq 0 \quad \forall\, n,\, t \neq 0$$

Das maximale Vermögen läßt sich alternativ auch mit der **dualen Zielfunktion** berechnen, die die Summe der mit den jeweiligen Knappheitspreisen α_{nt}, κ_{jt}, β_{lt}, δ_o und λ_t als dualen Strukturvariablen bewerteten Restriktionsobergrenzen minimiert.

$$\min. \, RW; \quad RW := \sum_n \sum_{t \neq 0} X_{nt}^A \cdot \alpha_{nt} + \sum_j \sum_{t \neq 0} Kap_{jt}^P \cdot \kappa_{jt} + \sum_l \sum_{t \neq 0} X_{lt}^B \cdot \beta_{lt} +$$
$$\sum_{o \in O^G} N_o \cdot \delta_o + \sum_t (E_t - A_t) \cdot \lambda_t$$

Während zur Vorbereitung einer **Fusionsbewertung** für jedes der zu verschmelzenden Unternehmen u ein Basisansatz aufzustellen und zu lösen ist, reicht es im Falle einer **Akquisitionsbewertung** aus, lediglich für das kaufende Unternehmen das Basisprogramm mit dem zugehörigen maximalen Zielfunktionswert zu bestimmen.

3.2.2 Bewertungsansatz für eine horizontal-laterale Fusion

Um den Zusammenschluß zweier rechtlich und wirtschaftlich selbständiger Unternehmen zu einer rechtlichen und wirtschaftlichen Einheit im Rahmen einer Fusion unter Gleichen bewerten zu können, ist ein Bewertungsansatz aufzustellen, der auf die Basisansätze der beteiligten Unternehmen zurückgreift. Die Zielfunktion strebt jetzt nach einer Maximierung des Fusionserfolgs FE als auf den Zeitpunkt t = 0 bezogene Differenz aus Fusionsvorteil FV und Fusionsnachteil FN[1] unter der Bedingung, daß jedes Unternehmen wenigstens das maximale Vermögen aus der Optimallösung seines Basisansatzes wieder erreicht. Dabei ist zu beachten, daß sich die unternehmensspezifischen Vermögen VZa_{Basis}^{max} und VZb_{Basis}^{max} auf unterschiedliche Zeitpunkte ta und tb beziehen können. Die Maximierungsvorschrift sorgt dafür, daß die Mindestvermögensbedingungen in der Optimallösung als Gleichungen erfüllt sind, denn ein positiver **Fusionserfolg** wird in der Liquiditätsrestriktion für t = 0 wie eine Auszahlung (FV − FN > 0) erfaßt, die als Preisobergrenze für die Verschmelzung interpretiert werden könnte. Wäre dieser Preis tatsächlich zu entrichten, so erwüchsen den beteiligten Unternehmen keinerlei Vorteile aus dem Zusammenschluß. Ist der Fusionserfolg dagegen negativ, muß in der Liquiditätsrestriktion für t = 0 eine Einzahlung (FV − FN < 0) die ökonomisch unvorteilhafte Verschmelzung kompensieren. Ein negativer Fusionserfolg läßt sich also als Kompensationszahlung oder Grenzforderung für die unvorteilhafte Aufgabe der rechtlichen und wirtschaftlichen Selbständigkeit der beiden Unternehmen interpretieren und führt zur Unterlassung der anvisierten Fusion. Nur wenn eine entsprechende Kompensationszahlung tatsächlich vereinnahmt würde, entstünden den Unternehmen keinerlei Nachteile aus dem Zusammenschluß.

---

1 Nur zufälligerweise wird in der Optimallösung eine der beiden Variablen den Wert Null annehmen und die jeweils andere Variable *allein* den Fusionsvor- oder -nachteil repräsentieren, weil letztlich nur die positive oder negative *Differenz* der beiden Variablen dem vorzeichenunbeschränkten Fusionserfolg entspricht.

$$\max. FE; \quad FE := FV - FN$$

$$-V_{ta}^{fa} \leq -VZa_{Basis}^{max}$$

$$-V_{tb}^{fb} \leq -VZb_{Basis}^{max}$$

Der hochgestellte Index f kennzeichnet hier und im folgenden die Fusionssituation, weil die so indizierten Größen nach der Verschmelzung andere Werte annehmen können.

Da exemplarisch eine horizontal-laterale Fusion als eine Verschmelzung von Unternehmen derselben Wertschöpfungsstufe, die artverwandte, aber auch artverschiedene Produkte anbieten, bewertet werden soll, sind im folgenden vier **Produktkategorien** zu unterscheiden: Erzeugnisse $n \in Na\backslash Nb$ ($n \in Nb\backslash Na$) können nur vom Unternehmen a (b) hergestellt werden. Produkte $n \in Na \cap Nb$ werden bereits vor der Fusion in beiden Unternehmen gefertigt. Nach der Verschmelzung gibt es zusätzlich „Synergieprodukte" $n \in Ns$, die nur hergestellt werden können, weil nach der Fusion die Technologien beider Unternehmen gemeinsam zur Verfügung stehen. Hierbei handelt es sich nicht nur um „völlig neuartige" Erzeugnisse $n \in Ns'$, sondern auch um solche, die bereits vor der geplanten Fusion hergestellt werden, nach der Verschmelzung aber auf Grund der Technologiezusammenführung mit andersartigen Produktionsprozessen gefertigt werden könnten.

$$Ns = Ns' \cup \bigcup_{n \in Na \cup Nb} N_n^s$$

Die Indexmenge N_n^s enthält alle Ordnungsnummern derjenigen Synergieprodukte, die dem schon vor der Fusion vom Unternehmen a oder b oder von beiden ursprünglich hergestellten Produkt n entsprechen. All diese Erzeugnisse unterscheiden sich nur hinsichtlich der bei ihrer Fertigung zum Einsatz gelangenden Technologie. Aus Kundensicht sind sie indes identisch, weshalb sie sich gegenseitig vollständig kannibalisieren. Mithin darf die Fertigungsmenge des ursprünglichen Produkts n zuzüglich der Produktionsmengen all seiner „Synergiesubstitute" die erzeugnisspezifische Absatzobergrenze nicht überschreiten.[1] Die einzelnen Absatzbegrenzungen können nach der Fusion auch im Falle von Produkten $n \in Na\backslash Nb$ und $n \in Nb\backslash Na$ durchaus von denen in den Basisansätzen abweichen. Weiter ist zu berücksichtigen, daß Produkte $n \in Na \cap Nb$ vor der Fusion in jedem der beiden Unternehmen möglicherweise mit einem eigenen Verfahren hergestellt werden. Soll nach der Verschmelzung die Option bestehen, zwischen den gegebenenfalls unternehmensspezifischen Prozessen zu wählen, sind die Produktionsmengen dieser Erzeugniskategorie verfahrensspezifisch zu unterscheiden (hochgestellter Index a bzw. b). Nur für die wirklich neuartigen Synergieprodukte $n \in Ns'$ reichen **Absatzobergrenzen** nach altbekanntem Muster aus. Absatzmengen zu

---

1 Für die Synergiesubstitute brauchen daher keine eigenen Absatzrestriktionen formuliert zu werden.

Beginn des Planungszeitraums werden aus den oben beschriebenen Gründen erneut ausgeschlossen.

$$x_{nt}^{f} + \sum_{v \in N_n^s} x_{vt}^{f} \leq X_{nt}^{fA} \quad \forall\, n \in Na \,\Delta\, Nb, \quad \forall\, t \neq 0$$

$$x_{nt}^{af} + x_{nt}^{bf} + \sum_{v \in N_n^s} x_{vt}^{f} \leq X_{nt}^{fA} \quad \forall\, n \in Na \cap Nb, \quad \forall\, t \neq 0$$

$$x_{nt}^{f} \leq X_{nt}^{fA} \quad \forall\, n \in Ns', \quad \forall\, t \neq 0$$

Weiter sind drei **Maschinenkategorien** zu differenzieren: Aggregate $j \in Ja\backslash Jb$ ($j \in Jb\backslash Ja$), die vor der Fusion ausschließlich in Unternehmen a (b) eingesetzt werden, und Aggregate $j \in Ja \cap Jb$, die in dieser Art schon vor der Verschmelzung in beiden Unternehmen zum Einsatz gelangten.[1] Für alle Aggregate sind **Kapazitätsobergrenzen** zu formulieren, die sich im Falle der dritten Maschinenkategorie jeweils aus der Summe der typidentischen Kapazitäten aus den Basisansätzen der beiden Unternehmen zusammensetzen. Prinzipiell ist es möglich, daß alle Produkte auf den Aggregaten dieser dritten Kategorie und die Synergieprodukte $n \in Ns$ auf den Aggregaten aller Kategorien bearbeitet werden müssen. Gleiches gilt für die Erzeugnisse $n \in Na \cap Nb$, die bereits vor der Fusion in beiden Unternehmen produziert werden, wobei zwischen den gegebenenfalls alternativen Produktionsprozessen der Unternehmen a und b zu unterscheiden ist, die gegeneinander abzuwägen sind. Jedoch sei ausgeschlossen, auch nur eines der einzelunternehmensspezifischen Erzeugnisse $n \in Na\backslash Nb$ ($n \in Nb\backslash Na$) auf den einzelunternehmensspezifischen Maschinen $j \in Jb\backslash Ja$ ($j \in Ja\backslash Jb$) herstellen zu können.

$$\sum_{n \in Na\backslash Nb} PK_{jn}^{fP} \cdot x_{nt}^{f} + \sum_{n \in Na \cap Nb} PK_{jn}^{afP} \cdot x_{nt}^{af} + \sum_{n \in Ns} PK_{jn}^{fP} \cdot x_{nt}^{f} \leq Kap_{jt}^{fP}$$

$$\forall\, j \in Ja \backslash Jb, \quad \forall\, t \neq 0$$

$$\sum_{n \in Nb\backslash Na} PK_{jn}^{fP} \cdot x_{nt}^{f} + \sum_{n \in Na \cap Nb} PK_{jn}^{bfP} \cdot x_{nt}^{bf} + \sum_{n \in Ns} PK_{jn}^{fP} \cdot x_{nt}^{f} \leq Kap_{jt}^{fP}$$

$$\forall\, j \in Jb \backslash Ja, \quad \forall\, t \neq 0$$

1　Auch Aggregate, bspw. aus Flexibilitätsüberlegungen heraus zurückbehaltene Altbestände, die nicht für die eigene Produktion, wohl aber für die des anderen Unternehmens zu gebrauchen sind, zählen zu den Maschinen $j \in Ja \cap Jb$. Für sie werden im jeweiligen Basisansatz Kapazitätsrestriktionen formuliert, in denen auf der linken Seite ausschließlich Produktionskoeffizienten in Höhe von null mit den Produktvariablen verknüpft sind. Zur realgüterwirtschaftlich fundierten Bewertung von Produktionsflexibilitätspotentialen vgl. MIRSCHEL (2007), S. 181 ff.

$$\sum_{n\in Na\,\Delta\,Nb} PK_{jn}^{fP}\cdot x_{nt}^{f} + \sum_{n\in Na\cap Nb}\left(PK_{jn}^{afP}\cdot x_{nt}^{af} + PK_{jn}^{bfP}\cdot x_{nt}^{bf}\right) + \sum_{n\in Ns} PK_{jn}^{fP}\cdot x_{nt}^{f} \leq Kap_{jt}^{fP}$$

$$\forall\,j\in Ja\cap Jb,\;\;\forall\,t\neq 0$$

Die Begrenzung der Repetierfaktoren l sowie die Unterscheidung nach **Repetierfaktorkategorien** gestalten sich analog. Folglich sind für Produkte n ∈ Na ∩ Nb auch alternative Repetierfaktorkombinationen in Abhängigkeit vom zum Einsatz gelangenden unternehmensspezifischen Verfahren a oder b möglich. Nach dem Unternehmenszusammenschluß können alle **Beschaffungsobergrenzen** von den (zum Teil aufaddierten) Obergrenzen in den Basisansätzen abweichen.

$$\sum_{n\in Na\backslash Nb} PK_{ln}^{fR}\cdot x_{nt}^{f} + \sum_{n\in Na\cap Nb} PK_{ln}^{afR}\cdot x_{nt}^{af} + \sum_{n\in Ns} PK_{ln}^{fR}\cdot x_{nt}^{f} \leq X_{lt}^{fB}$$

$$\forall\,l\in La\backslash Lb,\;\;\forall\,t\neq 0$$

$$\sum_{n\in Nb\backslash Na} PK_{ln}^{fR}\cdot x_{nt}^{f} + \sum_{n\in Na\cap Nb} PK_{ln}^{bfR}\cdot x_{nt}^{bf} + \sum_{n\in Ns} PK_{ln}^{fR}\cdot x_{nt}^{f} \leq X_{lt}^{fB}$$

$$\forall\,l\in Lb\backslash La,\;\;\forall\,t\neq 0$$

$$\sum_{n\in Na\,\Delta\,Nb} PK_{ln}^{fR}\cdot x_{nt}^{f} + \sum_{n\in Na\cap Nb}\left(PK_{ln}^{afR}\cdot x_{nt}^{af} + PK_{ln}^{bfR}\cdot x_{nt}^{bf}\right) + \sum_{n\in Ns} PK_{ln}^{fR}\cdot x_{nt}^{f} \leq X_{lt}^{fB}$$

$$\forall\,l\in La\cap Lb,\;\;\forall\,t\neq 0$$

Nach dem gleichen Muster wie bei den Produkten lassen sich auch vier **Finanzobjektkategorien** unterscheiden, weil sich neben den einzelunternehmensspezifischen Objekten o ∈ Oa\Ob und o ∈ Ob\Oa und den beiden Unternehmen gleichermaßen zur Verfügung stehenden Objekten o ∈ Oa ∩ Ob fusionsbedingt weitere Geldanlage- und Geldaufnahmemöglichkeiten o ∈ Os mit bisher nicht verfügbaren Zins- und Zahlungsstrukturen als Synergieeffekte ergeben können. Darüber hinaus ist es denkbar, daß die Charakteristika des neu entstehenden Unternehmens eine Verschiebung der (zum Teil aggregierten) **Durchführungsbegrenzungen** der einzelnen Objekte bewirken.

$$n_{o}^{f}\leq N_{o}^{f}\quad\forall\,o\in Oa^{G}\cup Ob^{G}\cup Os^{G}$$

Alle Zahlungswirkungen, die sich aus den vielfältigen Finanzmaßnahmen o sowie aus der Produktion und dem Absatz der verschiedenen Erzeugnisse n ergeben, finden sich in den zeitpunktbezogenen **Liquiditätsbedingungen** wieder. Je nachdem, welcher Prozeß a oder b für die Herstellung der Produkte n ∈ Na ∩ Nb eingesetzt wird, können sich unterschiedliche Auszahlungswirkungen ergeben, die gemeinsam mit den verfahrensspezifischen Produktionskoeffizienten für die Beanspruchung der Potential- und Repetierfaktoren in den Kapazitäts- und Beschaffungsrestriktionen über die Vorteilhaftigkeit der Verfahren entscheiden. Die nicht mehr beeinflußbaren Zahlungen ($E_{t}^{f}-A_{t}^{f}$)

entsprechen jeweils der Summe der zeitpunktspezifischen fixen Zahlungen aus den Basisansätzen der beiden Unternehmen. Der Fusionserfolg als Differenz aus Fusions-vorteil FV und Fusionsnachteil FN wird als Entnahme (bei negativer Differenz als Einzahlung) zu Beginn des Planungszeitraums auf der linken Seite der Liquiditäts-restriktion für den Zeitpunkt $t = 0$ modelliert, die erzwungenen Vermögen V_{ta}^{fa} und V_{tb}^{fb} analog als Entnahmen zu den Zeitpunkten ta und tb auf der linken Seite der entsprechenden Bedingungen.

$$\sum_{o \in Oa \cup Ob \cup Os} \left(A_{o0}^f - E_{o0}^f \right) \cdot n_o^f + \overline{u}_0^a \cdot V_{ta}^{fa} + \overline{u}_0^b \cdot V_{tb}^{fb} + FV - FN \leq E_0^f - A_0^f$$

$$\sum_{n \in Na \triangle Nb} \left(a_{nt}^f - e_{nt}^f \right) \cdot x_{nt}^f + \sum_{n \in Na \cap Nb} \left(\left(a_{nt}^{af} - e_{nt}^f \right) \cdot x_{nt}^{af} + \left(a_{nt}^{bf} - e_{nt}^f \right) \cdot x_{nt}^{bf} \right) +$$

$$\sum_{n \in Ns} \left(a_{nt}^f - e_{nt}^f \right) \cdot x_{nt}^f + \sum_{o \in Oa \cup Ob \cup Os} \left(A_{ot}^f - E_{ot}^f \right) \cdot n_o^f +$$

$$\overline{u}_t^a \cdot V_{ta}^{fa} + \overline{u}_t^b \cdot V_{tb}^{fb} \leq E_t^f - A_t^f \quad \forall\, t \neq 0$$

Die Symbole $\overline{u}_t^a$ und $\overline{u}_t^b$ stehen erneut für Schalt*konstante*, die nur im Zeitpunkt ta bzw. tb auf den Wert Eins gesetzt werden, um die Vermögensvariablen zu aktivieren, und ansonsten gleich null sind.

Zur Komplettierung des Bewertungsansatzes fehlen jetzt nur noch die **Nichtnegativi-tätsbedingungen** für alle Variablen.

$$x_{nt}^f \geq 0 \quad \forall\, n \in (Na \triangle Nb) \cup Ns, \quad \forall\, t \neq 0$$

$$x_{nt}^{af}, x_{nt}^{bf} \geq 0 \quad \forall\, n \in Na \cap Nb, \quad \forall\, t \neq 0$$

$$n_o^f \geq 0 \quad \forall\, o \in Oa \cup Ob \cup Os$$

$$FV \geq 0; \quad FN \geq 0; \quad V_{ta}^{fa} \geq 0; \quad V_{tb}^{fb} \geq 0$$

3.2.3 Bewertungsformel für eine horizontal-laterale Fusion

Auf Grund der aufgezeigten Zusammenhänge zwischen der primalen und der dualen Formulierung eines Planungsproblems läßt sich der gesuchte Fusionserfolg auch unter Verwendung der dualen Zielfunktion und somit der Restriktionsobergrenzen und der originären Dualwerte aus der Optimallösung des primalen Bewertungsansatzes ermit-teln. Letzterer besteht aus den Mindestvermögensrestriktionen, den zusätzlichen Restriktionen, die sich auf die fusionsbedingten Synergieeffekte im Produktions- und

Finanzbereich beziehen, und den miteinander verschmolzenen primalen Basisansätzen der beiden Fusionskandidaten. Dabei ist zu beachten, daß die Restriktionen in den zwei Basisansätzen, die sich auf denselben Produkt-, Maschinen-, Rohstoff- und Finanzanlage- oder Kredittyp beziehen, zusammengefaßt werden. Somit unterscheidet sich die **duale Zielfunktion des Fusionsbewertungsansatzes** von der eines einzelunternehmensspezifischen Basisansatzes (a) durch die zusätzlichen Terme, die das Produkt aus negativem Mindestvermögen und dualer Strukturvariabler μ^{fa} bzw. μ^{fb} repräsentieren, (b) durch die veränderte Zahl der Glieder der einzelnen Summenterme, erkennbar an den modifizierten Laufweiten der Indizes n, j, l und o, sowie (c) durch die zumindest zum Teil korrigierten und deshalb mit einem hochgestellten f gekennzeichneten Restriktionsobergrenzen.

$$FE^{max} = FV - FN = RW^{f\,min} =$$

$$\sum_{n\in Na\cup Nb\cup Ns'}\ \sum_{t\neq0} X_{nt}^{fA}\cdot\alpha_{nt}^{f} + \sum_{j\in Ja\cup Jb}\ \sum_{t\neq0} Kap_{jt}^{fP}\cdot\kappa_{jt}^{f} + \sum_{l\in La\cup Lb}\ \sum_{t\neq0} X_{lt}^{fB}\cdot\beta_{lt}^{f} +$$

$$\sum_{o\in Oa^{G}\cup Ob^{G}\cup Os^{G}} N_{o}^{f}\cdot\delta_{o}^{f} + \sum_{t}\left(E_{t}^{f}-A_{t}^{f}\right)\cdot\lambda_{t}^{f} - VZa_{Basis}^{max}\cdot\mu^{fa} - VZb_{Basis}^{max}\cdot\mu^{fb}$$

Die **komplexe Fusionsbewertungsformel**[1] läßt sich so umformen, daß genau erkennbar wird, welche Elemente allein auf das Unternehmen a, welche allein auf das Unternehmen b und welche unmittelbar auf die Fusion zurückzuführen sind. Hierzu werden die dualen Zielfunktionen der einzelunternehmensspezifischen Basisansätze um den jeweiligen Mindestvermögensterm reduziert. Für Unternehmen a (b) ergeben sich dann in den Zeilen 3 und 4 (5 und 6) der folgenden Gleichung Summenterme

- für die ausschließlich vom jeweiligen Unternehmen offerierten Produkte n ∈ Na\Nb (n ∈ Nb\Na) und die schon vor der Fusion von beiden Unternehmen angebotenen Erzeugnisse n ∈ Na ∩ Nb,

- für die ausschließlich vom jeweiligen Unternehmen eingesetzten Potentialfaktoren j ∈ Ja\Jb (j ∈ Jb\Ja) und die schon vor der Fusion von beiden Unternehmen genutzten Aggregate j ∈ Ja ∩ Jb,

- für die ausschließlich vom jeweiligen Unternehmen eingesetzten Repetierfaktoren l ∈ La\Lb (l ∈ Lb\La) und die schon vor der Fusion von beiden Unternehmen genutzten Werkstoffe l ∈ La ∩ Lb,

- für die ausschließlich dem jeweiligen Unternehmen zur Verfügung stehenden begrenzten Finanzobjekte o ∈ Oa^{G}\$Ob^{G}$ (o ∈ Ob^{G}\$Oa^{G}$) und die schon vor der Fusion

---

1 Eine *einfache Fusionsbewertung* ist nur unter höchst wirklichkeitsfernen Voraussetzungen (vgl. ROLLBERG/LERM (2006), S. 254 f.) denkbar und letztlich nicht einmal von theoretischem Interesse.

beiden Unternehmen gleichermaßen verfügbaren beschränkten Finanzobjekte $o \in Oa^G \cap Ob^G$ sowie

- für seine nicht mehr beeinflußbaren Zahlungen $E_t^a - A_t^a$ ($E_t^b - A_t^b$),

von denen das Produkt aus dem unternehmensspezifischen Mindestvermögen und dualer Strukturvariabler μ^{fa} (μ^{fb}) zu subtrahieren ist. Die unmittelbaren Fusionsfolgen lassen sich aus den Zeilen 1 und 2 ablesen: Durch den Unternehmenszusammenschluß können sich die Absatz-, Beschaffungs- sowie Geldanlage- und Geldaufnahmeobergrenzen aus den Basisansätzen der beiden Unternehmen verschieben (Δ). Zudem sind die Absatzobergrenzen der wirklich neuartigen Synergieprodukte[1] $n \in Ns'$ und die Durchführungsbegrenzungen der nur den verschmolzenen Unternehmen angebotenen Finanzobjekte $o \in Os^G$ zu berücksichtigen.

$$FE^{max} = \sum_{n \in Na \cup Nb} \sum_{t \neq 0} \Delta X_{nt}^{fA} \cdot \alpha_{nt}^f + \sum_{n \in Ns'} \sum_{t \neq 0} X_{nt}^{fA} \cdot \alpha_{nt}^f + \sum_{l \in La \cup Lb} \sum_{t \neq 0} \Delta X_{lt}^{fB} \cdot \beta_{lt}^f +$$

$$\sum_{o \in Oa^G \cup Ob^G} \Delta N_o^f \cdot \delta_o^f + \sum_{o \in Os^G} N_o^f \cdot \delta_o^f +$$

$$\sum_{n \in Na} \sum_{t \neq 0} X_{nt}^{aA} \cdot \alpha_{nt}^f + \sum_{j \in Ja} \sum_{t \neq 0} Kap_{jt}^{aP} \cdot \kappa_{jt}^f + \sum_{l \in La} \sum_{t \neq 0} X_{lt}^{aB} \cdot \beta_{lt}^f +$$

$$\sum_{o \in Oa^G} N_o^a \cdot \delta_o^f + \sum_t \left(E_t^a - A_t^a \right) \cdot \lambda_t^f - VZa_{Basis}^{max} \cdot \mu^{fa} +$$

$$\sum_{n \in Nb} \sum_{t \neq 0} X_{nt}^{bA} \cdot \alpha_{nt}^f + \sum_{j \in Jb} \sum_{t \neq 0} Kap_{jt}^{bP} \cdot \kappa_{jt}^f + \sum_{l \in Lb} \sum_{t \neq 0} X_{lt}^{bB} \cdot \beta_{lt}^f +$$

$$\sum_{o \in Ob^G} N_o^b \cdot \delta_o^f + \sum_t \left(E_t^b - A_t^b \right) \cdot \lambda_t^f - VZb_{Basis}^{max} \cdot \mu^{fb}$$

Da annahmegemäß der Fusionserfolg als auf den Zeitpunkt t = 0 bezogene Differenz aus Fusionsvor- und -nachteil zu maximieren ist, handelt es sich bei den Werten der dualen Strukturvariablen wie bei den primalen originären Dualwerten um Kapitalwerte und Abzinsungsfaktoren. Somit entspricht der **Fusionserfolg** der Summe aus dem Kapitalwert der Fusionssynergien und den aus den Umstrukturierungen der Investitions-, Finanzierungs- und Produktionsprogramme der Fusionspartner herrührenden Kapitalwertänderungen.[2]

---

1 Für die Synergiesubstitute gibt es keine eigenen Absatzobergrenzen; vgl. Abschnitt 3.2.2.
2 Ein Zahlenbeispiel zur Fusionsbewertung findet sich in ROLLBERG/LERM (2006), S. 256 ff.

3.2.4 Die horizontal-laterale Akquisition als Spezialfall der horizontal-lateralen Fusion

Soll aus der Sicht eines Unternehmens a der Wert eines möglicherweise zu akquirierenden Unternehmens b derselben Wertschöpfungsstufe ermittelt werden, das im Vergleich zum kaufenden Unternehmen artverwandte und artverschiedene Produkte anbietet, so ist ein **primaler Akquisitionsbewertungsansatz** aufzustellen, der sich nur geringfügig von dem bereits diskutierten Fusionsbewertungsansatz aus Abschnitt 3.2.2 unterscheidet. Naheliegenderweise strebt die Zielfunktion jetzt nach einer Maximierung des Akquisitionserfolgs AE als auf den Zeitpunkt t = 0 bezogene Differenz aus Akquisitionsvorteil AV und Akquisitionsnachteil AN. Dabei muß diesmal lediglich die Nebenbedingung eingehalten werden, mindestens das maximale Vermögen VZa_{Basis}^{max} zu erwirtschaften, das das akquirierende Unternehmen auch ohne den Unternehmenskauf erreichen könnte. Wieder sorgt die Maximierungsvorschrift dafür, daß die Mindestvermögensbedingung in der Optimallösung als Gleichung erfüllt ist, denn ein positiver (negativer) Akquisitionserfolg wird in der Liquiditätsrestriktion für t = 0 erneut als Auszahlung (Einzahlung) erfaßt. Ein positiver Akquisitionserfolg AV − AN > 0 entspricht der Preisobergrenze für das zu kaufende Unternehmen im Zeitpunkt t = 0 und damit der subjektiven Grenze der Konzessionsbereitschaft des kaufenden Unternehmens im Akquisitionsprozeß. Ein negativer Akquisitionserfolg AV − AN < 0 läßt sich dagegen als Kompensationszahlung oder Grenzforderung für die letztlich unvorteilhafte und folglich zu unterlassende Akquisition interpretieren.

$$\text{max. AE;} \quad AE := AV - AN$$

$$-V_{ta}^{ka} \le -VZa_{Basis}^{max}$$

$$\sum_{o \in Oa \cup Ob \cup Os} \left(A_{o0}^{k} - E_{o0}^{k} \right) \cdot n_{o}^{k} + \overline{u}_{0}^{a} \cdot V_{ta}^{ka} + AV - AN \le E_{0}^{k} - A_{0}^{k}$$

$$\sum_{n \in Na \, \Delta \, Nb} \left(a_{nt}^{k} - e_{nt}^{k} \right) \cdot x_{nt}^{k} + \sum_{n \in Na \cap Nb} \left(\left(a_{nt}^{ak} - e_{nt}^{k} \right) \cdot x_{nt}^{ak} + \left(a_{nt}^{bk} - e_{nt}^{k} \right) \cdot x_{nt}^{bk} \right) +$$

$$\sum_{n \in Ns} \left(a_{nt}^{k} - e_{nt}^{k} \right) \cdot x_{nt}^{k} + \sum_{o \in Oa \cup Ob \cup Os} \left(A_{ot}^{k} - E_{ot}^{k} \right) \cdot n_{o}^{k} +$$

$$\overline{u}_{t}^{a} \cdot V_{ta}^{ka} \le E_{t}^{k} - A_{t}^{k} \quad \forall \, t \ne 0$$

$$AV \ge 0; \quad AN \ge 0; \quad V_{ta}^{ka} \ge 0$$

Alle übrigen Restriktionen des Fusionsbewertungsansatzes bleiben bis auf die Indizierung der Variablen und Konstanten mit einem hochgestellten k (statt f) zur Kennzeichnung der Kaufsituation unverändert, weshalb auf ihre erneute Darstellung als Bestandteil des Akquisitionsbewertungsansatzes verzichtet wird.

Die große Ähnlichkeit zwischen Fusions- und Akquisitionsbewertungsansatz spiegelt sich auch in den zugehörigen dualen Zielfunktionen wider. Letztlich unterscheidet sich die **duale Ziefunktion des Akquisitionsbewertungsansatzes** von der des Fusionsbewertungsansatzes nur durch den verwendeten Hochindex k für Kauf statt f für Fusion und durch den Ansatz ausschließlich des vom Akquirenten mindestens zu erreichenden Vermögens. Während sich eine Fusion nur lohnt, wenn sich dadurch alle beteiligten Unternehmen gemeinsam besserstellen, ist es bei einer Akquisition ausreichend, daß das kaufende Unternehmen allein gewinnt. Im Fusionsfalle sind also mindestens die maximalen Vermögen zu erreichen, die die Unternehmen a und b auch unverschmolzen erwirtschaften könnten, im Akquisitionsfalle lediglich das, was der Akquirent a allein zu erwirtschaften vermag.

$$
AE^{max} = AV - AN = RW^{k\,min} =
$$

$$
\sum_{n\in Na\cup Nb\cup Ns'} \sum_{t\neq 0} X_{nt}^{kA} \cdot \alpha_{nt}^{k} + \sum_{j\in Ja\cup Jb} \sum_{t\neq 0} Kap_{jt}^{kP} \cdot \kappa_{jt}^{k} + \sum_{l\in La\cup Lb} \sum_{t\neq 0} X_{lt}^{kB} \cdot \beta_{lt}^{k} +
$$

$$
\sum_{o\in Oa^{G}\cup Ob^{G}\cup Os^{G}} N_{o}^{k} \cdot \delta_{o}^{k} + \sum_{t}\left(E_{t}^{k} - A_{t}^{k}\right)\cdot \lambda_{t}^{k} - VZa_{Basis}^{max} \cdot \mu^{k}
$$

Diesmal ist der Ausdruck so umzustellen, daß erkennbar wird, welche Elemente allein auf das kaufende Unternehmen a und welche unmittelbar auf die Akquisition zurückzuführen sind. Hierzu muß zunächst die duale Zielfunktion des Basisansatzes a um den Mindestvermögensterm des Akquirenten a reduziert werden. Dies führt in der folgenden **komplexen Akquisitionsbewertungsformel**[1] strukturell zu denselben Termen wie im Fusionsfalle (vgl. Zeilen 5 und 6). Die unmittelbaren Akquisitionsfolgen setzen sich jetzt aber nicht nur aus den akquisitionsbedingten Synergieeffekten, sondern auch aus den isoliert betrachteten Potentialen des Akquisitionskandidaten b zusammen. Insofern verschmelzen im Akquisitionsfalle die Terme der Fusionsbewertungsformel, die sich auf die unmittelbaren Fusionsfolgen beziehen, mit denen des akquirierbaren Unternehmens b, allerdings ohne den beim Kauf entscheidungsirrelevanten Mindestvermögensterm (vgl. Zeile 1 bis 4).

$$
AE^{max} = \sum_{n\in Na\cup Nb} \sum_{t\neq 0} \Delta X_{nt}^{kA} \cdot \alpha_{nt}^{k} + \sum_{n\in Nb\backslash Na} \sum_{t\neq 0} X_{nt}^{bA} \cdot \alpha_{nt}^{k} +
$$

$$
\sum_{n\in Ns'} \sum_{t\neq 0} X_{nt}^{kA} \cdot \alpha_{nt}^{k} + \sum_{j\in Ja\cap Jb} \sum_{t\neq 0} \Delta Kap_{jt}^{kP} \cdot \kappa_{jt}^{k} + \sum_{j\in Jb\backslash Ja} \sum_{t\neq 0} Kap_{jt}^{bP} \cdot \kappa_{jt}^{k} +
$$

$$
\sum_{l\in La\cup Lb} \sum_{t\neq 0} \Delta X_{lt}^{kB} \cdot \beta_{lt}^{k} + \sum_{l\in Lb\backslash La} \sum_{t\neq 0} X_{lt}^{bB} \cdot \beta_{lt}^{k} + \sum_{o\in Oa^{G}\cup Ob^{G}} \Delta N_{o}^{k} \cdot \delta_{o}^{k} +
$$

---

1 Eine *einfache Akquisitionsbewertung* ist nur unter höchst wirklichkeitsfernen Voraussetzungen (vgl. ROLLBERG/LERM (2006), S. 264 f.) denkbar und letztlich nicht einmal von theoretischem Interesse.

$$\sum_{o \in Ob^G \setminus Oa^G} N_o^b \cdot \delta_o^k + \sum_{o \in Os^G} N_o^k \cdot \delta_o^k + \sum_t \left(E_t^b - A_t^b\right) \cdot \lambda_t^k +$$

$$\sum_{n \in Na} \sum_{t \neq 0} X_{nt}^{aA} \cdot \alpha_{nt}^k + \sum_{j \in Ja} \sum_{t \neq 0} Kap_{jt}^{aP} \cdot \kappa_{jt}^k + \sum_{l \in La} \sum_{t \neq 0} X_{lt}^{aB} \cdot \beta_{lt}^k +$$

$$\sum_{o \in Oa^G} N_o^a \cdot \delta_o^k + \sum_t \left(E_t^a - A_t^a\right) \cdot \lambda_t^k - VZa_{Basis}^{max} \cdot \mu^k$$

Die Absatz-, Kapazitäts-, Beschaffungs- sowie Geldanlage- und Geldaufnahmeobergrenzen des Unternehmens b, die sich auf Produktarten, Potential- und Repetierfaktortypen sowie Finanzobjekte beziehen, die auch im Basisansatz des Unternehmens a vorkommen, werden in dieser detaillierten Akquisitionsbewertungsformel nicht mehr explizit aufgeführt. Sie sind Bestandteil der zugehörigen „Δ-Größen". Dies läßt sich besonders anschaulich an den Kapazitätsobergrenzen der bereits vor der Akquisition in beiden Unternehmen genutzten Aggregattypen verdeutlichen. Im Fusionsfalle wurden die Kapazitätsobergrenzen dieser Potentialfaktoren unternehmensspezifisch ausgewiesen (Kap^{aP}, Kap^{bP}). Da sich die Gesamtkapazität dieser Aggregate nach der Verschmelzung aus der Summe der entsprechenden Einzelkapazitäten der Fusionspartner zusammensetzt, waren keine aggregatspezifischen Synergieeffekte als unmittelbare Fusionsfolgen zu erfassen (ΔKap^{fP} = 0). Auch im Akquisitionsfalle könnten diese Kapazitätsobergrenzen unternehmensspezifisch ausgewiesen werden, wobei die Kap^{bP}-Terme dann allerdings unter den unmittelbaren Akquisitionsfolgen zu verbuchen wären. Hier wird indes ein anderer Weg gewählt, wenn diese zusätzlichen Kapazitäten von Unternehmen b als Veränderungsgrößen (ΔKap^{kP} = Kap^{bP} > 0) erfaßt werden, weil sie die bereits vorhandenen Kapazitäten von Unternehmen a schlicht erhöhen. Insofern gilt:

$$\sum_{j \in Ja \cap Jb} \sum_{t \neq 0} \Delta Kap_{jt}^{kP} \cdot \kappa_{jt}^k = \sum_{j \in Ja \cap Jb} \sum_{t \neq 0} Kap_{jt}^{bP} \cdot \kappa_{jt}^k .$$

Auf den ersten Blick könnte man den Eindruck gewinnen, Akquisitionserfolge ließen sich eher realisieren als Fusionserfolge. Zum einen ist nur das maximal allein erzielbare Vermögen des Unternehmens a wieder zu erreichen. Zum anderen zählt neben den akquisitionsbedingten Synergieeffekten die gesamte Wirtschaftskraft des Unternehmens b zu den unmittelbaren Akquisitionsfolgen. Allerdings darf nicht vergessen werden, daß ein ausgewiesener Fusionserfolg unmittelbar von der Vorteilhaftigkeit einer Unternehmensverschmelzung zeugt, ein entsprechender **Akquisitionserfolg** aber zunächst dem zu entrichtenden **Akquisitionspreis** gegenüberzustellen ist, um über die Vorteilhaftigkeit des Unternehmenskaufs befinden zu können. Nur wenn der Kaufpreis unter dem Akquisitionswert liegt, ist ein Unternehmenserwerb vorteilhaft.

3.3 Produktions- und finanzwirtschaftlich integrierte Bewertung einer vertikalen Fusion und Akquisition[1]

3.3.1 Basisansätze der betroffenen Unternehmen

Schließen sich Unternehmen benachbarter Glieder einer Wertschöpfungskette freiwillig zu einer rechtlichen und wirtschaftlichen Einheit zusammen, kommt es zu einer echten vertikalen Unternehmensverschmelzung unter Gleichen. Vor einer solchen Fusion ist es unumgänglich, die zu erwartenden Vor- und Nachteile gegeneinander abzuwägen und betriebswirtschaftlich zu bewerten. Hierzu ist zunächst für jedes beteiligte Unternehmen ein **Basisansatz** erneut nach dem im Abschnitt 2.3.1 vorgestellten und im Abschnitte 3.2.1 leicht abgewandelten Muster zu formulieren und zu optimieren. Dabei müssen sich aus den bereits erläuterten Gründen die beiden Fusionspartner zuvor auf einen gemeinsamen Planungshorizont T geeinigt haben.

Mit den beiden folgenden unternehmensspezifischen, sich insbesondere mit Blick auf die Realgütersphäre unterscheidenden Grundmodellen der integrierten Investitions-, Finanzierungs- und Produktionsprogrammplanung wird jeweils eine Vermögensmaximierung verfolgt; und zwar wird das Vermögen VZa eines Vorleistungen erbringenden Unternehmens a als Saldo V_{ta}^a aller Ein- und Auszahlungen im Zeitpunkt ta und das Vermögen VZb eines weiterverarbeitenden Unternehmens b als Saldo V_{tb}^b aller Ein- und Auszahlungen im Zeitpunkt tb jeweils unter Berücksichtigung real- und finanzgüterwirtschaftlicher Restriktionen (Absatz-, Kapazitäts-, Beschaffungs-, Fremdbezugs-, Finanzobjektdurchführungs- und Liquiditätsrestriktionen) maximiert.

Alle in den beiden Unternehmen zum Einsatz gelangenden Repetier- und Potentialfaktoren (l, j) sowie herstellbaren Produkte (m, n) und verfügbaren Finanzobjekte (o) sind danach zu unterscheiden, ob sie ausschließlich für den Lieferanten (a) oder Abnehmer (b) oder gleichzeitig für beide Unternehmen relevant sind. So werden die Repetier- und Potentialfaktorarten l ∈ La\Lb (l ∈ Lb\La) bzw. j ∈ Ja\Jb (j ∈ Jb\Ja) nur im Unternehmen a (b) sowie die Faktorarten l ∈ La ∩ Lb und j ∈ Ja ∩ Jb in beiden Unternehmen eingesetzt. Der Lieferant a stellt Zwischenproduktarten m ∈ Ma ∩ Mb her, die vom Abnehmer b weiterverarbeitet werden können.[2] Zusätzlich erzeugt das Unternehmen a Zwischenproduktarten m ∈ Ma\Mb, die Unternehmen b nicht benötigt, und das Unternehmen b verarbeitet Zwischenproduktarten m ∈ Mb\Ma, die von Unternehmen a nicht bezogen werden können. Der Abnehmer fertigt Endprodukte n. Finanzobjekte o ∈ Oa\Ob (o ∈ Ob\Oa) stehen ausschließlich dem Unternehmen a (b) und Objekte o ∈ Oa ∩ Ob beiden Unternehmen konditionsgleich mit sich eventuell voneinander unterscheidenden Durchführungsbegrenzungen zur Verfügung.

---

1 Vgl. ROLLBERG/LERM/TIMM (2008), S. 501–513.
2 Selbstverständlich sind die Zwischenprodukte m aus Sicht des Lieferanten letztlich Endprodukte.

Die Realgütersphäre im **primalen Basisansatz des vorleistenden Unternehmens** spiegelt sich in spezifischen Absatz-, Kapazitäts-, Beschaffungs- und Fremdbezugs-restriktionen wider. Erneut wird der Einfachheit halber von der Möglichkeit einer Lagerhaltung abstrahiert. Die Fremdbezugsmenge ($x^A_{mt} - x_{mt}$) eines Zwischenpro-dukts m ∈ Ma in Periode t darf das entsprechende Fremdbezugspotential X^F_{mt} genau-sowenig überschreiten wie die Absatzmenge x^A_{mt} als Summe aus Fremdbezugs- und Produktionsmenge x_{mt} das zugehörige Absatzpotential X^A_{mt}. Weiter muß gewährleistet sein, daß die Kapazitätsnachfrage als Summe der mit den entsprechenden potential-faktorspezifischen Produktionskoeffizienten PK^P_{jm} gewichteten Fertigungsmengen x_{mt} der Zwischenprodukte m ∈ Ma in Periode t das gegebene Kapazitätsangebot Kap^P_{jt} des jeweiligen Potentialfaktors j ∈ Ja in Periode t nicht übersteigt. Strukturgleich sind die Restriktionen zur Einhaltung der maximal beschaffbaren Mengen X^B_{lt} jedes Repetier-faktors l ∈ La in Periode t mit den repetierfaktorspezifischen Produktionskoeffizien-ten PK^R_{lm}. Alle realgüterwirtschaftlichen Aktivitäten einer Periode wirken sich erst am jeweiligen Periodenende aus. Daher gibt es keine realgüterwirtschaftlichen Restriktio-nen und Variablen für den Zeitpunkt t = 0.

Neben die Ein- und Auszahlungen der finanzwirtschaftlichen Objekte treten auf der linken Seite der Liquiditätsbedingungen für die Zeitpunkte t > 0 als verbindendes Ele-ment zwischen der Real- und der Finanzgütersphäre noch die Zahlungswirkungen des Produktionsbereichs. Selbige ergeben sich als Summe der mit den jeweiligen Beschaf-fungsmengen an Repetierfaktoren sowie Fremdbezugsmengen an Zwischenprodukten multiplizierten Einkaufspreise a^B_{lt} bzw. a^F_{mt} sowie der mit den entsprechenden Produk-tionsmengen multiplizierten rein produktionsprozeßspezifischen Auszahlungen pro Stück a^P_{mt} abzüglich der mit den zugehörigen Absatzmengen multiplizierten Verkaufs-preise e_{mt}. Die Modellierung der Finanzgütersphäre unterscheidet sich ansonsten nicht von der im Abschnitt 3.2.1.

$$\text{max. VZa;} \quad \text{VZa} := V^a_{ta}$$

$$x^A_{mt} \leq X^A_{mt} \quad \forall\, m \in Ma, \ \forall\, t \neq 0$$

$$\sum_{m \in Ma} PK^P_{jm} \cdot x_{mt} \leq Kap^P_{jt} \quad \forall\, j \in Ja, \ \forall\, t \neq 0$$

$$\sum_{m \in Ma} PK^R_{lm} \cdot x_{mt} \leq X^B_{lt} \quad \forall\, l \in La, \ \forall\, t \neq 0$$

$$x^A_{mt} - x_{mt} \leq X^F_{mt} \quad \forall\, m \in Ma, \ \forall\, t \neq 0$$

$$n_o \leq N_o \quad \forall\, o \in Oa^G$$

$$\sum_{o\in Oa} \left(A_{o0} - E_{o0}\right)\cdot n_o + \bar{u}_0^a \cdot V_{ta}^a \le E_0 - A_0$$

$$\sum_{l\in La} a_{lt}^B \cdot \left(\sum_m PK_{lm}^R \cdot x_{mt}\right) + \sum_{m\in Ma} a_{mt}^F \cdot \left(x_{mt}^A - x_{mt}\right) + \sum_{m\in Ma} a_{mt}^P \cdot x_{mt} -$$

$$\sum_{m\in Ma} e_{mt} \cdot x_{mt}^A + \sum_{o\in Oa} \left(A_{ot} - E_{ot}\right)\cdot n_o + \bar{u}_t^a \cdot V_{ta}^a \le E_t - A_t \quad \forall\, t \ne 0$$

$$x_{mt}, x_{mt}^A \ge 0 \quad \forall\, m \in Ma, \quad \forall\, t \ne 0$$

$$n_o \ge 0 \quad \forall\, o \in Oa$$

$$V_{ta}^a \ge 0$$

Die **duale Zielfunktion des vorleistenden Unternehmens** lautet:

$$\min. RW; \quad RW := \sum_{m\in Ma}\sum_{t\ne 0} X_{mt}^A \cdot \alpha_{mt} + \sum_{j\in Ja}\sum_{t\ne 0} Kap_{jt}^P \cdot \kappa_{jt} + \sum_{l\in La}\sum_{t\ne 0} X_{lt}^B \cdot \beta_{lt} +$$

$$\sum_{m\in Ma}\sum_{t\ne 0} X_{mt}^F \cdot \varphi_{mt} + \sum_{o\in Oa^G} N_o \cdot \delta_o + \sum_t \left(E_t - A_t\right)\cdot \lambda_t .$$

Der **primale Basisansatz des weiterverarbeitenden Unternehmens** unterscheidet sich von dem des Zulieferers nur graduell. Angenommen, der Abnehmer hat die Möglichkeit, die eingekauften Zwischenprodukte nicht nur weiterzuverarbeiten, sondern auch weiterzuverkaufen (x_{mt}^A); dann sind für die Zwischenprodukte $m \in Mb$ und Endprodukte n Absatzrestriktionen aufzustellen. Die Kapazitätsrestriktionen für die Potentialfaktoren $j \in Jb$ und die Beschaffungsrestriktionen für die Rohstoffe und Teile $l \in Lb$ sind strukturell identisch mit denen aus dem Basisansatz des vorleistenden Unternehmens. Zusätzlich sind noch den Beschaffungsrestriktionen nicht unähnliche Fremdbezugsrestriktionen für die Zwischenprodukte $m \in Mb$ zu formulieren, die sicherstellen, daß die Zahl der in der Periode t weiterverarbeiteten und weiterverkauften Zwischenprodukte nicht die produkt- und periodenspezifische maximale Fremdbezugsmenge X_{mt}^F übersteigt. Abschließend bleibt mit Blick auf die Liquiditätsbedingungen zu ergänzen, daß sich nunmehr realgüterwirtschaftlich begründete Einzahlungen aus dem Verkauf von Zwischenprodukten mit der Handelsspanne $e^{(1)} - a^{(1)}$ sowie von Endprodukten mit der „Deckungsspanne" $e^{(2)} - a^{(2)}$ ergeben können.

$$\max. VZb; \quad VZb := V_{tb}^b$$

$$x_{mt}^A \le X_{mt}^{A1} \quad \forall\, m \in Mb, \quad \forall\, t \ne 0$$

$$x_{nt} \leq X_{nt}^{A2} \quad \forall\, n \in N, \; \forall\, t \neq 0$$

$$\sum_{n \in N} PK_{jn}^{P} \cdot x_{nt} \leq Kap_{jt}^{P} \quad \forall\, j \in Jb, \; \forall\, t \neq 0$$

$$\sum_{n \in N} PK_{ln}^{R1} \cdot x_{nt} \leq X_{lt}^{B} \quad \forall\, l \in Lb, \; \forall\, t \neq 0$$

$$\sum_{n \in N} PK_{mn}^{R2} \cdot x_{nt} + x_{mt}^{A} \leq X_{mt}^{F} \quad \forall\, m \in Mb, \; \forall\, t \neq 0$$

$$n_o \leq N_o \quad \forall\, o \in Ob^{G}$$

$$\sum_{o \in Ob} (A_{oo} - E_{oo}) \cdot n_o + \bar{u}_0^{b} \cdot V_{tb}^{b} \leq E_0 - A_0$$

$$\sum_{m \in Mb} \left(a_{mt}^{(1)} - e_{mt}^{(1)} \right) \cdot x_{mt}^{A} + \sum_{n \in N} \left(a_{nt}^{(2)} - e_{nt}^{(2)} \right) \cdot x_{nt} + \sum_{o \in Ob} (A_{ot} - E_{ot}) \cdot n_o +$$

$$\bar{u}_t^{b} \cdot V_{tb}^{b} \leq E_t - A_t \quad \forall\, t \neq 0$$

$$x_{nt} \geq 0 \quad \forall\, n \in N, \; \forall\, t \neq 0$$

$$x_{mt}^{A} \geq 0 \quad \forall\, m \in Mb, \; \forall\, t \neq 0$$

$$n_o \geq 0 \quad \forall\, o \in Ob$$

$$V_{tb}^{b} \geq 0$$

Die **duale Zielfunktion des weiterverarbeitenden Unternehmens** lautet:

$$\min. RW; \; RW := \sum_{m \in Mb} \sum_{t \neq 0} X_{mt}^{A1} \cdot \alpha_{mt}^{(1)} + \sum_{n \in N} \sum_{t \neq 0} X_{nt}^{A2} \cdot \alpha_{nt}^{(2)} + \sum_{j \in Jb} \sum_{t \neq 0} Kap_{jt}^{P} \cdot \kappa_{jt} +$$

$$\sum_{l \in Lb} \sum_{t \neq 0} X_{lt}^{B} \cdot \beta_{lt} + \sum_{m \in Mb} \sum_{t \neq 0} X_{mt}^{F} \cdot \varphi_{mt} + \sum_{o \in Ob^{G}} N_o \cdot \delta_o + \sum_{t} (E_t - A_t) \cdot \lambda_t .$$

Im Falle einer **Fusionsbewertung** ist für jedes der zu verschmelzenden Unternehmen a *und* b ein Basisansatz aufzustellen und zu lösen, während es zur Vorbereitung einer **Akquisitionsbewertung** ausreicht, lediglich für das kaufende Unternehmen a *oder* b das Basisprogramm mit dem zugehörigen maximalen Zielfunktionswert zu bestimmen.

3.3.2 Bewertungsansatz für eine vertikale Fusion

Wie im Falle einer horizontal-lateralen Fusion wirken auch bei der Bewertung einer vertikalen Verschmelzung Zielfunktion, Mindestvermögensbedingungen und Liquiditätsrestriktionen zusammen, um den positiven (negativen) **Fusionserfolg** FV – FN > 0 (FV – FN < 0) als Preisobergrenze (Grenzforderung) zu ermitteln. Erneut kennzeichnet der hochgestellte Index f im folgenden die Fusionssituation, weil die so indizierten Größen nach der Verschmelzung andere Werte annehmen können.

$$\max. \text{ FE}; \quad \text{FE} := \text{FV} - \text{FN}$$

$$-V_{ta}^{fa} \leq -VZa_{Basis}^{max}$$

$$-V_{tb}^{fb} \leq -VZb_{Basis}^{max}$$

Im fusionierten Unternehmen sind **vier Zwischen- und zwei Endproduktkategorien** zu unterscheiden: Zwischenprodukte der Art $m \in Ma \cap Mb$ können wie vor der Fusion selbst hergestellt, fremdbezogen, verkauft und weiterverarbeitet, Zwischenprodukte $m \in Ma\backslash Mb$ allerdings *nicht* zu ursprünglichen Endprodukten $n \in N$ weiterverarbeitet und Zwischenprodukte $m \in Mb\backslash Ma$ *nicht* selbst hergestellt werden. Schließlich gibt es „Synergiezwischenprodukte" $m \in Ms$, die nur hergestellt werden können, weil nach der Fusion die Technologien beider Unternehmen gemeinsam zur Verfügung stehen. Hierbei handelt es sich zum einen um „völlig neuartige" Zwischenprodukte $m \in Ms'$ sowie zum anderen um Substitute für die nicht selbst produzierbaren Zwischenerzeugnisse $m \in Mb\backslash Ma$ und die, die bereits vor der geplanten Fusion hergestellt werden, nach der Verschmelzung aber auf Grund der Technologiezusammenführung auch mit andersartigen Produktionsprozessen gefertigt werden können.

$$Ms = Ms' \cup \bigcup_{m \in Ma \cup Mb} M_m^s$$

Die Indexmenge M_m^s enthält alle Ordnungsnummern derjenigen Synergiesubstitute, die dem Zwischenprodukt m entsprechen.

Nach der Fusion können erneut wegen der Technologiezusammenführung neben den bekannten Endprodukten $n \in N$ zusätzlich noch „Synergieendprodukte" $n \in Ns$ hergestellt werden. Wieder ist zwischen „völlig neuartigen" Erzeugnissen $n \in Ns'$ und Substituten der bereits vor der Fusion gefertigten Endprodukte zu unterscheiden.

$$Ns = Ns' \cup \bigcup_{n \in Na \cup Nb} N_n^s$$

Analog zur Indexmenge M_m^s umfaßt die Indexmenge N_n^s alle Ordnungsnummern derjenigen Synergiesubstitute, die mit dem Endprodukt n korrespondieren.

Die periodenspezifischen Produktions- und Absatzmengen der Endprodukte stimmen wie in dem zuvor erörterten Basisansatz des weiterverarbeitenden Unternehmens auch im Bewertungsansatz jeweils überein und werden mit jeweils nur einer Variablen erfaßt (x_{nt}^{f}). Demgegenüber ist zwischen den periodenspezifischen Produktions- und Absatzmengen der Zwischenprodukte explizit zu differenzieren (x_{mt}^{fP}, x_{mt}^{fA}), weil Zwischenprodukte nach der Fusion gleichzeitig produziert und fremdbezogen sowie verkauft und weiterverarbeitet werden können. Deshalb sind auch eigene Variable für die Fremdbezugsmengen einzuführen (x_{mt}^{fF}). Schließlich werden ebenfalls Variable für die Beschaffungsmengen der Rohstoffe und Teile gebraucht, um die spätere Verrechnung der Beschaffungsauszahlungen in den Liquiditätsrestriktionen zu erleichtern (x_{lt}^{fB}). Lediglich die Verbrauchsmengen an Rohstoffen und Teilen sowie Zwischenprodukten ergeben sich implizit aus der Zwischen- und/oder Endproduktfertigung.

Der logische Zusammenhang zwischen den verschiedenen realgüterwirtschaftlichen Variablen ist in sogenannten **Mengenkontinuitätsbedingungen**[1] abzubilden, die den periodenspezifischen Zugang an Gütern mit dem periodenspezifischen Abgang ausgleichen. Die Zugänge entsprechen bei den Rohstoffen und Teilen den Beschaffungsmengen und bei den Zwischenprodukten den Fremdbezugs- und Eigenfertigungsmengen der jeweiligen Periode. Dabei sind auch die Produktionsmengen derjenigen Synergiesubstitute zu berücksichtigen, die sich lediglich im Hinblick auf die bei der Fertigung zum Einsatz gelangenden Produktionsverfahren vom ursprünglichen Zwischenerzeugnis unterscheiden. Die Abgänge stimmen bei den Rohstoffen und Teilen mit den Verbrauchsmengen und bei den Zwischenprodukten mit den Verbrauchs- und Absatzmengen der jeweiligen Periode überein. Die Verbrauchsmengen lassen sich als Summe der mit den zugehörigen repetierfaktorspezifischen Produktionskoeffizienten PK^{fR} gewichteten Fertigungsmengen x_{mt}^{fP} der Zwischen- und x_{nt}^{f} der Endprodukte berechnen. Die Produktionskoeffizienten spiegeln dabei den Direktbedarf an Repetierfaktoren für die Fertigung eines Zwischen- oder Endprodukts wider. Für Endprodukte werden auf Grund der für jede Periode unterstellten Identität von Produktions- und Absatzmenge keine Mengenkontinuitätsbedingungen benötigt.

Im einzelnen ist zu den *Mengenkontinuitätsbedingungen für die Rohstoffe und Teile* anzumerken, daß die Rohstoffe und Teile l ∈ La\Lb (l ∈ Lb\La), die ausschließlich für den Lieferanten a (Abnehmer b) von Relevanz sind, nicht zur Fertigung der ursprünglichen Endprodukte (Zwischenprodukte) herangezogen werden können. Dagegen ist es prinzipiell denkbar, daß die Repetierfaktoren l ∈ La ∩ Lb, die auch vor der Fusion schon in beiden Unternehmen zum Einsatz gelangen, in alle Zwischen- und Endprodukte (mit Ausnahme der nicht selbst herstellbaren Zwischenerzeugnisse m ∈ Mb\Ma) eingehen. Ausnahmslos alle Rohstoffe und Teile können Bestandteile der Synergieprodukte m ∈ Ms und n ∈ Ns sein.

---

1 Soll nicht von der Möglichkeit der Lagerhaltung abstrahiert werden, so lassen sich derartige Mengenkontinuitätsbedingungen problemlos in Lagerfortschreibungsbedingungen umwandeln. Vgl. Unterkapitel 3.4.

$$x_{lt}^{fB} - \sum_{m \in Ma \cup Ms} PK_{lm}^{fR1} \cdot x_{mt}^{fP} - \sum_{n \in Ns} PK_{ln}^{fR2} \cdot x_{nt}^{f} = 0 \quad \forall\, l \in La \setminus Lb, \quad \forall\, t \neq 0$$

$$x_{lt}^{fB} - \sum_{m \in Ms} PK_{lm}^{fR1} \cdot x_{mt}^{fP} - \sum_{n \in N \cup Ns} PK_{ln}^{fR2} \cdot x_{nt}^{f} = 0 \quad \forall\, l \in Lb \setminus La, \quad \forall\, t \neq 0$$

$$x_{lt}^{fB} - \sum_{m \in Ma \cup Ms} PK_{lm}^{fR1} \cdot x_{mt}^{fP} - \sum_{n \in N \cup Ns} PK_{ln}^{fR2} \cdot x_{nt}^{f} = 0 \quad \forall\, l \in La \cap Lb, \quad \forall\, t \neq 0$$

Mit Blick auf die *Mengenkontinuitätsbedingungen für die Zwischenprodukte* ist noch einmal daran zu erinnern, daß die für die Endproduktfertigung benötigten Zwischenprodukte $m \in Mb \setminus Ma$ auch nach der Fusion nicht selbst hergestellt werden können, wohl aber Substitute dieser Erzeugnisse. Zwischenprodukte $m \in Ma \setminus Mb$ ($m \in Ma \cap Mb$) sind für die Produktion der ursprünglichen Endprodukte $n \in N$ weiterhin irrelevant (erforderlich). Die völlig neuartigen Zwischenprodukte $m \in Ms'$ lassen sich weder fremdbeziehen noch mit alternativen Produktionsprozessen erzeugen und können nicht Bestandteil der ursprünglichen Endprodukte $n \in N$ sein. Möglicherweise greifen aber die Synergieendprodukte $n \in Ns$ auf alle Zwischenprodukttypen zurück.

$$x_{mt}^{fP} + \sum_{v \in M_m^s} x_{vt}^{fP} + x_{mt}^{fF} - x_{mt}^{fA} - \sum_{n \in Ns} PK_{mn}^{fR3} \cdot x_{nt}^{f} = 0 \quad \forall\, m \in Ma \setminus Mb, \quad \forall\, t \neq 0$$

$$\sum_{v \in M_m^s} x_{vt}^{fP} + x_{mt}^{fF} - x_{mt}^{fA} - \sum_{n \in N \cup Ns} PK_{mn}^{fR3} \cdot x_{nt}^{f} = 0 \quad \forall\, m \in Mb \setminus Ma, \quad \forall\, t \neq 0$$

$$x_{mt}^{fP} + \sum_{v \in M_m^s} x_{vt}^{fP} + x_{mt}^{fF} - x_{mt}^{fA} - \sum_{n \in N \cup Ns} PK_{mn}^{fR3} \cdot x_{nt}^{f} = 0 \quad \forall\, m \in Ma \cap Mb, \quad \forall\, t \neq 0$$

$$x_{mt}^{fP} - x_{mt}^{fA} - \sum_{n \in Ns} PK_{mn}^{fR3} \cdot x_{nt}^{f} = 0 \quad \forall\, m \in Ms', \quad \forall\, t \neq 0$$

Wie bereits erwähnt, unterscheiden sich alle Synergiesubstitute vom ursprünglichen Produkt hinsichtlich der zum Einsatz gelangenden Technologie. Aus Abnehmersicht sind sie indes *identisch*, weshalb sie sich gegenseitig vollständig kannibalisieren. Mithin darf die Produktions- und Absatzmenge eines ursprünglichen Endprodukts $n \in N$ zuzüglich der Produktions- und Absatzmengen all seiner Synergiesubstitute die enderzeugnisspezifische Absatzobergrenze nicht überschreiten.[1] Für die wirklich neuartigen Synergieendprodukte $n \in Ns'$ und alle Zwischenerzeugnisse mit Ausnahme der Synergiesubstitute reichen Absatzbegrenzungen nach altbekanntem Muster, weil die Synergieprodukte annahmegemäß mit nur jeweils einem Verfahren erzeugt werden können und die Absatzmengen der Zwischenprodukte in den Mengenkontinuitätsbedingungen

---

1 Für die Synergiesubstitute brauchen daher keine eigenen Absatzrestriktionen formuliert zu werden.

berechnet werden, wobei die Variablen x_{mt}^{fA} nicht zwischen Mengeneinheiten des ursprünglichen Zwischenprodukts und seinen Substituten differenzieren. Die einzelnen **Absatzobergrenzen** können nach der Fusion durchaus von denen in den Basisansätzen abweichen.

$$x_{mt}^{fA} \le X_{mt}^{fA1} \quad \forall\, m \in Ma \cup Mb \cup Ms', \quad \forall\, t \ne 0$$

$$x_{nt}^{f} + \sum_{v \in N_n^s} x_{vt}^{f} \le X_{nt}^{fA2} \quad \forall\, n \in N, \quad \forall\, t \ne 0$$

$$x_{nt}^{f} \le X_{nt}^{fA2} \quad \forall\, n \in Ns', \quad \forall\, t \ne 0$$

Die **Maschinenkategorien** gestalten sich wie im Falle der horizontal-lateralen Fusion. Für alle Potentialfaktoren sind **Kapazitätsobergrenzen** zu formulieren, die sich im Falle der Maschinen $j \in Ja \cap Jb$, die in dieser Art schon vor der Verschmelzung in beiden Unternehmen zum Einsatz gelangen, jeweils aus der Summe der typidentischen Kapazitäten aus den Basisansätzen der beiden Unternehmen zusammensetzen.[1] Prinzipiell ist es möglich, daß alle Zwischen- und Endprodukte (mit Ausnahme der nicht selbst herstellbaren Zwischenerzeugnisse $m \in Mb\backslash Ma$) auf derartigen Aggregaten bearbeitet werden müssen. Jedoch sei ausgeschlossen, auch nur eines der ursprünglichen Zwischenprodukte (Endprodukte) auf den $j \in Jb\backslash Ja$ ($j \in Ja\backslash Jb$) einzelunternehmensspezifischen Maschinen des Abnehmers b (Lieferanten a) herstellen zu können. Für die Fertigung der Synergieprodukte $m \in Ms$ und $n \in Ns$ können alle Aggregattypen relevant sein.

$$\sum_{m \in Ma \cup Ms} PK_{jm}^{fP1} \cdot x_{mt}^{fP} + \sum_{n \in Ns} PK_{jn}^{fP2} \cdot x_{nt}^{f} \le Kap_{jt}^{fP} \quad \forall\, j \in Ja \setminus Jb, \quad \forall\, t \ne 0$$

$$\sum_{m \in Ms} PK_{jm}^{fP1} \cdot x_{mt}^{fP} + \sum_{n \in N \cup Ns} PK_{jn}^{fP2} \cdot x_{nt}^{f} \le Kap_{jt}^{fP} \quad \forall\, j \in Jb \setminus Ja, \quad \forall\, t \ne 0$$

$$\sum_{m \in Ma \cup Ms} PK_{jm}^{fP1} \cdot x_{mt}^{fP} + \sum_{n \in N \cup Ns} PK_{jn}^{fP2} \cdot x_{nt}^{f} \le Kap_{jt}^{fP} \quad \forall\, j \in Ja \cap Jb, \quad \forall\, t \ne 0$$

Auch die **Repetierfaktorkategorien** stimmen mit denen im Falle der horizontal-lateralen Fusion überein. Die in jeder Periode maximal möglichen repetierfaktorspezifischen Einkaufsmengen (x_{lt}^{fB}) sind wie die Fremdbezugsmengen an Zwischenprodukten

---

1 Auch Aggregate, bspw. aus Flexibilitätsüberlegungen heraus zurückbehaltene Altbestände, die nicht für die eigene Produktion, wohl aber für die des anderen Unternehmens zu gebrauchen sind, zählen zu den Maschinen $j \in Ja \cap Jb$. Für sie können im jeweiligen Basisansatz Kapazitätsrestriktionen formuliert werden, in denen auf der linken Seite ausschließlich Produktionskoeffizienten in Höhe von null mit den Produktvariablen verknüpft sind. Zur realgüterwirtschaftlich fundierten Bewertung von Produktionsflexibilitätspotentialen vgl. MIRSCHEL (2007), S. 181 ff.

(x_{mt}^{fF}) beschränkt, wobei alle **Beschaffungs- und Fremdbezugsobergrenzen** nach der Unternehmensverschmelzung von denen in den Basisansätzen abweichen können.

$$x_{lt}^{fB} \leq X_{lt}^{fB} \quad \forall \, l \in La \cup Lb, \quad \forall \, t \neq 0$$

$$x_{mt}^{fF} \leq X_{mt}^{fF} \quad \forall \, m \in Ma \cup Mb, \quad \forall \, t \neq 0$$

Wie bei den Zwischenprodukten lassen sich auch vier **Finanzobjektkategorien** unterscheiden, weil sich neben den einzelunternehmensspezifischen Objekten $o \in Oa \backslash Ob$ und $o \in Ob \backslash Oa$ sowie den beiden Unternehmen gleichermaßen zur Verfügung stehenden Objekten $o \in Oa \cap Ob$ fusionsbedingt weitere Geldanlage- und Geldaufnahmemöglichkeiten $o \in Os$ als Synergieeffekte ergeben können. Darüber hinaus ist es denkbar, daß die Charakteristika des neu entstehenden Unternehmens eine Verschiebung der **Durchführungsbegrenzungen** der einzelnen Objekte bewirken.

$$n_o^f \leq N_o^f \quad \forall \, o \in Oa^G \cup Ob^G \cup Os^G$$

Alle Zahlungswirkungen, die sich aus den vielfältigen Transaktionen in der Real- und der Finanzgütersphäre ergeben, finden sich erneut in den zeitpunktbezogenen **Liquiditätsrestriktionen** wieder. Dabei ist auf eine Verwendung produktspezifischer Deckungsspannen zu verzichten, weil die Zwischen- und Endprodukte gegebenenfalls mit unterschiedlichen Produktionsverfahren hergestellt werden können und sich somit für jedes ursprüngliche Produkt möglicherweise etliche prozeßspezifische (zahlungsorientierte) Deckungsspannen bestimmen lassen. Der Übersichtlichkeit halber bietet es sich daher an, in den Liquiditätsrestriktionen die Zahlungswirkungen des Produktionsbereichs getrennt nach Ein- und Auszahlungen abzubilden. Hierfür sind die Absatzmengen an Zwischen- und Endprodukten mit den zugehörigen Verkaufspreisen e^f, die Beschaffungsmengen an Rohstoffen und Teilen bzw. die Fremdbezugsmengen an Zwischenprodukten mit den entsprechenden Einkaufspreisen a^{fB} bzw. a^{fF} sowie die Mengen an eigengefertigten Zwischen- und Endprodukten mit den jeweiligen rein produktionsprozeßinduzierten Auszahlungen pro Stück a^{fP} zu multiplizieren.

Die nicht mehr beeinflußbaren Zahlungen ($E_t^f - A_t^f$) entsprechen jeweils der Summe der zeitpunktspezifischen fixen Zahlungen aus den Basisansätzen der beiden Unternehmen. Der Fusionserfolg als Differenz aus Fusionsvorteil FV und Fusionsnachteil FN wird als Entnahme (bei negativer Differenz als Einzahlung) zu Beginn des Planungszeitraums auf der linken Seite der Liquiditätsrestriktion für den Zeitpunkt $t = 0$ modelliert, die erzwungenen Vermögen V_{ta}^{fa} und V_{tb}^{fb} analog als Entnahmen zu den Zeitpunkten ta und tb auf der linken Seite der entsprechenden Bedingungen. Die Symbole $\bar{u}_t^a$ und $\bar{u}_t^b$ stehen hierbei wieder für Schalt*konstante*, die nur im Zeitpunkt ta bzw. tb auf den Wert Eins gesetzt werden, um die Vermögensvariablen zu aktivieren, und ansonsten gleich null sind.

$$\sum_{o \in Oa \cup Ob \cup Os} \left(A_{o0}^f - E_{o0}^f \right) \cdot n_o^f + \bar{u}_0^a \cdot V_{ta}^{fa} + \bar{u}_0^b \cdot V_{tb}^{fb} + FV - FN \le E_0^f - A_0^f$$

$$\sum_{l \in La \cup Lb} a_{lt}^{fB} \cdot x_{lt}^{fB} + \sum_{m \in Ma \cup Mb} a_{mt}^{fF} \cdot x_{mt}^{fF} + \sum_{M \in Ma \cup Ms} a_{mt}^{fP1} \cdot x_{mt}^{fP} -$$

$$\sum_{m \in Ma \cup Mb \cup Ms'} e_{mt}^{f1} \cdot x_{mt}^{fA} + \sum_{n \in N \cup Ns} \left(a_{nt}^{fP2} - e_{nt}^{f2} \right) \cdot x_{nt}^f +$$

$$\sum_{o \in Oa \cup Ob \cup Os} \left(A_{ot}^f - E_{ot}^f \right) \cdot n_o^f + \bar{u}_t^a \cdot V_{ta}^{fa} + \bar{u}_t^b \cdot V_{tb}^{fb} \le E_t^f - A_t^f \quad \forall\, t \ne 0$$

Zur Komplettierung des Bewertungsansatzes fehlen jetzt nur noch die **Nichtnegativitätsbedingungen** für alle Variablen.

$$x_{lt}^{fB} \ge 0 \quad \forall\, l \in La \cup Lb, \quad \forall\, t \ne 0$$

$$x_{mt}^{fF} \ge 0 \quad \forall\, m \in Ma \cup Mb, \quad \forall\, t \ne 0$$

$$x_{mt}^{fP} \ge 0 \quad \forall\, m \in Ma \cup Ms, \quad \forall\, t \ne 0$$

$$x_{mt}^{fA} \ge 0 \quad \forall\, m \in Ma \cup Mb \cup Ms', \quad \forall\, t \ne 0$$

$$x_{nt}^f \ge 0 \quad \forall\, n \in N \cup Ns, \quad \forall\, t \ne 0$$

$$n_o^f \ge 0 \quad \forall\, o \in Oa \cup Ob \cup Os$$

$$FV \ge 0; \quad FN \ge 0; \quad V_{ta}^{fa} \ge 0; \quad V_{tb}^{fb} \ge 0$$

3.3.3 Bewertungsformel für eine vertikale Fusion

Die **duale Zielfunktion des Fusionsbewertungsansatzes** berechnet den Fusionserfolg als Summe der mit den dualen Strukturvariablenwerten und somit Knappheitspreisen α, κ, β, φ, δ, λ und μ bewerteten Obergrenzen der primalen Absatz-, Kapazitäts-, Beschaffungs-, Fremdbezugs-, Durchführungs-, Liquiditäts- und Mindestvermögensbedingungen.

$$FE^{max} = FV - FN = RW^{f\,min} =$$

$$\sum_{m \in Ma \cup Mb \cup Ms'} \sum_{t \ne 0} X_{mt}^{fA1} \cdot \alpha_{mt}^{f1} + \sum_{n \in N \cup Ns'} \sum_{t \ne 0} X_{nt}^{fA2} \cdot \alpha_{nt}^{f2} +$$

$$\sum_{j\in Ja\cup Jb}\sum_{t\neq 0} Kap_{jt}^{fP}\cdot\kappa_{jt}^{f} + \sum_{l\in La\cup Lb}\sum_{t\neq 0} X_{lt}^{fB}\cdot\beta_{lt}^{f} + \sum_{m\in Ma\cup Mb}\sum_{t\neq 0} X_{mt}^{fF}\cdot\varphi_{mt}^{f} +$$

$$\sum_{o\in Oa^{G}\cup Ob^{G}\cup Os^{G}} N_{o}^{f}\cdot\delta_{o}^{f} + \sum_{t}\left(E_{t}^{f}-A_{t}^{f}\right)\cdot\lambda_{t}^{f} - VZa_{Basis}^{max}\cdot\mu^{fa} - VZb_{Basis}^{max}\cdot\mu^{fb}$$

Durch Umstellung der **komplexen Fusionsbewertungsformel** läßt sich erneut zeigen, welche Bestandteile des Fusionserfolgs allein auf das vorleistende Unternehmen, welche allein auf das weiterverarbeitende Unternehmen und welche unmittelbar auf die vertikale Verschmelzung zurückzuführen sind.

- Für das *vorleistende Unternehmen a* ergeben sich in den Zeilen 4 und 5 der folgenden Gleichung Summenterme für die produzierten, fremdbezogenen und verkauften Zwischenprodukte $m \in Ma$, für die beschafften und verarbeiteten Repetierfaktoren $l \in La$, für die eingesetzten Potentialfaktoren $j \in Ja$, für die begrenzten Finanzobjekte $o \in Oa^{G}$ sowie für die nicht mehr beeinflußbaren Zahlungen $(E_{t}^{a} - A_{t}^{a})$, von denen das Produkt aus unternehmensspezifischem Mindestvermögen und dualer Strukturvariabler μ^{fa} zu subtrahieren ist.

- Für das *weiterverarbeitende Unternehmen b* ergeben sich in den Zeilen 6 bis 7 der folgenden Gleichung Summenterme für die produzierten und verkauften Endprodukte $n \in N$, für die fremdbezogenen, verarbeiteten und verkauften Zwischenprodukte $m \in Mb$, für die beschafften und verarbeiteten Repetierfaktoren $l \in Lb$, für die eingesetzten Potentialfaktoren $j \in Jb$, für die begrenzten Finanzobjekte $o \in Ob^{G}$ sowie für die nicht mehr beeinflußbaren Zahlungen $(E_{t}^{b} - A_{t}^{b})$, von denen das Produkt aus unternehmensspezifischem Mindestvermögen und dualer Strukturvariabler μ^{fb} zu subtrahieren ist.

- Die *unmittelbaren Fusionsfolgen* lassen sich aus den Zeilen 1 bis 3 ablesen: Durch die vertikale Unternehmensverschmelzung können sich die Absatz-, Beschaffungs- und Fremdbezugs- sowie Geldanlage- und Geldaufnahmeobergrenzen aus den Basisansätzen der beiden Unternehmen verschieben (Δ). Zudem sind die Absatzobergrenzen der wirklich neuartigen Synergieprodukte[1] $m \in Ms'$ und $n \in Ns'$ sowie die Durchführungsbegrenzungen der nur den verschmolzenen Unternehmen angebotenen beschränkten Finanzobjekte $o \in Os^{G}$ zu berücksichtigen.

$$FE^{max} = \sum_{m\in Ma\cup Mb}\sum_{t\neq 0}\Delta X_{mt}^{fA1}\cdot\alpha_{mt}^{f1} + \sum_{m\in Ms'}\sum_{t\neq 0} X_{mt}^{fA1}\cdot\alpha_{mt}^{f1} + \sum_{n\in N}\sum_{t\neq 0}\Delta X_{nt}^{fA2}\cdot\alpha_{nt}^{f2} +$$

$$\sum_{n\in Ns'}\sum_{t\neq 0} X_{nt}^{fA2}\cdot\alpha_{nt}^{f2} + \sum_{l\in La\cup Lb}\sum_{t\neq 0}\Delta X_{lt}^{fB}\cdot\beta_{lt}^{f} + \sum_{m\in Ma\cup Mb}\sum_{t\neq 0}\Delta X_{mt}^{fF}\cdot\varphi_{mt}^{f} +$$

---

1 Für die Synergiesubstitute gibt es keine eigenen Absatzobergrenzen, und die Synergiezwischenprodukte $m \in Ms'$ lassen sich nicht fremdbeziehen; vgl. Abschnitt 3.3.2.

$$\sum_{o\in Oa^G\cup Ob^G} \Delta N_o^f \cdot \delta_o^f + \sum_{o\in Os^G} N_o^f \cdot \delta_o^f +$$

$$\sum_{m\in Ma}\sum_{t\neq0} X_{mt}^{aA1}\cdot\alpha_{mt}^{f1} + \sum_{j\in Ja}\sum_{t\neq0} Kap_{jt}^{aP}\cdot\kappa_{jt}^f + \sum_{l\in La}\sum_{t\neq0} X_{lt}^{aB}\cdot\beta_{lt}^f + \sum_{m\in Ma}\sum_{t\neq0} X_{mt}^{aF}\cdot\varphi_{mt}^f +$$

$$\sum_{o\in Oa^G} N_o^a\cdot\delta_o^f + \sum_t\left(E_t^a - A_t^a\right)\cdot\lambda_t^f - VZa_{Basis}^{max}\cdot\mu^{fa} +$$

$$\sum_{m\in Mb}\sum_{t\neq0} X_{mt}^{bA1}\cdot\alpha_{mt}^{f1} + \sum_{n\in N}\sum_{t\neq0} X_{nt}^{bA2}\cdot\alpha_{nt}^{f2} + \sum_{j\in Jb}\sum_{t\neq0} Kap_{jt}^{bP}\cdot\kappa_{jt}^f + \sum_{l\in Lb}\sum_{t\neq0} X_{lt}^{bB}\cdot\beta_{lt}^f +$$

$$\sum_{m\in Mb}\sum_{t\neq0} X_{mt}^{bF}\cdot\varphi_{mt}^f + \sum_{o\in Ob^G} N_o^b\cdot\delta_o^f + \sum_t\left(E_t^b - A_t^b\right)\cdot\lambda_t^f - VZb_{Basis}^{max}\cdot\mu^{fb}$$

Da annahmegemäß der Fusionserfolg als auf den Zeitpunkt t = 0 bezogene Differenz aus Fusionsvor- und -nachteil zu maximieren ist, handelt es sich bei den Werten der dualen Strukturvariablen wie bei den primalen originären Dualwerten um Kapitalwerte und Abzinsungsfaktoren. Somit entspricht der **Fusionserfolg** der Summe aus dem Kapitalwert der Fusionssynergien und den aus den Umstrukturierungen der Investitions-, Finanzierungs- und Produktionsprogramme der Fusionspartner herrührenden Kapitalwertänderungen.

3.3.4 Die vertikale Akquisition als Spezialfall der vertikalen Fusion

Soll aus Sicht eines vorleistenden Unternehmens a (weiterverarbeitenden Unternehmens b) der Wert eines möglicherweise zu akquirierenden weiterverarbeitenden Unternehmens b (vorleistenden Unternehmens a) ermittelt werden, so ist ein **Akquisitionsbewertungsansatz** aufzustellen, der sich nur geringfügig von dem bereits diskutierten Fusionsbewertungsansatz aus Abschnitt 3.3.2 unterscheidet. Wie im Falle der horizontal-lateralen Akquisition im Abschnitt 3.2.4 strebt die Zielfunktion jetzt nach einer Maximierung des Akquisitionserfolgs AE als auf den Zeitpunkt t = 0 bezogene Differenz aus Akquisitionsvorteil AV und Akquisitionsnachteil AN. Dabei muß diesmal lediglich die Nebenbedingung eingehalten werden, mindestens das maximale Vermögen VZa_{Basis}^{max} (VZb_{Basis}^{max}) zu erwirtschaften, das das akquirierende vorleistende (weiterverarbeitende) Unternehmen auch ohne den Unternehmenskauf erreichen könnte. Wieder sorgt die Maximierungsvorschrift dafür, daß die Mindestvermögensbedingung in der Optimallösung als Gleichung erfüllt ist, denn ein positiver (negativer) Akquisitionserfolg AV – AN > 0 (AV – AN < 0) wird in der Liquiditätsrestriktion für t = 0 erneut als Auszahlung (Einzahlung) erfaßt und ist als Preisobergrenze für das zu kaufende Unternehmen (als Kompensationszahlung für die letztlich unvorteilhafte und folglich zu unterlassende Akquisition) im Zeitpunkt t = 0 zu interpretieren. Alle übrigen Restriktionen des Fusionsbewertungsansatzes bleiben bis auf die Indizierung der Variablen und Konstanten mit einem hochgestellten k (statt f) zur Kennzeichnung der Kaufsituation unverändert, weshalb erneut auf ihre Darstellung als Bestandteil des Akquisitionsbewertungsansatzes verzichtet wird.

$$\max.\ AE; \quad AE := AV - AN$$

$$-V_{ta}^{ka} \leq -VZa_{Basis}^{max} \quad \text{oder} \quad -V_{tb}^{kb} \leq -VZb_{Basis}^{max}$$

$$\sum_{o \in Oa \cup Ob \cup Os} \left(A_{o0}^{k} - E_{o0}^{k} \right) \cdot n_{o}^{k} + \overline{u}_{0}^{a\ oder\ b} \cdot V_{ta\ oder\ tb}^{ka\ oder\ kb} + AV - AN \leq E_{0}^{k} - A_{0}^{k}$$

$$\sum_{l \in La \cup Lb} a_{lt}^{kB} \cdot x_{lt}^{kB} + \sum_{m \in Ma \cup Mb} a_{mt}^{kF} \cdot x_{mt}^{kF} + \sum_{m \in Ma \cup Ms} a_{mt}^{kP1} \cdot x_{mt}^{kP} -$$

$$\sum_{m \in Ma \cup Mb \cup Ms'} e_{mt}^{k1} \cdot x_{mt}^{kA} + \sum_{n \in N \cup Ns} \left(a_{nt}^{kP2} - e_{nt}^{k2} \right) \cdot x_{nt}^{k} +$$

$$\sum_{o \in Oa \cup Ob \cup Os} \left(A_{ot}^{k} - E_{ot}^{k} \right) \cdot n_{o}^{k} + \overline{u}_{t}^{a\ oder\ b} \cdot V_{ta\ oder\ tb}^{ka\ oder\ kb} \leq E_{t}^{k} - A_{t}^{k} \quad \forall\ t \neq 0$$

$$AV \geq 0 \quad \text{und} \quad AN \geq 0 \quad \text{sowie} \quad V_{ta}^{ka} \geq 0 \quad \text{oder} \quad V_{tb}^{kb} \geq 0$$

Und ebenfalls wie im Falle der horizontal-lateralen Akquisition im Abschnitt 3.2.4 unterscheidet sich die **duale Zielfunktion des Akquisitionsbewertungsansatzes** von der des Fusionsbewertungsansatzes nur durch den verwendeten Hochindex k für Kauf statt f für Fusion und durch den Ansatz nur des vom Akquirenten – hier also entweder vom vorleistenden Unternehmen a oder weiterverarbeitenden Unternehmen b – mindestens zu erreichenden Vermögens.

$$AE^{max} = AV - AN = RW^{k\ min} =$$

$$\sum_{m \in Ma \cup Mb \cup Ms'} \sum_{t \neq 0} X_{mt}^{kA1} \cdot \alpha_{mt}^{k1} + \sum_{n \in N \cup Ns'} \sum_{t \neq 0} X_{nt}^{kA2} \cdot \alpha_{nt}^{k2} +$$

$$\sum_{j \in Ja \cup Jb} \sum_{t \neq 0} Kap_{jt}^{kP} \cdot \kappa_{jt}^{k} + \sum_{l \in La \cup Lb} \sum_{t \neq 0} X_{lt}^{kB} \cdot \beta_{lt}^{k} + \sum_{m \in Ma \cup Mb} \sum_{t \neq 0} X_{mt}^{kF} \cdot \varphi_{mt}^{k} +$$

$$\sum_{o \in Oa^{G} \cup Ob^{G} \cup Os^{G}} N_{o}^{k} \cdot \delta_{o}^{k} + \sum_{t} \left(E_{t}^{k} - A_{t}^{k} \right) \cdot \lambda_{t}^{k} - \left(VZa_{Basis}^{max} \cdot \mu^{k} \quad \text{oder} \quad VZb_{Basis}^{max} \cdot \mu^{k} \right)$$

Diesmal läßt sich mit Hilfe der entsprechend umgestellten **komplexen Akquisitions-bewertungsformel** zeigen, daß der auf den Zeitpunkt t = 0 bezogene Akquisitions-erfolg der Summe aus dem Kapitalwert der akquisitionsbedingten Synergieeffekte (analog zu den Zeilen 1 bis 3 in der komplexen Fusionsbewertungsformel) und des isoliert betrachteten Potentials des Akquisitionsobjekts a oder b (analog zu den Zeilen 4 und 5 bzw. 6 und 7, jeweils *ohne* den mindestvermögensbezogenen Subtrahenden) sowie der aus der Umstrukturierung des Investitions-, Finanzierungs- und Produktions-programms des potentiellen Akquirenten b oder a herrührenden Kapitalwertänderung (analog zu den Zeilen 6 und 7 bzw. 4 und 5) entspricht.

$$
AE^{max} = \sum_{m \in Ma \cup Mb} \sum_{t \neq 0} \Delta X_{mt}^{kA1} \cdot \alpha_{mt}^{k1} + \sum_{m \in Ms'} \sum_{t \neq 0} X_{mt}^{kA1} \cdot \alpha_{mt}^{k1} + \sum_{n \in N} \sum_{t \neq 0} \Delta X_{nt}^{kA2} \cdot \alpha_{nt}^{k2} +
$$

$$
\sum_{n \in Ns'} \sum_{t \neq 0} X_{nt}^{kA2} \cdot \alpha_{nt}^{k2} + \sum_{l \in La \cup Lb} \sum_{t \neq 0} \Delta X_{lt}^{kB} \cdot \beta_{lt}^{k} + \sum_{m \in Ma \cup Mb} \sum_{t \neq 0} \Delta X_{mt}^{kF} \cdot \varphi_{mt}^{k} +
$$

$$
\sum_{o \in Oa^G \cup Ob^G} \Delta N_o^k \cdot \delta_o^k + \sum_{o \in Os^G} N_o^k \cdot \delta_o^k +
$$

$$
\sum_{m \in Ma} \sum_{t \neq 0} X_{mt}^{aA1} \cdot \alpha_{mt}^{f1} + \sum_{j \in Ja} \sum_{t \neq 0} Kap_{jt}^{aP} \cdot \kappa_{jt}^{f} + \sum_{l \in La} \sum_{t \neq 0} X_{lt}^{aB} \cdot \beta_{lt}^{f} + \sum_{m \in Ma} \sum_{t \neq 0} X_{mt}^{aF} \cdot \varphi_{mt}^{f} +
$$

$$
\sum_{o \in Oa^G} N_o^a \cdot \delta_o^f + \sum_t \left(E_t^a - A_t^a \right) \cdot \lambda_t^f - \left(0 \text{ oder } VZa_{Basis}^{max} \cdot \mu^k \right) +
$$

$$
\sum_{m \in Mb} \sum_{t \neq 0} X_{mt}^{bA1} \cdot \alpha_{mt}^{f1} + \sum_{n \in N} \sum_{t \neq 0} X_{nt}^{bA2} \cdot \alpha_{nt}^{f2} + \sum_{j \in Jb} \sum_{t \neq 0} Kap_{jt}^{bP} \cdot \kappa_{jt}^{f} + \sum_{l \in Lb} \sum_{t \neq 0} X_{lt}^{bB} \cdot \beta_{lt}^{f} +
$$

$$
\sum_{m \in Mb} \sum_{t \neq 0} X_{mt}^{bF} \cdot \varphi_{mt}^{f} + \sum_{o \in Ob^G} N_o^b \cdot \delta_o^f + \sum_t \left(E_t^b - A_t^b \right) \cdot \lambda_t^f - \left(VZb_{Basis}^{max} \cdot \mu^k \text{ oder } 0 \right)
$$

Der ausgewiesene **Akquisitionserfolg** ist dem zu entrichtenden **Akquisitionspreis** gegenüberzustellen, um über die Vorteilhaftigkeit des Unternehmenskaufs befinden zu können. Nur wenn der Kaufpreis unter der Preisobergrenze für das jeweilige Unterneh-men liegt, ist die Akquisition vorteilhaft.

3.4 Produktions- und finanzwirtschaftlich integrierte Bewertung einer Segregation[1]

3.4.1 Basisansatz des betroffenen Unternehmens

Werden Teile eines bestehenden Unternehmens verkauft, so verliert der Verkäufer neben der Wirtschaftskraft der veräußerten Betriebe auch die aus dem Zusammenwirken dieser Betriebe mit dem Restunternehmen resultierenden Synergieeffekte. Eine **„Segregation"** als Unternehmensteilverkauf mit anschließender *Herauslösung* der veräußerten Teile ist damit das **Gegenteil einer Akquisition** als Unternehmenskauf mit anschließender *Verschmelzung*. Die Bewertung eines solchen Vorgangs ist, verkürzt formuliert, mit einem dem Akquisitionsbewertungsansatz ähnlichen Basisansatz und einem dem Akquisitionsbasisansatz ähnlichen Bewertungsansatz möglich. Die Wahl des Akquisitionsbewertungsansatzes hängt davon ab, ob ein horizontal-lateraler oder ein vertikaler Unternehmensverkauf bewertet werden soll, die Wahl des Akquisitionsbasisansatzes im Falle eines vertikalen Unternehmensteilverkaufs zudem davon, ob die zu veräußernden Unternehmensteile in der Wertschöpfungskette vor oder hinter dem Restunternehmen liegen.[2]

Der jeweils benötigte **Segregationsbasisansatz** ergibt sich, wenn im auszuwählenden *Akquisitionsbewertungsansatz* an die Stelle der Maximierung des Akquisitionserfolgs die Vermögensmaximierung tritt und sowohl der Akquisitionserfolg als Differenz aus Akquisitionsvor- und -nachteil aus der Liquiditätsrestriktion für den Zeitpunkt t = 0 als auch die Mindestvermögensbedingung des Akquirenten aus dem Ansatz entfernt werden. Dagegen ist, um zum erforderlichen **Segregationsbewertungsansatz** zu gelangen, die Vermögensmaximierung im jeweils relevanten *Akquisitionsbasisansatz* gegen eine Maximierung des Segregationserfolgs auszutauschen, der Segregationserfolg als Differenz aus Segregationsvor- und -nachteil in der Liquiditätsrestriktion für den Zeitpunkt t = 0 zu erfassen und die Mindestvermögensbedingung des Verkäufers zu ergänzen.

Im folgenden **primalen Basisansatz** wird ein Unternehmen betrachtet, das unter Einsatz von Materialien l und Zwischenprodukten m Zwischenprodukte m und Endprodukte n auf Potentialfaktoren j fertigen kann. Lagerhaltung sei diesmal möglich, wobei es für Materialien, Zwischen- und Endprodukte jeweils ein eigenes Lager geben soll.

Wie schon in den vorhergehenden Basisansätzen strebe das Unternehmen erneut nach einer *Maximierung seines Vermögens* VZ als Saldo V_{tu} aller Ein- und Auszahlungen zum Zeitpunkt tu.

max. VZ; $VZ := V_{tu}$

---

1 In Anlehnung an ROLLBERG (2009).

2 Im folgenden wird nur der kompliziertere Fall einer vertikalen Segregation behandelt.

Materialien l können beschafft und verbraucht, Endprodukte n hergestellt und verkauft, Zwischenprodukte m eigengefertigt, fremdbezogen, verbraucht und verkauft werden. Die materialspezifischen Beschaffungsmengen x^B, die zwischenproduktspezifischen Fremdbezugsmengen x^F und die zwischen- und endproduktspezifischen Absatzmengen x^A sind in jedem Zeitpunkt t durch die **Obergrenzen** X^B, X^F und X^A beschränkt.

$$x_{lt}^B \leq X_{lt}^B \quad \forall\, l \in L,\, t \neq 0$$

$$x_{mt}^F \leq X_{mt}^F \quad \forall\, m \in M,\, t \neq 0$$

$$x_{mt}^A \leq X_{mt}^A \quad \forall\, m \in M,\, t \neq 0$$

$$x_{nt}^A \leq X_{nt}^A \quad \forall\, n \in N,\, t \neq 0$$

Produktionskapazitätsrestriktionen gewährleisten, daß die Kapazitätsnachfrage als Summe der mit den entsprechenden potentialfaktor- und produktspezifischen Produktionskoeffizienten PK^P gewichteten Fertigungsmengen x^P der Zwischen- und Enderzeugnisse zu keiner Zeit das gegebene Kapazitätsangebot Kap^P des jeweiligen Potentialfaktors übersteigt.

$$\sum_{m \in M} PK_{jm}^P \cdot x_{mt}^P + \sum_{n \in N} PK_{jn}^P \cdot x_{nt}^P \leq Kap_{jt}^P \quad \forall\, j \in J,\, t \neq 0$$

Für das Material- (1), das Zwischen- (2) und das Enderzeugnislager (3) gibt es jeweils eigene periodenspezifische **Lagerkapazitätsrestriktionen**, die verhindern, daß der Lagerraumbedarf als lagerspezifische Summe der Produkte aus Lagerraumkoeffizient LK und Lagerbestand x^L des jeweiligen Gutes die Lagerkapazität Kap^L überschreitet.

$$\sum_{l \in L} LK_l \cdot x_{lt}^L \leq Kap_{1t}^L \quad \forall\, t \neq 0$$

$$\sum_{m \in M} LK_m \cdot x_{mt}^L \leq Kap_{2t}^L \quad \forall\, t \neq 0$$

$$\sum_{n \in N} LK_n \cdot x_{nt}^L \leq Kap_{3t}^L \quad \forall\, t \neq 0$$

Lagerfortschreibungsbedingungen sorgen dafür, daß sich der Lagerbestand x^L eines spezifischen Gutes am Ende einer Periode aus dem Lageranfangsbestand zuzüglich etwaiger Zugänge und abzüglich etwaiger Abgänge ergibt. Die Zugänge entsprechen bei den Materialien den Beschaffungsmengen, bei den Zwischenprodukten den Fremdbezugs- und Eigenfertigungsmengen und bei den Endprodukten den Produktionsmengen der jeweiligen Periode. Die Abgänge stimmen bei den Materialien mit den Verbrauchsmengen für die Fertigung von Zwischen- und Endprodukten, bei den Endprodukten mit den Absatzmengen und bei den Zwischenprodukten mit den entsprechenden Verbrauchs- und Absatzmengen der jeweiligen Periode überein. Die Verbrauchsmengen lassen sich analog zur Kapazitätsnachfrage als Summe der mit den zugehörigen repetierfaktorspezifischen Produktionskoeffizienten PK^R gewichteten Fertigungsmengen x^P der Zwischen- und Endprodukte berechnen. Dabei kann diesmal ein Zwischenprodukt m nicht nur in Endprodukte n, sondern auch in andere Zwischenprodukte m* eingehen. Die Lageranfangsbestände der einzelnen Güter zu Beginn des Planungszeitraums (t = 0) seien gleich null.

$$x_{lt-1}^L + x_{lt}^B - \sum_{m \in M} PK_{lm}^R \cdot x_{mt}^P - \sum_{n \in N} PK_{ln}^R \cdot x_{nt}^P - x_{lt}^L = 0 \quad \forall\, l \in L,\, t \neq 0$$

$$x_{mt-1}^L + x_{mt}^F + x_{mt}^P - \sum_{m^* \in M \setminus \{m\}} PK_{mm^*}^R \cdot x_{m^*t}^P - \sum_{n \in N} PK_{mn}^R \cdot x_{nt}^P - x_{mt}^A - x_{mt}^L = 0$$
$$\forall\, m \in M,\, t \neq 0$$

$$x_{nt-1}^L + x_{nt}^P - x_{nt}^A - x_{nt}^L = 0 \quad \forall\, n \in N,\, t \neq 0$$

$$\text{mit} \quad x_{l0}^L = 0 \;\; \forall\, l \in L; \quad x_{m0}^L = 0 \;\; \forall\, m \in M; \quad x_{n0}^L = 0 \;\; \forall\, n \in N$$

In der Finanzgütersphäre gibt es wieder Finanzobjekte o, die im Umfang n_o, gegebenenfalls bis zu einer **Durchführungsbegrenzung** N_o, realisiert werden können.

$$n_o \leq N_o \quad \forall\, o \in O^G$$

Liquiditätsrestriktionen stellen das finanzwirtschaftliche Gleichgewicht sicher, das nur dann gegeben ist, wenn zu keinem Zeitpunkt t die Auszahlungen die Einzahlungen übersteigen. Wird ein Finanzobjekt o im Umfang von n_o realisiert, so resultieren hieraus in den Zeitpunkten t seiner Lebensdauer Zahlungen als Produkt aus Ein- oder Auszahlungsbetrag pro Objekteinheit (E_{ot} bzw. A_{ot}) und Objektumfang. Nicht mehr beeinflußbare Zahlungen in den einzelnen Zeitpunkten, die beispielsweise auf in der Vergangenheit getätigte Finanzinvestitionen zurückzuführen sind, können größer null (E_t), kleiner null ($-A_t$) und gleich null (keine Zahlungen) sein. Das zu maximierende Vermögen wird als Entnahme V_{tu} im Zeitpunkt tu auf der linken Seite der entsprechenden Bedingung modelliert. Das Symbol $\bar{u}_t$ steht in diesem Zusammenhang wieder für eine Schalt*konstante*, die nur im Zeitpunkt tu auf den Wert Eins gesetzt wird, um die Vermögensvariable zu aktivieren, und ansonsten gleich null ist.

Neben die Ein- und Auszahlungen der finanzwirtschaftlichen Objekte treten in den Liquiditätsbedingungen als verbindendes Element zwischen der Real- und der Finanzgütersphäre noch die Zahlungswirkungen der Beschaffung, der Produktion, des Absatzes und der Lagerung. Einzahlungen ergeben sich aus dem Verkauf von Zwischen-

und Endprodukten ($e \cdot x^A$), Auszahlungen aus dem Einkauf von Materialien ($a^B \cdot x^B$) und Zwischenprodukten ($a^F \cdot x^F$) sowie auf Grund der Fertigung von Produkten ($a^P \cdot x^P$) und der Lagerung von Gütern beliebiger Art. Die Auszahlungen für die Lagerhaltung lassen sich unter Verwendung der güterspezifischen Lagerauszahlungssätze a^L und der periodenspezifischen durchschnittlichen Lagerbestände ($0,5 \cdot (x^L_{t-1} + x^L_t)$) berechnen. Der hierbei der Einfachheit halber unterstellte kontinuierliche Lagerzu- und -abgang innerhalb einer Periode ist insbesondere mit Blick auf die Einkaufsmengen an Materialien und Zwischenprodukten diskussionswürdig.

$$\sum_{l \in L} \left(a^B_{lt} \cdot x^B_{lt} + a^L_{lt} \cdot 0,5 \cdot \left(x^L_{l\,t-1} + x^L_{lt} \right) \right) +$$

$$\sum_{m \in M} \left(a^P_{mt} \cdot x^P_{mt} + a^F_{mt} \cdot x^F_{mt} + a^L_{mt} \cdot 0,5 \cdot \left(x^L_{m\,t-1} + x^L_{mt} \right) - e_{mt} \cdot x^A_{mt} \right) +$$

$$\sum_{n \in N} \left(a^P_{nt} \cdot x^P_{nt} + a^L_{nt} \cdot 0,5 \cdot \left(x^L_{n\,t-1} + x^L_{nt} \right) - e_{nt} \cdot x^A_{nt} \right) +$$

$$\sum_{o \in O} \left(A_{ot} - E_{ot} \right) \cdot n_o + \overline{u}_t \cdot V_{tu} \leq E_t - A_t \quad \forall\, t \neq 0$$

Zu Beginn des Planungszeitraums sind keine realgüterwirtschaftlichen Aktivitäten möglich, weil sich der Leistungserstellungsprozeß innerhalb einer Periode vollzieht und daher erst am Ende der jeweiligen Periode Zahlungswirkungen entfalten kann. Entsprechende Variable und Konstante sind gar nicht erst zu formulieren. Damit schrumpft die Liquiditätsbedingung für den Zeitpunkt $t = 0$ auf die finanzwirtschaftlichen Terme zusammen.

$$\sum_{o \in O} \left(A_{o0} - E_{o0} \right) \cdot n_o + \overline{u}_0 \cdot V_{tu} \leq E_0 - A_0$$

Zur Komplettierung des produktions- und finanzwirtschaftlich fundierten Basisansatzes fehlen jetzt nur noch die **Nichtnegativitätsbedingungen** für alle Variablen.

$$x^B_{lt}, x^L_{lt} \geq 0 \quad \forall\, l \in L, t \neq 0$$

$$x^F_{mt}, x^A_{mt}, x^P_{mt}, x^L_{mt} \geq 0 \quad \forall\, m \in M, t \neq 0$$

$$x^A_{nt}, x^P_{nt}, x^L_{nt} \geq 0 \quad \forall\, n \in N, t \neq 0$$

$$n_o \geq 0 \quad \forall\, o \in O$$

$$V_{tu} \geq 0$$

Die **duale Zielfunktion** zu diesem primalen Basisansatz lautet:

$$\min. RW; \quad RW := \sum_{m \in M} \sum_{t \neq 0} X_{mt}^A \cdot \alpha_{mt} + \sum_{n \in N} \sum_{t \neq 0} X_{nt}^A \cdot \alpha_{nt} + \sum_{j \in J} \sum_{t \neq 0} Kap_{jt}^P \cdot \kappa_{jt} +$$

$$\sum_{s=1}^{3} \sum_{t \neq 0} Kap_{st}^L \cdot \kappa_{st}^L + \sum_{l \in L} \sum_{t \neq 0} X_{lt}^B \cdot \beta_{lt} + \sum_{m \in M} \sum_{t \neq 0} X_{mt}^F \cdot \varphi_{mt} +$$

$$\sum_{o \in O^G} N_o \cdot \delta_o + \sum_t (E_t - A_t) \cdot \lambda_t.$$

3.4.2 Bewertungsansätze für eine Segregation

Aus dem soeben entwickelten Basisansatz lassen sich Bewertungsansätze ableiten, die dazu geeignet sind, für endfertigende, vorleistende und schließlich beliebige Produktionsbetriebe den Segregationserfolg SE als auf den Zeitpunkt $t = 0$ bezogene Differenz aus Segregationsvorteil SV und Segregationsnachteil SN zu ermitteln. Betragsmäßig entspricht ein negativer maximaler **Segregationserfolg** der gesuchten Preisuntergrenze als Mindesteinzahlung für den Unternehmensteilverkauf. Hingegen läßt sich ein positiver maximaler Segregationserfolg als vom eigentlichen Veräußerer zahlbare Preisobergrenze für die Aufgabe der letztlich vermögensreduzierenden Unternehmensteile interpretieren. Der hochgestellte Index v an vielen der folgenden Variablen und Konstanten kennzeichnet die Verkaufssituation, denn die so indizierten Größen können nach dem Verkauf andere Werte annehmen.

Ein **Unternehmen, das alle endfertigenden Produktionsbetriebe einschließlich der zugehörigen Endproduktläger veräußert**, kann nach der Transaktion nur noch Zwischenprodukte herstellen und verkaufen. Damit liegt letztlich *der umgekehrte Fall einer vertikalen Akquisition in Form der Vorwärtsintegration* vor.

Zur Ermittlung der Preisuntergrenze für die endfertigenden Produktionsbetriebe ist der *Segregationserfolg* unter der Bedingung zu maximieren, daß das Unternehmen wenigstens das maximale Vermögen VZ_{Basis}^{max} aus seinem optimalen Basisprogramm wieder erreicht. Die *Maximierungsvorschrift* sorgt dafür, daß die *Mindestvermögensrestriktion* in der Optimallösung als Gleichung erfüllt ist, denn ein positiver (negativer) Segregationserfolg wird in der Liquiditätsrestriktion für den Zeitpunkt $t = 0$ wie eine Auszahlung (Einzahlung) erfaßt.

$$\max. SE; \quad SE := SV - SN$$

$$-V_{tu}^v \leq -VZ_{Basis}^{max}$$

Nach Aufgabe der Endproduktfertigung verarbeitet das verkleinerte Unternehmen nicht mehr unbedingt alle Materialien $l \in L$, sondern nur noch die nach dem Verkauf relevanten Materialien $l \in L^V$, und auf Grund verlorengegangener Synergien ist es unter Umständen nicht mehr möglich, alle Zwischenprodukte $m \in M$, sondern nur noch die Zwischenprodukte $m \in M^V$ eigenzufertigen. Gleichwohl soll das Unternehmen weiterhin alle Zwischenprodukte $m \in M$ fremdbeziehen und veräußern können. Mithin ändert sich nur die Zahl der *Beschaffungs-*, nicht aber der *Fremdbezugs-restriktionen*, und *Absatzrestriktionen* sind nur noch für die Zwischen- und nicht mehr für die Endprodukte zu formulieren. Alle Obergrenzen können sich durch den Verkauf verschieben.

$$x_{lt}^{vB} \leq X_{lt}^{vB} \quad \forall \, l \in L^V, t \neq 0$$

$$x_{mt}^{vF} \leq X_{mt}^{vF} \quad \forall \, m \in M, t \neq 0$$

$$x_{mt}^{vA} \leq X_{mt}^{vA} \quad \forall \, m \in M, t \neq 0$$

In den *Produktionskapazitätsrestriktionen* für die verbleibenden Potentialfaktoren $j \in J^V$ werden nur die Zwischenprodukte $m \in M^V$ erfaßt, die auch noch nach dem Verkauf eigengefertigt werden können. Zudem sinken bei einem nur teilweisen Verkauf von Kapazitäten einer bestimmten Potentialfaktorart j die jeweiligen Kapazitätsobergrenzen.

$$\sum_{m \in M^V} PK_{jm}^P \cdot x_{mt}^{vP} \leq Kap_{jt}^{vP} \quad \forall \, j \in J^V, t \neq 0$$

Bis auf die Zahl zu berücksichtigender Materialarten $l \in L^V$ ändert sich in den Kapazitätsbegrenzungen für die verbleibenden Läger für Material (1) und Zwischenprodukte (2) nichts. Deshalb wird an den Symbolen für die *Lagerkapazitätsrestriktionen* auch kein v ergänzt.

$$\sum_{l \in L^V} LK_l \cdot x_{lt}^{vL} \leq Kap_{1t}^L \quad \forall \, t \neq 0$$

$$\sum_{m \in M} LK_m \cdot x_{mt}^{vL} \leq Kap_{2t}^L \quad \forall \, t \neq 0$$

Die *Lagerfortschreibungsbedingungen* ändern sich nur insofern, als die Materialien $l \in L^V$ und Zwischenprodukte $m \in M$ nur noch bei der Fertigung der Zwischenprodukte $m \in M^V$ verbraucht werden können. Die Schalt*konstante* $\bar{u}_m$ nimmt den Wert Eins an, wenn sich die Bedingungen auf die weiterhin produzierbaren Zwischenprodukte $m \in M^V$ beziehen, um einen Lagerzugang durch Eigenfertigung zu ermöglichen, und den Wert Null im Falle der übrigen Zwischenprodukte, um genau dies zu verhindern.

$$x_{1t-1}^{vL} + x_{1t}^{vB} - \sum_{m \in M^V} PK_{1m}^R \cdot x_{mt}^{vP} - x_{1t}^{vL} = 0 \quad \forall \, 1 \in L^V, \, t \neq 0$$

$$x_{mt-1}^{vL} + x_{mt}^{vF} + \bar{u}_m \cdot x_{mt}^{vP} - \sum_{m^* \in M^V \setminus \{m\}} PK_{mm^*}^R \cdot x_{m^*t}^{vP} - x_{mt}^{vA} - x_{mt}^{vL} = 0 \quad \forall \, m \in M, \, t \neq 0$$

$$\text{mit} \quad x_{10}^{vL} = 0 \quad \forall \, 1 \in L^V; \quad x_{m0}^{vL} = 0 \quad \forall \, m \in M$$

Es ist denkbar, daß die Charakteristika des verkleinerten Unternehmens sowohl eine Veränderung der Zahl der verfügbaren Finanzobjekte von $o \in O$ auf $o \in O^V$ und der verfügbaren begrenzten Finanzobjekte von $o \in O^G$ auf $o \in O^{vG}$ als auch eine Verschiebung der entsprechenden *Durchführungsobergrenzen* bewirken.

$$n_o^v \leq N_o^v \quad \forall \, o \in O^{vG}$$

Mit Blick auf die *Liquiditätsrestriktionen* ist zunächst zu bemerken, daß der Segregationserfolg als positive (negative) Differenz aus Segregationsvor- und -nachteil (SV – SN) und damit als Grenzauszahlung (Grenzeinzahlung) zu Beginn des Planungszeitraums auf der linken Seite der Liquiditätsbedingung für den Zeitpunkt t = 0 berücksichtigt wird. Es sind nur noch die verbleibenden Finanzobjekte $o \in O^V$ zu erfassen.

$$\sum_{o \in O^V} \left(A_{o0}^v - E_{o0}^v \right) \cdot n_o^v + \bar{u}_0 \cdot V_{tu}^v + SV - SN \leq E_0^v - A_0^v$$

Im Gegensatz zu den lagerbedingten Zahlungsgrößen (a^L) und den rein produktionsbedingten Auszahlungen der Fertigung je hergestellte Mengeneinheit eines Zwischenprodukts (a^P) können sich alle Absatz- (e^v), Beschaffungs- (a^{vB}) und Fremdbezugspreise (a^{vF}) durch den Verkauf der endfertigenden Produktionsbetriebe ändern. Der Summenterm materialbedingter Zahlungswirkungen erstreckt sich nur noch über die weiterhin verarbeiteten Rohstoffe und Teile $1 \in L^V$, während der ursprüngliche Summenterm zwischenproduktabhängiger Zahlungen in zwei Terme aufgespalten wird: Die herausgelöste Summe der rein produktionsbedingten Auszahlungen erfaßt nur noch die Zwischenprodukte $m \in M^V$, die auch nach dem Verkauf der endfertigenden Unternehmensteile selbst hergestellt werden können; der andere Summenterm bezieht sich dagegen weiter auf *alle* handelbaren Zwischenprodukte $m \in M$.

$$\sum_{1 \in L^V} \left(a_{1t}^{vB} \cdot x_{1t}^{vB} + a_{1t}^L \cdot 0,5 \cdot \left(x_{1t-1}^{vL} + x_{1t}^{vL} \right) \right) +$$

$$\sum_{m \in M^V} a_{mt}^P \cdot x_{mt}^{vP} + \sum_{m \in M} \left(a_{mt}^{vF} \cdot x_{mt}^{vF} + a_{mt}^L \cdot 0,5 \cdot \left(x_{mt-1}^{vL} + x_{mt}^{vL} \right) - e_{mt}^v \cdot x_{mt}^{vA} \right) +$$

$$\sum_{o \in O^V} \left(A_{ot}^v - E_{ot}^v \right) \cdot n_o^v + \bar{u}_t \cdot V_{tu}^v \leq E_t^v - A_t^v \quad \forall \, t \neq 0$$

Schließlich sind für den produktions- und finanzwirtschaftlich fundierten Ansatz zur Bewertung aller endfertigenden Unternehmensteile aus Sicht des Verkäufers noch die *Nichtnegativitätsbedingungen* für alle Variablen zu formulieren.

$$x_{lt}^{vB}, x_{lt}^{vL} \geq 0 \quad \forall \, l \in L^v, t \neq 0$$

$$x_{mt}^{vA}, x_{mt}^{vF}, x_{mt}^{vL} \geq 0 \quad \forall \, m \in M, t \neq 0$$

$$x_{mt}^{vP} \geq 0 \quad \forall \, m \in M^v, t \neq 0$$

$$n_o^v \geq 0 \quad \forall \, o \in O^v$$

$$SV, SN, V_{tu}^v \geq 0$$

Ein **Unternehmen, das alle vorleistenden Produktionsbetriebe einschließlich von Teilen der Material- und Zwischenproduktläger veräußert**, kann danach nur noch Endprodukte herstellen. Diesmal liegt somit *der umgekehrte Fall einer vertikalen Akquisition in Form der Rückwärtsintegration* vor.

Hinsichtlich der *Zielfunktion* und der *Mindestvermögensrestriktion* ist den vorherigen Ausführungen nichts hinzuzufügen.

$$\max. SE; \quad SE := SV - SN$$

$$-V_{tu}^v \leq -VZ_{Basis}^{max}$$

Auch nach Aufgabe aller vorleistenden Produktionsstufen verarbeitet das Unternehmen nicht mehr unbedingt alle Materialien $l \in L$, sondern nur noch Materialien $l \in L^v$.[1] Alle Zwischenprodukte $m \in M$ sollen aber auch nach dem Verkauf der Unternehmensteile noch fremdbezogen, weiterverarbeitet und veräußert werden können. Insofern gelten strukturell dieselben *Beschaffungs-, Fremdbezugs- und Absatzrestriktionen* wie im Falle des Verkaufs aller endfertigenden Betriebe. Diese sind allerdings um Absatzrestriktionen für die Endprodukte zu ergänzen. Auf Grund verlorengehender Synergien ist es unter Umständen nicht mehr möglich, alle Endprodukte $n \in N$, sondern nur noch Endprodukte $n \in N^v$ herzustellen, womit die Zahl der endproduktbezogenen Restriktionen sinkt. Wiederum können sich alle Obergrenzen durch den Verkauf verschieben.

---

1 Art und Anzahl der nach dem Verkauf aller vorleistenden Produktionsbetriebe noch zu verarbeitenden Materialien $l \in L^v$ werden nicht mit der Art und Anzahl der nach dem Verkauf aller endfertigenden Betriebe noch zu verarbeitenden Materialien $l \in L^v$ übereinstimmen. Gleiches gilt für die verbleibenden Potentialfaktoren $j \in J^v$ und gegebenenfalls auch für die Finanzobjekte $o \in O^v$.

$$x_{lt}^{vB} \le X_{lt}^{vB} \quad \forall \, l \in L^V, t \ne 0$$

$$x_{mt}^{vF} \le X_{mt}^{vF} \quad \forall \, m \in M, t \ne 0$$

$$x_{mt}^{vA} \le X_{mt}^{vA} \quad \forall \, m \in M, t \ne 0$$

$$x_{nt}^{vA} \le X_{nt}^{vA} \quad \forall \, n \in N^V, t \ne 0$$

In den *Produktionskapazitätsrestriktionen* für die verbleibenden Potentialfaktoren $j \in J^V$ werden nunmehr nur die Endprodukte $n \in N^V$ erfaßt, die weiterhin produziert werden können.

$$\sum_{n \in N^V} PK_{jn}^P \cdot x_{nt}^{vP} \le Kap_{jt}^{vP} \quad \forall \, j \in J^V, t \ne 0$$

Die Läger für Material (1) und Zwischenprodukte (2) werden zum Teil verkauft, womit die entsprechenden Lagerkapazitäten sinken. Deshalb muß diesmal an den Symbolen für die Obergrenzen der Material- und Zwischenproduktlagerkapazität ein v ergänzt werden. In den Kapazitätsrestriktionen für das Material- (1) und Endproduktlager (3) sind nur noch Materialien $l \in L^V$ bzw. Endprodukte $n \in N^V$ zu berücksichtigen.

$$\sum_{l \in L^V} LK_l \cdot x_{lt}^{vL} \le Kap_{1t}^{vL} \quad \forall \, t \ne 0$$

$$\sum_{m \in M} LK_m \cdot x_{mt}^{vL} \le Kap_{2t}^{vL} \quad \forall \, t \ne 0$$

$$\sum_{n \in N^V} LK_n \cdot x_{nt}^{vL} \le Kap_{3t}^L \quad \forall \, t \ne 0$$

In den *Lagerfortschreibungsbedingungen* ist darauf zu achten, daß die Materialien $l \in L^V$ und Zwischenprodukte $m \in M$ nur noch bei der Herstellung der Endprodukte $n \in N^V$ verbraucht werden können. Lagerzugänge durch Eigenfertigung von Zwischenprodukten sind ausgeschlossen.

$$x_{lt-1}^{vL} + x_{lt}^{vB} - \sum_{n \in N^V} PK_{ln}^R \cdot x_{nt}^{vP} - x_{lt}^{vL} = 0 \quad \forall \, l \in L^V, t \ne 0$$

$$x_{mt-1}^{vL} + x_{mt}^{vF} - \sum_{n \in N^V} PK_{mn}^R \cdot x_{nt}^{vP} - x_{mt}^{vA} - x_{mt}^{vL} = 0 \quad \forall \, m \in M, t \ne 0$$

$$x_{nt-1}^{vL} + x_{nt}^{vP} - x_{nt}^{vA} - x_{nt}^{vL} = 0 \quad \forall \, n \in N^V, t \ne 0$$

$$\text{mit} \quad x_{l0}^{vL} = 0 \quad \forall \, l \in L^V; \quad x_{m0}^{vL} = 0 \quad \forall \, m \in M; \quad x_{n0}^{vL} = 0 \quad \forall \, n \in N^V$$

Was die finanzobjektspezifischen *Durchführungsrestriktionen* und die Liquiditätsbedingung für den Zeitpunkt t = 0 anbetrifft, gilt das im vorhergehenden Fall zur Veräußerung aller endfertigenden Betriebe Gesagte. Jedoch verändert sich die Struktur der
übrigen *Liquiditätsrestriktionen*, weil der Summenterm der rein produktionsbedingten
Auszahlungen für Zwischenprodukte gänzlich entfällt und dafür die Zahlungswirkungen der Endprodukte $n \in N^V$ zu erfassen sind.

$$n_o^V \leq N_o^V \quad \forall \, o \in O^{VG}$$

$$\sum_{o \in O^V} \left(A_{oo}^V - E_{oo}^V \right) \cdot n_o^V + \overline{u}_0 \cdot V_{tu}^V + SV - SN \leq E_0^V - A_0^V$$

$$\sum_{l \in L^V} \left(a_{lt}^{VB} \cdot x_{lt}^{VB} + a_{lt}^L \cdot 0,5 \cdot \left(x_{l\,t-1}^{VL} + x_{lt}^{VL} \right) \right) +$$

$$\sum_{m \in M} \left(a_{mt}^{VF} \cdot x_{mt}^{VF} + a_{mt}^L \cdot 0,5 \cdot \left(x_{m\,t-1}^{VL} + x_{mt}^{VL} \right) - e_{mt}^V \cdot x_{mt}^{VA} \right) +$$

$$\sum_{n \in N^V} \left(a_{nt}^P \cdot x_{nt}^{VP} + a_{nt}^L \cdot 0,5 \cdot \left(x_{n\,t-1}^{VL} + x_{nt}^{VL} \right) - e_{nt}^V \cdot x_{nt}^{VA} \right) +$$

$$\sum_{o \in O^V} \left(A_{ot}^V - E_{ot}^V \right) \cdot n_o^V + \overline{u}_t \cdot V_{tu}^V \leq E_t^V - A_t^V \quad \forall \, t \neq 0$$

Alle im Falle des Verkaufs der endfertigenden Betriebe erwähnten *Nichtnegativitätsbedingungen* bleiben relevant – mit Ausnahme der Bedingungen für die zwischen-
erzeugnisspezifischen Produktionsmengen x_{mt}^{VP}, die durch solche für die endproduktspezifischen Mengen x_{nt}^{VP} auszutauschen sind. Darüber hinaus sind die Absatz- und
Lagermengenvariablen der Endprodukte zu erfassen.

$$x_{lt}^{VB}, x_{lt}^{VL} \geq 0 \quad \forall \, l \in L^V, t \neq 0$$

$$x_{mt}^{VA}, x_{mt}^{VF}, x_{mt}^{VL} \geq 0 \quad \forall \, m \in M, t \neq 0$$

$$x_{nt}^{VA}, x_{nt}^{VP}, x_{nt}^{VL} \geq 0 \quad \forall \, n \in N^V, t \neq 0$$

$$n_o^V \geq 0 \quad \forall \, o \in O^V$$

$$SV, SN, V_{tu}^V \geq 0$$

Abschließend ist noch der allgemeinste Fall eines **Unternehmens, das beliebige Produktionsbetriebe** – also einzelne Vorleistungen erbringende und/oder einzelne Endprodukte fertigende Unternehmensteile – **veräußert**, zu betrachten. Hierbei handelt es sich um den *umgekehrten Fall einer horizontalen, vertikalen und/oder lateralen Akquisition.*

Der zu entwickelnde Bewertungsansatz ist eine Kombination der beiden zuvor betrachteten Ansätze und gleicht damit – bis auf die hochgestellten v zur Kennzeichnung der Situation nach dem Verkauf und die Laufweiten verschiedener Indizes – in weiten Teilen dem ursprünglichen Basisansatz. Dies läßt sich exemplarisch an den *Lagerfortschreibungsbedingungen* für die Zwischenprodukte und den *Liquiditätsrestriktionen* für die Zeitpunkte t ≠ 0 veranschaulichen.

$$x_{mt-1}^{vL} + x_{mt}^{vF} + \bar{u}_m \cdot x_{mt}^{vP} - \sum_{m^* \in M^V \setminus \{m\}} PK_{mm^*}^{R} \cdot x_{m^*t}^{vP} -$$

$$\sum_{n \in N^V} PK_{mn}^{R} \cdot x_{nt}^{vP} - x_{mt}^{vA} - x_{mt}^{vL} = 0 \quad \forall \, m \in M, \, t \neq 0$$

und

$$\sum_{l \in L^V} \left(a_{lt}^{vB} \cdot x_{lt}^{vB} + a_{lt}^{L} \cdot 0,5 \cdot \left(x_{lt-1}^{vL} + x_{lt}^{vL} \right) \right) +$$

$$\sum_{m \in M^V} a_{mt}^{P} \cdot x_{mt}^{vP} + \sum_{m \in M} \left(a_{mt}^{vF} \cdot x_{mt}^{vF} + a_{mt}^{L} \cdot 0,5 \cdot \left(x_{mt-1}^{vL} + x_{mt}^{vL} \right) - e_{mt}^{v} \cdot x_{mt}^{vA} \right) +$$

$$\sum_{n \in N^V} \left(a_{nt}^{P} \cdot x_{nt}^{vP} + a_{nt}^{L} \cdot 0,5 \cdot \left(x_{nt-1}^{vL} + x_{nt}^{vL} \right) - e_{nt}^{v} \cdot x_{nt}^{vA} \right) +$$

$$\sum_{o \in O^V} \left(A_{ot}^{v} - E_{ot}^{v} \right) \cdot n_{o}^{v} + \bar{u}_t \cdot V_{tu}^{v} \leq E_{t}^{v} - A_{t}^{v} \quad \forall \, t \neq 0$$

Zielfunktion, Mindestvermögensrestriktion, Beschaffungs-, Fremdbezugs-, Absatz-, Lagerkapazitäts- und Finanzobjektdurchführungsbedingungen sowie die Lagerfortschreibungsgleichungen für die Endprodukte und die Liquiditätsrestriktion für den Zeitpunkt t = 0 sind sogar *strukturell identisch* mit denen im Falle einer Veräußerung aller vorleistenden Unternehmensteile. Allerdings ergeben sich qualitativ und quantitativ andere Repetierfaktoren l ∈ L^V und Potentialfaktoren j ∈ J^V, die weiterhin zum Einsatz gelangen, andere Zwischenprodukte m ∈ M^V und Endprodukte n ∈ N^V, die danach noch hergestellt werden können, und andere Finanzobjekte o ∈ O^V, die weiter zur Verfügung stehen. Alle Nichtnegativitätsbedingungstypen aus den beiden zuvor vorgestellten Bewertungsmodellen sind nunmehr gleichzeitig relevant.

3.4.3 Bewertungsformeln für eine Segregation

Die **duale Zielfunktion des Segregationsbewertungsansatzes für den Fall des Verkaufs aller endfertigenden Betriebe** berechnet den Segregationserfolg als Summe der mit den primalen originären Dualwerten bzw. dualen Strukturvariablenwerten und somit Knappheitspreisen bewerteten Obergrenzen der primalen Restriktionen. Da die Kapazitätsobergrenzen und die Numerierung der Lager für Material (1) und Zwischenprodukte (2) mit denen im Basisansatz übereinstimmen, wird kein v ergänzt.

$$SE^{max} = SV - SN = RW^{v\,min} =$$

$$\sum_{m\in M}\sum_{t\neq 0} X_{mt}^{vA}\cdot\alpha_{mt}^{v} + \sum_{j\in J^{v}}\sum_{t\neq 0} Kap_{jt}^{vP}\cdot\kappa_{jt}^{v} + \sum_{s=1}^{2}\sum_{t\neq 0} Kap_{st}^{L}\cdot\kappa_{st}^{vL} + \sum_{l\in L^{v}}\sum_{t\neq 0} X_{lt}^{vB}\cdot\beta_{lt}^{v} +$$

$$\sum_{m\in M}\sum_{t\neq 0} X_{mt}^{vF}\cdot\varphi_{mt}^{v} + \sum_{o\in O^{vG}} N_{o}^{v}\cdot\delta_{o}^{v} + \sum_{t}\left(E_{t}^{v}-A_{t}^{v}\right)\cdot\lambda_{t}^{v} - VZ_{Basis}^{max}\cdot\mu^{v}$$

Um zu einer ökonomisch interpretierbaren **komplexen Segregationsbewertungsformel für den Fall des Verkaufs aller endfertigenden Betriebe** zu gelangen, muß diesmal ein anderer Weg als bisher gewählt werden, weil der Bewertungsansatz gegenüber dem zugrundeliegenden Basisansatz bei einer Segregation nicht wächst, sondern schrumpft: Es entfallen Terme aus dem Basisansatz. Deshalb ist zunächst der Term $VZ_{Basis}^{max}\cdot\mu^{v}$ in seine einzelnen Bestandteile aufzuspalten. Dabei entspricht VZ_{Basis}^{max} der dualen Zielfunktion des Basisansatzes unter Einsatz der aus dem Basisprogramm bekannten Lösungswerte der dualen Strukturvariablen, die nunmehr als die Konstanten $\bar{\alpha}$, $\bar{\beta}$, $\bar{\varphi}$, $\bar{\kappa}$, $\bar{\delta}$ und $\bar{\lambda}$ zu berücksichtigen sind.

$$VZ_{Basis}^{max}\cdot\mu^{v} = \left(\begin{array}{l} \sum_{m\in M}\sum_{t\neq 0} X_{mt}^{A}\cdot\bar{\alpha}_{mt} + \sum_{n\in N}\sum_{t\neq 0} X_{nt}^{A}\cdot\bar{\alpha}_{nt} + \sum_{j\in J}\sum_{t\neq 0} Kap_{jt}^{P}\cdot\bar{\kappa}_{jt} + \\[2mm] \sum_{s=1}^{3}\sum_{t\neq 0} Kap_{st}^{L}\cdot\bar{\kappa}_{st}^{L} + \sum_{l\in L}\sum_{t\neq 0} X_{lt}^{B}\cdot\bar{\beta}_{lt} + \sum_{m\in M}\sum_{t\neq 0} X_{mt}^{F}\cdot\bar{\varphi}_{mt} + \\[2mm] \sum_{o\in O^{G}} N_{o}\cdot\bar{\delta}_{o} + \sum_{t}\left(E_{t}-A_{t}\right)\cdot\bar{\lambda}_{t} \end{array}\right)\cdot\mu^{v}$$

Nach Auflösung der Klammer ergibt sich folgender Ausdruck.

$$VZ_{Basis}^{max}\cdot\mu^{v} = \sum_{m\in M}\sum_{t\neq 0} X_{mt}^{A}\cdot\left(\bar{\alpha}_{mt}\cdot\mu^{v}\right) + \sum_{n\in N}\sum_{t\neq 0} X_{nt}^{A}\cdot\left(\bar{\alpha}_{nt}\cdot\mu^{v}\right) +$$

$$\sum_{j\in J}\sum_{t\neq 0} Kap_{jt}^{P}\cdot\left(\bar{\kappa}_{jt}\cdot\mu^{v}\right) + \sum_{s=1}^{3}\sum_{t\neq 0} Kap_{st}^{L}\cdot\left(\bar{\kappa}_{st}^{L}\cdot\mu^{v}\right) + \sum_{l\in L}\sum_{t\neq 0} X_{lt}^{B}\cdot\left(\bar{\beta}_{lt}\cdot\mu^{v}\right) +$$

$$\sum_{m\in M}\sum_{t\neq 0}X_{mt}^{F}\cdot\left(\overline{\varphi}_{mt}\cdot\mu^{v}\right)+\sum_{o\in O^{G}}N_{o}\cdot\left(\overline{\delta}_{o}\cdot\mu^{v}\right)+\sum_{t}\left(E_{t}-A_{t}\right)\cdot\left(\overline{\lambda}_{t}\cdot\mu^{v}\right)$$

Da das Vermögen des Unternehmens zum Zeitpunkt tu das mit dem Basisprogramm erzielbare maximale Vermögen VZ_{Basis}^{max} zu eben diesem Zeitpunkt nicht unterschreiten darf, gleicht μ^{v} dem **endogenen Abzinsungsfaktor** λ_{tu}^{v}, mit dem Zahlungen des Zeitpunkts tu auf den Zeitpunkt t = 0 abgezinst werden können.[1] Mithin repräsentieren die Klammerausdrücke die mit dem relevanten Abzinsungsfaktor des Bewertungsprogramms berechneten Kapitalwerte der Knappheitspreise aus dem Basisprogramm.

Werden nun alle Terme der dualen Zielfunktion des Segregationsbewertungsansatzes unter Berücksichtigung des aufgespaltenen Terms für das Mindestvermögen einschließlich des Abzinsungsfaktors λ_{tu}^{v} zusammengeführt und die Differenzbeträge der jeweiligen Restriktionsobergrenzen explizit ausgewiesen (Δ-Größe < 0 bei geringerer Obergrenze im Bewertungs- im Vergleich zum Basisansatz), so läßt sich folgende Bewertungsformel aufstellen.

$$SE^{max} =$$

$$\sum_{m\in M}\sum_{t\neq 0}\Delta X_{mt}^{A}\cdot\alpha_{mt}^{v}+\sum_{m\in M}\sum_{t\neq 0}X_{mt}^{A}\cdot\left(\alpha_{mt}^{v}-\overline{\alpha}_{mt}\cdot\lambda_{tu}^{v}\right)-\sum_{n\in N}\sum_{t\neq 0}X_{nt}^{A}\cdot\overline{\alpha}_{nt}\cdot\lambda_{tu}^{v}+$$

$$\sum_{j\in J^{v}}\sum_{t\neq 0}\Delta Kap_{jt}^{P}\cdot\kappa_{jt}^{v}+\sum_{j\in J^{v}}\sum_{t\neq 0}Kap_{jt}^{P}\cdot\left(\kappa_{jt}^{v}-\overline{\kappa}_{jt}\cdot\lambda_{tu}^{v}\right)-\sum_{j\in J\setminus J^{v}}\sum_{t\neq 0}Kap_{jt}^{P}\cdot\overline{\kappa}_{jt}\cdot\lambda_{tu}^{v}+$$

$$\sum_{s=1}^{2}\sum_{t\neq 0}Kap_{st}^{L}\cdot\left(\kappa_{st}^{vL}-\overline{\kappa}_{st}^{L}\cdot\lambda_{tu}^{v}\right)-\sum_{t\neq 0}Kap_{3t}^{L}\cdot\overline{\kappa}_{3t}^{L}\cdot\lambda_{tu}^{v}$$

$$\sum_{l\in L^{v}}\sum_{t\neq 0}\Delta X_{lt}^{B}\cdot\beta_{lt}^{v}+\sum_{l\in L^{v}}\sum_{t\neq 0}X_{lt}^{B}\cdot\left(\beta_{lt}^{v}-\overline{\beta}_{lt}\cdot\lambda_{tu}^{v}\right)-\sum_{l\in L\setminus L^{v}}\sum_{t\neq 0}X_{lt}^{B}\cdot\overline{\beta}_{lt}\cdot\lambda_{tu}^{v}+$$

$$\sum_{m\in M}\sum_{t\neq 0}\Delta X_{mt}^{F}\cdot\varphi_{mt}^{v}+\sum_{m\in M}\sum_{t\neq 0}X_{mt}^{F}\cdot\left(\varphi_{mt}^{v}-\overline{\varphi}_{mt}\cdot\lambda_{tu}^{v}\right)+$$

$$\sum_{o\in O^{vG}}\Delta N_{o}\cdot\delta_{o}^{v}+\sum_{o\in O^{vG}}N_{o}\cdot\left(\delta_{o}^{v}-\overline{\delta}_{o}\cdot\lambda_{tu}^{v}\right)-\sum_{o\in O^{G}\setminus O^{vG}}N_{o}\cdot\overline{\delta}_{o}\cdot\lambda_{tu}^{v}+$$

$$\sum_{t}\left(\Delta E_{t}-\Delta A_{t}\right)\cdot\lambda_{t}^{v}+\sum_{t}\left(E_{t}-A_{t}\right)\cdot\left(\lambda_{t}^{v}-\overline{\lambda}_{t}\cdot\lambda_{tu}^{v}\right)$$

---

1 Zur Interpretation der Dualvariablen der Mindestzielwertrestriktion vgl. MIRSCHEL/LERM (2004),
   S. 8 f. und HERING (2021), S. 63.

Erneutes Umstellen führt zur gesuchten ökonomisch interpretierbaren komplexen Segregationsbewertungsformel für den Fall des Verkaufs aller endfertigenden Betriebe.

$$SE^{max} =$$

$$\left.\begin{array}{l} \displaystyle\sum_{m\in M}\sum_{t\neq 0}\Delta X^A_{mt}\cdot\alpha^v_{mt} + \sum_{j\in J^V}\sum_{t\neq 0}\Delta Kap^P_{jt}\cdot\kappa^v_{jt} + \sum_{l\in L^V}\sum_{t\neq 0}\Delta X^B_{lt}\cdot\beta^v_{lt} \\[2em] + \displaystyle\sum_{m\in M}\sum_{t\neq 0}\Delta X^F_{mt}\cdot\varphi^v_{mt} + \sum_{o\in O^{VG}}\Delta N_o\cdot\delta^v_o + \sum_t\left(\Delta E_t - \Delta A_t\right)\cdot\lambda^v_t \end{array}\right\}\begin{array}{l}\text{Kapitalwert}\\ \text{veränderter}\\ \text{Restriktions-}\\ \text{obergrenzen}\end{array}$$

$$\left.\begin{array}{l} - \displaystyle\sum_{n\in N}\sum_{t\neq 0}X^A_{nt}\cdot\bar\alpha_{nt}\cdot\lambda^v_{tu} - \sum_{j\in J\backslash J^V}\sum_{t\neq 0}Kap^P_{jt}\cdot\bar\kappa_{jt}\cdot\lambda^v_{tu} \\[2em] - \displaystyle\sum_{t\neq 0}Kap^L_{3t}\cdot\bar\kappa^L_{3t}\cdot\lambda^v_{tu} - \sum_{l\in L\backslash L^V}\sum_{t\neq 0}X^B_{lt}\cdot\bar\beta_{lt}\cdot\lambda^v_{tu} \\[2em] - \displaystyle\sum_{o\in O^G\backslash O^{VG}}N_o\cdot\bar\delta_o\cdot\lambda^v_{tu} \end{array}\right\}\begin{array}{l}\text{Kapitalwert}\\ \text{eingebüßter}\\ \text{Produkte,}\\ \text{Faktoren,}\\ \text{Lager und}\\ \text{Finanzobjekte}\end{array}$$

$$\left.\begin{array}{l} + \displaystyle\sum_{m\in M}\sum_{t\neq 0}X^A_{mt}\cdot\left(\alpha^v_{mt} - \bar\alpha_{mt}\cdot\lambda^v_{tu}\right) + \sum_{j\in J^V}\sum_{t\neq 0}Kap^P_{jt}\cdot\left(\kappa^v_{jt} - \bar\kappa_{jt}\cdot\lambda^v_{tu}\right) \\[2em] + \displaystyle\sum_{s=1}^2\sum_{t\neq 0}Kap^L_{st}\cdot\left(\kappa^{vL}_{st} - \bar\kappa^L_{st}\cdot\lambda^v_{tu}\right) + \sum_{l\in L^V}\sum_{t\neq 0}X^B_{lt}\cdot\left(\beta^v_{lt} - \bar\beta_{lt}\cdot\lambda^v_{tu}\right) \\[2em] + \displaystyle\sum_{m\in M}\sum_{t\neq 0}X^F_{mt}\cdot\left(\varphi^v_{mt} - \bar\varphi_{mt}\cdot\lambda^v_{tu}\right) + \sum_{o\in O^{VG}}N_o\cdot\left(\delta^v_o - \bar\delta_o\cdot\lambda^v_{tu}\right) \\[2em] + \displaystyle\sum_t\left(E_t - A_t\right)\cdot\left(\lambda^v_t - \bar\lambda_t\cdot\lambda^v_{tu}\right) \end{array}\right\}\begin{array}{l}\text{Kapitalwert}\\ \text{der Umbewertung}\\ \text{ursprünglicher}\\ \text{Restriktions-}\\ \text{obergrenzen}\end{array}$$

Die **duale Zielfunktion des Segregationsbewertungsansatzes für den Fall des Verkaufs aller vorleistenden Betriebe** lautet wie folgt.

$$SE^{max} = SV - SN = RW^{v\,min} =$$

$$\sum_{m\in M}\sum_{t\neq 0}X^{vA}_{mt}\cdot\alpha^v_{mt} + \sum_{n\in N^V}\sum_{t\neq 0}X^{vA}_{nt}\cdot\alpha^v_{nt} + \sum_{j\in J^V}\sum_{t\neq 0}Kap^{vP}_{jt}\cdot\kappa^v_{jt} +$$

$$\sum_{s=1}^2\sum_{t\neq 0}Kap^{vL}_{st}\cdot\kappa^{vL}_{st} + \sum_{t\neq 0}Kap^L_{3t}\cdot\kappa^{vL}_{3t} + \sum_{l\in L^V}\sum_{t\neq 0}X^{vB}_{lt}\cdot\beta^v_{lt} + \sum_{m\in M}\sum_{t\neq 0}X^{vF}_{mt}\cdot\varphi^v_{mt} +$$

$$\sum_{o\in O^{VG}}N^v_o\cdot\delta^v_o + \sum_t\left(E^v_t - A^v_t\right)\cdot\lambda^v_t - VZ^{max}_{Basis}\cdot\mu^v$$

Nach Aufspaltung des Mindestvermögens VZ_{Basis}^{max}, nach Substitution des Abzinsungsfaktors μ^v durch λ_{tu}^v, nach explizitem Ausweis der Differenzbeträge zwischen den jeweiligen Restriktionsobergrenzen im Bewertungs- und Basisansatz (Δ) sowie nach adäquater Umstellung nach demselben Muster wie im vorhergehenden Fall gelangt man zu folgender ökonomisch interpretierbaren **komplexen Segregationsbewertungsformel für den Fall des Verkaufs aller vorleistenden Betriebe**.

$SE^{max} =$

$$\sum_{m \in M} \sum_{t \neq 0} \Delta X_{mt}^A \cdot \alpha_{mt}^v + \sum_{n \in N^v} \sum_{t \neq 0} \Delta X_{nt}^A \cdot \alpha_{nt}^v + \sum_{j \in J^v} \sum_{t \neq 0} \Delta Kap_{jt}^P \cdot \kappa_{jt}^v \left. \begin{array}{l} \\ \\ \end{array} \right\} \text{Kapitalwert}$$

$$+ \sum_{s=1}^{2} \sum_{t \neq 0} \Delta Kap_{st}^L \cdot \kappa_{st}^{vL} + \sum_{l \in L^v} \sum_{t \neq 0} \Delta X_{lt}^B \cdot \beta_{lt}^v + \sum_{m \in M} \sum_{t \neq 0} \Delta X_{mt}^F \cdot \phi_{mt}^v \quad \begin{array}{l} \text{veränderter} \\ \text{Restriktions-} \end{array}$$

$$+ \sum_{o \in O^{vG}} \Delta N_o \cdot \delta_o^v + \sum_t \left(\Delta E_t - \Delta A_t \right) \cdot \lambda_t^v \qquad\qquad \text{obergrenzen}$$

$$- \sum_{n \in N \setminus N^v} \sum_{t \neq 0} X_{nt}^A \cdot \bar{\alpha}_{nt} \cdot \lambda_{tu}^v - \sum_{j \in J \setminus J^v} \sum_{t \neq 0} Kap_{jt}^P \cdot \bar{\kappa}_{jt} \cdot \lambda_{tu}^v \quad \begin{array}{l} \text{Kapitalwert} \\ \text{eingebüßter} \end{array}$$

$$- \sum_{l \in L \setminus L^v} \sum_{t \neq 0} X_{lt}^B \cdot \bar{\beta}_{lt} \cdot \lambda_{tu}^v - \sum_{o \in O^G \setminus O^{vG}} N_o \cdot \bar{\delta}_o \cdot \lambda_{tu}^v \quad \begin{array}{l} \text{Produkte, Faktoren} \\ \text{und Finanzobjekte} \end{array}$$

$$+ \sum_{m \in M} \sum_{t \neq 0} X_{mt}^A \cdot \left(\alpha_{mt}^v - \bar{\alpha}_{mt} \cdot \lambda_{tu}^v \right) + \sum_{n \in N^v} \sum_{t \neq 0} X_{nt}^A \cdot \left(\alpha_{nt}^v - \bar{\alpha}_{nt} \cdot \lambda_{tu}^v \right)$$

$$+ \sum_{l \in L^v} \sum_{t \neq 0} X_{lt}^B \cdot \left(\beta_{lt}^v - \bar{\beta}_{lt} \cdot \lambda_{tu}^v \right) + \sum_{m \in M} \sum_{t \neq 0} X_{mt}^F \cdot \left(\phi_{mt}^v - \bar{\phi}_{mt} \cdot \lambda_{tu}^v \right) \quad \begin{array}{l} \text{Kapitalwert} \\ \text{der Umbewertung} \end{array}$$

$$+ \sum_{j \in J^v} \sum_{t \neq 0} Kap_{jt}^P \cdot \left(\kappa_{jt}^v - \bar{\kappa}_{jt} \cdot \lambda_{tu}^v \right) + \sum_{s=1}^{3} \sum_{t \neq 0} Kap_{st}^L \cdot \left(\kappa_{st}^{vL} - \bar{\kappa}_{st}^L \cdot \lambda_{tu}^v \right) \quad \begin{array}{l} \text{ursprünglicher} \\ \text{Restriktions-} \end{array}$$

$$+ \sum_{o \in O^{vG}} N_o \cdot \left(\delta_o^v - \bar{\delta}_o \cdot \lambda_{tu}^v \right) + \sum_t \left(E_t - A_t \right) \cdot \left(\lambda_t^v - \bar{\lambda}_t \cdot \lambda_{tu}^v \right) \qquad \text{obergrenzen}$$

Auf Grund der strukturellen Identität des Basis- und Bewertungsansatzes im Falle einer Veräußerung beliebiger Unternehmensteile gleicht die **duale Zielfunktion des Segregationsbewertungsansatzes** für diesen Fall – bis auf die hochgestellten v zur Kennzeichnung der Situation nach dem Verkauf und die Laufweiten der Indizes j, l, m, n, o – der um den Mindestvermögensterm reduzierten dualen Zielfunktion des Basisansatzes. Sie läßt sich zu einer **komplexen Segregationsbewertungsformel für den Fall des Verkaufs beliebiger Unternehmenteile** umstellen, die strukturell der Formel für den Fall des Verkaufs aller vorleistenden Produktionsbetriebe entspricht und sich analog interpretieren läßt.

4 Unternehmensübergreifende partnerschaftliche Bewertung[1]

4.1 Fünfstufiger Bewertungsansatz für Wertschöpfungspartner

Wachsende Produktkomplexität, die von Einzelunternehmen oftmals nur schwerlich zu bewältigen ist, führt zu verstärkter überbetrieblicher Arbeitsteilung und Kooperation, weil die betroffenen Unternehmen ihre Fertigungstiefe reduzieren und sich auf ihre Kernkompetenzen konzentrieren.[2] Kernkompetenzen sind Handlungspotentiale eines Unternehmens, die zu einer zielgerichteten Kombination und Transformation von Produktionsfaktoren zum Zwecke der Erstellung wettbewerbsfähiger Leistungen befähigen und nachhaltige komparative Wettbewerbsvorteile begründen.[3] Unternehmen, die sich auf ihre Kernkompetenzen konzentrieren, müssen verstärkt miteinander kooperieren, um ihre Leistungen zu koordinieren und zu überlegenen Endprodukten zu kombinieren.[4] Dies ist der Grund für die Entstehung vertikaler strategischer Allianzen in Form von **Wertschöpfungspartnerschaften** zwischen rechtlich und wirtschaftlich selbständigen Unternehmen, „die ihre Aktivitäten auf bestimmte Stufen der Wertkette konzentrieren und entlang der Wertkette kooperieren"[5].

Das Ideal der Planung partnerschaftlicher Wertschöpfung in vertikalen strategischen Allianzen ist die **Wertschöpfungskettentotalplanung** durch eine zentrale Planungsinstanz. Die Rolle der zentralen Planungsinstanz kann dabei entweder das fokale Unternehmen der Wertschöpfungskette oder ein externer und neutraler Dienstleister („Fourth Party Logistics Provider") der Wertschöpfungspartner übernehmen.[6] Nur eine integrierte Planung *aller* Aktivitäten *aller* Partnerunternehmen unter Berücksichtigung aller relevanten Zusammenhänge und Daten vermag alle zwischen den Handlungsoptionen der einzelnen Wertschöpfungspartner bestehenden *Interdependenzen* hinreichend zu berücksichtigen. Doch eine derartige Totalplanung ist aus Gründen der Komplexität und wegen des mangelnden Vertrauens auch zwischen Partnern letztlich illusorisch.

Realistischer ist dagegen eine Kombination aus Wertschöpfungskettenpartialplanung durch die zentrale Planungsinstanz und individuellen Unternehmensgesamtplanungen der einzelnen Wertschöpfungspartner.[7] Dabei widmet sich die **Wertschöpfungskettenpartialplanung** „nur noch" der integrierten Planung ausschließlich der *auf die gemeinsame Wertschöpfung bezogenen* Aktivitäten *aller* Partnerunternehmen, während

---

1 Vgl. ROLLBERG/SCHMETTAU (2021).
2 Vgl. ROLLBERG (2018b), S. 342.
3 Vgl. FREILING (2001), S. 22 f., 27 und FREILING (2008), S. 469 sowie WILDEMANN (2018), S. 202.
4 Vgl. ROLLBERG (2011), S. 8 und MACHARZINA/WOLF (2022), S. 288.
5 SYDOW (1992), S. 64. Vgl. hierzu vor allem JOHNSTON/LAWRENCE (1988).
6 Vgl. JEHLE/KACZMAREK (2003), S. 10 ff. und PIBERNIK/SUCKY (2005), S. 71. Speziell zu fokalen Unternehmen vgl. bspw. WILDEMANN (1997), S. 423 f. und CORSTEN/GÖSSINGER (2008), S. 20 ff. Speziell zu „Fourth Party Logistics Provider" vgl. bspw. BAUMGARTEN/DARKOW (2004), S. 104 ff., CHERNEVA/VOIGT (2015), S. 238 ff. und SUCKY (2022), S. 112 ff.
7 Vgl. GÖSSINGER (2001), S. 99 und ROLLBERG (2018a), S. 1254 f.

sich die **Unternehmensgesamtplanungen** jeweils auf die integrierte Planung *aller* Aktivitäten *eines einzelnen* Wertschöpfungspartners in den Grenzen der Ergebnisse der Wertschöpfungskettenpartialplanung erstrecken.

Gleichermaßen müssen auch Handlungsoptionen, die sich auf die Aktivitäten in vertikalen strategischen Allianzen auswirken, sowohl aus der Gesamtsicht der Allianz als auch aus der Sicht der einzelnen Partnerunternehmen beurteilt werden. So entspricht der **Wert einer Handlungsoption aus Sicht der Wertschöpfungspartnerschaft** der Summe der Werte dieser Option aus Sicht der Partnerunternehmen. Dabei kann auf Grund der additiven Verknüpfung der Einzelwerte zu einem Gesamtwert eine positive oder negative Gesamteinschätzung durchaus auf sowohl positiven als auch negativen Einzeleinschätzungen gründen.

Zur gemeinschaftlichen Bewertung einer Handlungsoption von Wertschöpfungspartnern muß der aus Unterkapitel 1.4 bekannte zweistufige Bewertungsansatz für Einzelunternehmen zu einem **fünfstufigen Bewertungsansatz** für unternehmensübergreifende Wertschöpfungspartnerschaften ausgebaut werden.[1] Zunächst sind in einer *ersten Wertschöpfungskettenpartialplanung* die den Partnerunternehmen vorzugebenden Produktionsmengen unter Vernachlässigung der zu bewertenden Handlungsoption zu bestimmen (Unterkapitel 4.2). Im Anschluß an diese übergeordnete Mengenplanung können die *unternehmensspezifischen Basisansätze* aufgestellt und gelöst werden (Unterkapitel 4.3). In einer *zweiten Wertschöpfungskettenpartialplanung* werden dann die von den Partnerunternehmen zu erbringenden Produktionsmengen unter Berücksichtigung der zu bewertenden Handlungsoption ermittelt (Unterkapitel 4.4). Diese übergeordnete Mengenplanung ist wiederum Voraussetzung für die Formulierung und Lösung der *unternehmensspezifischen Bewertungsansätze* (Unterkapitel 4.5). Schließlich sind die individuellen Bewertungsergebnisse aller Wertschöpfungspartner zu einem *Gesamturteil der vertikalen strategischen Allianz* zu aggregieren und sowohl allianz- als auch einzelunternehmensspezifische Schlußfolgerungen zu ziehen (Unterkapitel 4.6).

Der fünfstufige Ansatz zur partnerschaftlichen Bewertung in unternehmensübergreifenden Wertschöpfungsketten wird im folgenden für eine gegenüber der Realität stark vereinfachte **Grundsituation** beschrieben. Exemplarisch sei die Variation mehrerer Produkte eines allianzspezifischen Sortiments durch sachleistungsbegleitende Dienstleistungen zu beurteilen. Hierbei ist es für die weitere Betrachtung zunächst gleichgültig, ob diese Dienstleistungen von dem Partnerunternehmen U erbracht oder bei einem externen Unternehmen eingekauft werden sollen. Die absatzwirtschaftlichen Konsequenzen der Produktvariationen, wie beispielsweise die induzierten endproduktspezifischen Absatzpotentialausweitungen und Steigerungen der „objektiven" Marktpreise,

---

1 ALBRECHT (2014), S. 179 ff., insb. S. 182, schlägt dagegen vor, die zweistufige Vorgehensweise aus Unterkapitel 1.4 zur Bewertung der Aufnahme weiterer Kooperationspartner auf ein *Totalmodell* der Netzwerkplanung anzuwenden; ebenso ALBRECHT/STEINRÜCKE (2020).

seien bekannt. Gesucht ist der „subjektive" Grenzpreis als wertschöpfungspartner-schaftsspezifische Preisobergrenze für die vom Partnerunternehmen U aufzubauende Dienstleistungskapazität oder für die Entwicklung, Förderung und Pflege eines geeigneten externen Dienstleisters.

Sowohl die Zahl U der kooperierenden Unternehmen u als auch die Zahl $\tilde{N}$ der Produkte $\tilde{n}$ des allianzspezifischen Sortiments sowie alle Vorprodukte, die von Partnerunternehmen $u \neq U$ produziert und weitergereicht werden, bleiben von der zu bewertenden Handlungsoption unberührt. Es ändern sich nur die vom Unternehmen U am externen Markt angebotenen Kooperationsprodukte.

Alle Partnerunternehmen (u) bieten Produkte mit ($\tilde{n}$) und ohne (n) Partnerschaftsbezug an. Im Vorfeld haben alle Unternehmen Potentialfaktorkapazitäten und Repetierfaktorkontingente für die gemeinschaftlichen Produktionsaufgaben reserviert.[1] Alle Kooperationsprodukte werden in linearen, unverzweigten Prozessen gefertigt und durchlaufen dieselben Wertschöpfungsstufen. Jedes Unternehmen repräsentiert genau eine Wertschöpfungsstufe, so daß der Index u sowohl ein spezifisches Unternehmen als auch eine spezifische Wertschöpfungsstufe symbolisiert. Die zentrale Planungsinstanz berücksichtigt in der Wertschöpfungskettenpartialplanung alle reservierten partnerspezifischen Faktorkapazitäten und -kontingente sowie alle relevanten kooperationsprodukt- und -unternehmensspezifischen Produktionskoeffizienten. Die in der übergeordneten Wertschöpfungskettenpartialplanung ermittelten Produktmengen führen zur Beanspruchung von Repetier- (l) und Potentialfaktoren (j) in den untergeordneten Einzelunternehmensplanungen.

Das einzelne Unternehmen u hat keine Informationen über die partnerschaftsfernen Entscheidungsfelder der übrigen Unternehmen. Insofern kann der unternehmensspezifische Grenzpreis der zu beurteilenden Handlungsoption nur vom jeweiligen Unternehmen selbst berechnet und nachvollzogen werden. Es wird freilich davon ausgegangen, daß jedes Partnerunternehmen seinen subjektiven Grenzpreis wahrheitsgemäß an die zentrale Planungsinstanz weiterleitet und auf die unverfälschte Übermittlung der subjektiven Grenzpreise der übrigen Unternehmen vertrauen kann.

Von Lagerhaltung und Unsicherheit wird wieder abstrahiert, um sich auf die eigentliche Problemstellung konzentrieren zu können. Alle Planungsmodelle beziehen sich auf den gemeinsamen Planungshorizont T, womit die Laufweite des Index t in allen Modellen identisch ist. Gleiches gilt auch für die Laufweite des Index $\tilde{n}$ für die Kooperationsprodukte. Dagegen sind die Laufweiten aller übrigen Indizes unternehmensspezifisch.

---

1 Die Bestimmung des Umfangs zu reservierender Kapazitäten und Kontingente begründet ein eigenständiges Planungsproblem, das mit zunehmender Bindungsdauer der Zusage höchster Unsicherheit unterliegen kann. Im Planungszeitpunkt zweckmäßige Zusagen können mit zielsetzungsgerechten Veränderungen in der Programmzusammensetzung mit Blick auf die Produkte ohne Partnerschaftsbezug schnell unzweckmäßig werden.

4.2 Wertschöpfungskettenpartialplanung I

Die Wertschöpfungskettenpartialplanung beschränkt sich aus den bereits genannten Gründen auf eine Betrachtung ausschließlich der partnerschaftlichen Aktivitäten. Hieraus folgt, daß nur Kooperationsprodukte ñ Gegenstand der Planung sein können. Zudem verbietet sich eine Integration der Finanzsphäre in das Problem.[1] Es ist weder realistisch, partnerunternehmensspezifische Liquiditätsrestriktionen „unverbunden" nebeneinander in ein wertschöpfungskettenweites Modell integrieren zu wollen, noch sinnvoll, „gemeinsame" partnerunternehmensübergreifende Liquiditätsrestriktionen zu „erfinden". Daher ist es angebracht, die Wertschöpfungskettenpartialplanung als deckungsbeitragsmaximierende mehrperiodige **Produktionsprogrammplanung** in Analogie zur einperiodigen Produktionsprogrammplanung im Abschnitt 2.2.1 zu modellieren.

Ziel der Wertschöpfungskettenpartialplanung ist damit die Maximierung des kettenweiten „zahlungsorientierten" Deckungsbeitrags DB^{Kette} als Summe der kooperationsprodukt- (ñ), partnerunternehmens- (u) und periodenspezifischen (t) „zahlungsorientierten" Deckungsbeiträge. Diese ergeben sich aus einer Multiplikation der jeweiligen „zahlungsorientierten" Deckungsspanne (als Differenz aus Absatzpreis e und produktionsbedingten Auszahlungen pro Stück a) mit der zugehörigen Produktionsmenge x.

$$\text{max. } DB^{Kette}; \quad DB^{Kette} := \sum_{ñ}\sum_{u}\sum_{t}\left(e_{ñut} - a_{ñut}\right) \cdot x_{ñut}$$

In diesem Zusammenhang sei darauf hingewiesen, daß der Absatzpreis $e_{ñut}$, den das Unternehmen u für eine Mengeneinheit des Zwischenprodukts ñ in der Periode t erzielt, gleichzeitig auch Teil der produktionsbedingten Auszahlungen $a_{ñ(u+1)t}$ des Unternehmens u + 1 ist, die es in derselben Periode t für den Kauf und die Weiterverarbeitung einer Mengeneinheit des Zwischenprodukts ñ tätigt. Mithin ist sichergestellt, daß bei der Bewertung einer Produkteinheit letztlich nur die Differenz aus Absatzpreis $e_{ñUt}$, den das letzte Unternehmen U in der Wertschöpfungskette für eine Mengeneinheit des Endprodukts ñ in der Periode t am externen Markt erhält, und allen produktionsbedingten Auszahlungen aller Unternehmen, die sich nicht auf den Erwerb von Zwischenprodukten vorgelagerter Wertschöpfungspartner beziehen, zu Buche schlägt.

Absatzrestriktionen sorgen dafür, daß die erzeugnis- und periodenspezifische Produktions- und Absatzmenge $x_{ñUt}$ des Unternehmens U am Ende der Wertschöpfungskette nicht das jeweils vorgegebene Absatzpotential $X^{A}_{ñUt}$ überschreitet.

$$x_{ñUt} \leq X^{A}_{ñUt} \quad \forall\ ñ, t$$

---

1 Anders in ALBRECHT (2014), S. 87 f., 94 ff., 97 ff., 211 ff., 243, ALBRECHT/STEINRÜCKE (2017), S. 223 ff., insb. S. 225, 226, und S. 236 sowie ALBRECHT/STEINRÜCKE (2020), Kapitel 3.

Produktionsfaktorrestriktionen gewährleisten, daß in keiner Periode der Repetier- und Potentialfaktorbedarf das vom jeweiligen Unternehmen reservierte Repetier- und Potentialfaktorangebot übersteigt. Also darf die Summe der mit den entsprechenden faktorspezifischen Produktionskoeffizienten $PK^R_{l\tilde{n}u}$ bzw. $PK^P_{j\tilde{n}u}$ gewichteten Fertigungsmengen $x_{\tilde{n}ut}$ der von Unternehmen u in Periode t hergestellten Erzeugnisse ñ nicht größer als die vom Unternehmen u für Periode t reservierte Menge $X^{B\,res}_{lut}$ des jeweiligen Repetierfaktors l bzw. reservierte Kapazität $Kap^{P\,res}_{jut}$ des jeweiligen Potentialfaktors j sein.

$$\sum_{\tilde{n}} PK^R_{l\tilde{n}u} \cdot x_{\tilde{n}ut} \leq X^{B\,res}_{lut} \quad \forall\, l,\, u,\, t$$

$$\sum_{\tilde{n}} PK^P_{j\tilde{n}u} \cdot x_{\tilde{n}ut} \leq Kap^{P\,res}_{jut} \quad \forall\, j,\, u,\, t$$

Verkettungsbedingungen stellen sicher, daß die erzeugnis- und periodenspezifische Produktionsmenge $x_{\tilde{n}ut}$ des Unternehmens u vollständig von Unternehmen u + 1 weiterverarbeitet wird.[1] Dabei beschreibt der Produktionskoeffizient $PK^Z_{\tilde{n}u(u+1)}$, wie viele Zwischenprodukte aus der Wertschöpfungsstufe u in eine Produkteinheit der folgenden Wertschöpfungsstufe u + 1 eingehen.

$$x_{\tilde{n}(u+1)t} \cdot PK^Z_{\tilde{n}u(u+1)} - x_{\tilde{n}ut} = 0 \quad \forall\, \tilde{n},\, u \neq U,\, t$$

Nichtnegativitätsbedingungen verhindern negative Produktionsmengen $x_{\tilde{n}ut}$.

$$x_{\tilde{n}ut} \geq 0 \quad \forall\, \tilde{n},\, u,\, t$$

4.3 Basisansätze der einzelnen Wertschöpfungspartner

Im Gegensatz zum Modell der Wertschöpfungskettenpartialplanung I umfassen die individuellen Basisansätze der einzelnen Partnerunternehmen sowohl Produkte ñ mit als auch Produkte n ohne Partnerschaftsbezug. Dabei sind die Fertigungsmengen der Produkte n die *Variablen* der Ansätze, wohingegen die Fertigungsmengen der Produkte ñ aus der Optimallösung der Wertschöpfungskettenpartialplanung I stammen und somit *Konstante* darstellen.[2] Zudem tritt neben die Realgütersphäre die Finanzgütersphäre mit ihren Geldaufnahme- und Geldanlagemöglichkeiten sowie Liquiditätsrestriktionen. Aus diesem Grunde steht der Index t fortan wieder für Zeitpunkte mit $t \in \{0, 1, 2, ..., T\}$ und nicht mehr wie zuvor für Perioden mit $t \in \{1, 2, ..., T\}$. Zum

---

1 Zu den Verkettungsbedingungen vgl. auch MIRSCHEL/ROLLBERG (2015), S. 66 f.

2 Zur Erfassung der von der übergeordneten Wertschöpfungskettenpartialplanung I vorgeschriebenen Aktivitäten vgl. auch MIRSCHEL/ROLLBERG (2015), S. 68 f.

Zeitpunkt t kann nur verkauft werden, was zuvor in der Periode zwischen den Zeit-punkten $t-1$ und t produziert wurde. Absatzmengen zu Beginn des Planungszeit-raums $t=0$ sind also nicht möglich.

Die **Zielfunktion** des Basisansatzes eines exemplarischen Unternehmens u, der grund-sätzlich dem Basisansatz aus Abschnitt 2.3.1 enstpricht, möge das Endvermögen EV_u am Ende des Planungszeitraums, modelliert als fiktive Entnahme V_{uT} in der Liquidi-tätsrestriktion für den Zeitpunkt T, maximieren.

$$\max. \; EV_u; \quad EV_u := V_{uT}$$

Absatzrestriktionen sind nur für die Produkte n erforderlich, die nicht Gegenstand der Wertschöpfungspartnerschaft sind, weil die Produktions- und Absatzmengen der Pro-dukte ñ bereits aus der Wertschöpfungskettenpartialplanung I bekannt sind und als Datum in die Modellierung eingehen.

$$x_{nut} \leq X_{nut}^A \quad \forall \, n, t \neq 0$$

Beschaffungsrestriktionen sorgen dafür, daß der Repetierfaktorbedarf das gegebene Repetierfaktorangebot zu keiner Zeit überschreitet. Das Repetierfaktorangebot ergibt sich als Differenz zwischen repetierfaktorspezifischem Beschaffungspotential X_{lut}^B und die durch die Kooperationsprodukte ñ gebundenen Repetierfaktormengen. Die aus der Wertschöpfungskettenpartialplanung I bekannten Lösungswerte für die Variablen $x_{ñut}$ gehen als Konstante $\bar{x}_{ñut}$ in die jeweiligen Basisansätze ein. Durch sie werden im Zusammenspiel mit den zugehörigen Produktionskoeffizienten $PK_{lñu}^R$ maximal die in der Wertschöpfungskettenpartialplanung I berücksichtigten reservierten Repetierfak-torkontingente $X_{lut}^{B\,res}$ abgerufen. Für die Produktion der Erzeugnisse n ohne Partner-schaftsbezug stehen damit insgesamt die nicht reservierten und die reservierten, aber nicht abgerufenen Repetierfaktormengen zur Verfügung.[1]

$$\sum_n PK_{lnu}^R \cdot x_{nut} \leq X_{lut}^B - \sum_{\tilde{n}} PK_{l\tilde{n}u}^R \cdot \bar{x}_{\tilde{n}ut} \quad \forall \, l, t \neq 0$$

Die **Kapazitätsrestriktionen** funktionieren nach demselben Muster. Der Kapazitäts-bedarf für die Herstellung der Produkte n ohne Partnerschaftsbezug darf die nach Fertigung der Kooperationsprodukte ñ noch verfügbare Kapazität nicht überschreiten.

$$\sum_n PK_{jnu}^P \cdot x_{nut} \leq Kap_{jut}^P - \sum_{\tilde{n}} PK_{j\tilde{n}u}^P \cdot \bar{x}_{\tilde{n}ut} \quad \forall \, j, t \neq 0$$

Liquiditätsbedingungen sind erforderlich, damit zu keinem Zeitpunkt t die Auszah-lungen die Einzahlungen übersteigen. Wird ein Investitions- oder Finanzierungsob-jekt o im Umfang von n_{ou} realisiert, so resultieren hieraus zu den Zeitpunkten t seiner

---

1 Vgl. auch ROLLBERG (2018a), S. 1254.

Lebensdauer Zahlungen als Produkt aus Ein- oder Auszahlungsbetrag pro Objekteinheit (E_{out} bzw. A_{out}) und Objektumfang. Als verbindendes Element zwischen der Real- und der Finanzgütersphäre sind in den Liquiditätsbedingungen die Zahlungswirkungen des Produktionsbereichs in Gestalt produkt- und periodenspezifischer „zahlungsorientierter" Deckungsbeiträge zu finden. Je nachdem, ob sich die „zahlungsorientierten" Deckungsbeiträge auf die noch disponiblen Produktionsmengen der Erzeugnisse $n \in N$ ohne Partnerschaftsbezug oder auf die bereits aus der Wertschöpfungskettenpartialplanung I bekannten und damit festgeschriebenen Mengen der Erzeugnisse $\tilde{n} \in \tilde{N}$ mit Partnerschaftsbezug beziehen, finden sich die entsprechenden Terme links oder rechts vom Ungleichheitszeichen.

$$\sum_o (A_{ou0} - E_{ou0}) \cdot n_{ou} \leq 0$$

$$\sum_n (a_{nut} - e_{nut}) \cdot x_{nut} + \sum_o (A_{out} - E_{out}) \cdot n_{ou} \leq \sum_{\tilde{n}} (e_{\tilde{n}ut} - a_{\tilde{n}ut}) \cdot \overline{x}_{\tilde{n}ut}$$

$$\forall\, t \in \{1, ..., T-1\}$$

$$\sum_n (a_{nuT} - e_{nuT}) \cdot x_{nuT} + \sum_o (A_{ouT} - E_{ouT}) \cdot n_{ou} + V_{uT} \leq \sum_{\tilde{n}} (e_{\tilde{n}uT} - a_{\tilde{n}uT}) \cdot \overline{x}_{\tilde{n}uT}$$

Durchführungsrestriktionen begrenzen den maximal möglichen Umfang N_{ou} eines beschränkten Investitions- oder Finanzierungsobjekts o.

$$n_{ou} \leq N_{ou} \quad \forall\, o \in O^G$$

Nichtnegativitätsbedingungen für alle Variablen vervollständigen die Modellierung.

$$n_{ou} \geq 0 \quad \forall\, o; \quad V_{uT} \geq 0; \quad x_{nut} \geq 0 \quad \forall\, n, t \neq 0$$

4.4 Wertschöpfungskettenpartialplanung II

Bei grundsätzlich unveränderten Faktorrestriktionen sowie Verkettungs- und Nichtnegativitätsbedingungen unterscheidet sich die Wertschöpfungskettenpartialplanung II unter Berücksichtigung der zu bewertenden Produktvariationen nur hinsichtlich der Absatzobergrenzen sowie der Ein- und Auszahlungen für eine Mengeneinheit der einzelnen Endprodukte von der anfänglichen Wertschöpfungskettenpartialplanung I im Unterkapitel 4.2. Durch die zusätzlichen sachleistungsbegleitenden Dienstleistungen fallen einerseits **zusätzliche Auszahlungen Δa** pro Endprodukteinheit (ñU) an und können andererseits **Preisaufschläge Δe** pro abgesetzte Mengeneinheit des jeweiligen Endprodukts (ñU) verlangt werden. Gleichzeitig ändern sich die endproduktspezifischen **Absatzpotentiale** um ΔX^A. Alle erwähnten Veränderungsgrößen können periodenspezifisch sein (t).

$$\max. \ DB^{Kette}; \quad DB^{Kette} := \sum_{\tilde{n}} \sum_{u} \sum_{t} \left(e_{\tilde{n}ut} - a_{\tilde{n}ut}\right) \cdot x_{\tilde{n}ut} + \sum_{\tilde{n}} \sum_{t} \left(\Delta e_{\tilde{n}Ut} - \Delta a_{\tilde{n}Ut}\right) \cdot x_{\tilde{n}Ut}$$

$$x_{\tilde{n}Ut} \leq X_{\tilde{n}Ut}^{A} + \Delta X_{\tilde{n}Ut}^{A} \quad \forall \ \tilde{n}, t$$

Bei einem **Fremdbezug** der sachleistungsbegleitenden Dienstleistungen von einem externen Unternehmen sind entsprechende Fremdbezugsobergrenzen zu formulieren.

$$x_{\tilde{n}Ut} \leq X_{\tilde{n}Ut}^{F} \quad \forall \ \tilde{n}, t$$

Bei **Eigenerstellung** der sachleistungsbegleitenden Dienstleistungen durch das Partnerunternehmen U sind die Faktorrestriktionen aus der Wertschöpfungskettenpartialplanung I zu modifizieren oder zu ergänzen. Sollte es zu einer zusätzlichen Beanspruchung der in den Restriktionen erfaßten Faktorarten kommen, so sind die endproduktspezifischen Produktionskoeffizienten entsprechend zu erhöhen. Gleiches gilt für die reservierten Faktorkontingente und -kapazitäten auf den rechten Seiten der Restriktionen, die durch das Unternehmen U gegebenenfalls aufzustocken sind. Zusätzlich erforderliche Repetierfaktorarten $\hat{l}$ und Potentialfaktorarten $\hat{j}$ sind in zu ergänzenden Faktorrestriktionen zu berücksichtigen.

$$\sum_{\tilde{n}} PK_{\hat{l}\tilde{n}U}^{R} \cdot x_{\tilde{n}Ut} \leq X_{\hat{l}Ut}^{B} \quad \forall \ \hat{l}, t$$

$$\sum_{\tilde{n}} PK_{\hat{j}\tilde{n}U}^{P} \cdot x_{\tilde{n}Ut} \leq Kap_{\hat{j}Ut}^{P} \quad \forall \ \hat{j}, t$$

Im Falle der Möglichkeit einer **Kombination aus Eigenfertigung und Fremdbezug** von Dienstleistungen müßte die gesamte Sachleistungsmenge $x_{\tilde{n}Ut}$ in die Dienstleistungsmengen $x_{\tilde{n}Ut}^{E}$ für die Faktorrestriktionen bei Eigenfertigung und $x_{\tilde{n}Ut}^{F}$ für die Beschaffungsrestriktionen bei Fremdbezug aufgespalten werden. Diese Aufspaltung ist auch zur Differenzierung der sich ergebenden unterschiedlichen Auszahlungen pro Endprodukteinheit bei Eigen- und Fremdfertigung sowohl in der Zielfunktion der Wertschöpfungskettenpartialplanung II als auch in den Liquiditätsbedingungen des Bewertungsansatzes des Unternehmens U erforderlich.

4.5 Bewertungsansätze und -formeln der einzelnen Wertschöpfungspartner

Nunmehr soll die sich unternehmensübergreifend auswirkende Handlungsoption zunächst aus Einzelunternehmenssicht bewertet werden. Hierzu ist vor dem Hintergrund der jeweils verfolgten Zielsetzung der unternehmensindividuelle *Grenznutzen* der

Handlungsoption zu bestimmen.[1] Dieser subjektive Grenznutzen determiniert im folgenden Bewertungsansatz, der grundsätzlich dem im Abschnitt 2.3.2 entspricht, die **Grenzzahlungsbereitschaft** des jeweiligen Unternehmens für die Handlungsoption zum Zeitpunkt t = 0. Käme das Unternehmen nur bei Zahlung des entsprechenden Grenzpreises in den Genuß der Handlungsoption, so stellte es sich nicht besser und nicht schlechter als bei Unterlassung der Option. Nun kann es freilich sein, daß der subjektive Grenznutzen einer Handlungsoption negativ ist und damit eigentlich einen *Grenzschaden* verkörpert. Unter diesen Umständen kann das maximale Endvermögen aus dem Basisprogramm nur wieder erreicht werden, wenn eine entsprechende Einzahlung beim bewertenden Unternehmen eingeht. Mithin wäre die Grenzzahlungsbereitschaft negativ und sollte besser als **Grenzforderung** bezeichnet werden.

Hieraus ergibt sich die Notwendigkeit einer vorzeichenunbeschränkten **Zielfunktion** zur Maximierung des vorzeichenunbeschränkten subjektiven Grenzpreises P_u als auf den Zeitpunkt t = 0 bezogene Differenz aus Grenzzahlungsbereitschaft Pa_u und Grenzforderung Pe_u unter der Bedingung, wenigstens das maximale Endvermögen aus dem Basisprogramm wieder zu erreichen.[2] Die Maximierungsvorschrift sorgt wieder dafür, daß die **Mindestvermögensbedingung** in der Optimallösung des Bewertungsansatzes als Gleichung erfüllt ist, denn die Grenzzahlungsbereitschaft (Grenzforderung) wird in der **Liquiditätsrestriktion für den Zeitpunkt t = 0** als fiktive Auszahlung (Einzahlung) erfaßt.

$$\text{max. } P_u; \quad P_u := Pa_u - Pe_u$$

$$-V_{uT} \leq -EV_{u\,\text{Basis}}^{\text{max}}$$

$$\sum_o (A_{ou0} - E_{ou0}) \cdot n_{ou} + Pa_u - Pe_u \leq 0$$

$$Pa_u \geq 0; \quad Pe_u \geq 0$$

Demgegenüber bleiben in den Bewertungsansätzen die übrigen Liquiditätsrestriktionen sowie die Absatz-, Beschaffungs-, Kapazitäts- und Durchführungsrestriktionen aus den entsprechenden Basisansätzen (vgl. Unterkapitel 4.3) grundsätzlich unverändert. Allerdings stammen die von den einzelnen Unternehmen im Rahmen der Wertschöpfungspartnerschaft zu erbringenden Produktionsmengen $\bar{x}_{\tilde{n}ut}^{\text{neu}}$ nunmehr aus der Wertschöpfungskettenpartialplanung II unter Berücksichtigung der zu bewertenden Handlungs-

---

1 Vgl. nochmals ADAM (1970), S. 25 f., 30 ff.

2 Nur zufälligerweise wird in der Optimallösung eine der beiden Variablen den Wert Null annehmen und die jeweils andere Variable *allein* die Grenzzahlungsbereitschaft oder Grenzforderung verkörpern, denn genaugenommen spiegelt lediglich die positive oder negative *Differenz* der beiden Variablen den vorzeichenunbeschränkten Grenzpreis als Grenzzahlungsbereitschaft oder Grenzforderung wider.

option (vgl. Unterkapitel 4.4). Die Mengen $\overline{x}_{\tilde{n}ut}^{neu}$ aus der Wertschöpfungskettenpartial-planung II können größer, aber auch kleiner als die Mengen $\overline{x}_{\tilde{n}ut}$ aus der Wertschöp-fungskettenpartialplanung I sein, da mehrere, isoliert betrachtet attraktive Produkt-variationen gleichzeitig beurteilt werden und es vor dem Hintergrund der Faktor-beschränkungen in der Gesamtschau zu Verdrängungseffekten zwischen den einzelnen Produkten kommen kann.

Der Vollständigkeit halber bleibt darauf hinzuweisen, daß sich lediglich der **Bewer-tungsansatz des Partnerunternehmens U** von den Bewertungsansätzen der übrigen Unternehmen $u \neq U$ unterscheidet. Wie schon in der Wertschöpfungskettenpartialpla-nung II sind die zusätzlichen Zahlungen Δa und Preisaufschläge Δe pro Endprodukt-einheit in den Liquiditätsrestriktionen sowie bei *Eigenfertigung* ggf. veränderte end-produktspezifische Produktionskoeffizienten in den ursprünglichen Beschaffungs- und Kapazitätsrestriktionen zu berücksichtigen. Ebenso müssen etwaige Aufstockungen der bereits vorhandenen Beschaffungspotentiale und Maschinenkapazitäten in den rechten Seiten der entsprechenden Restriktionen erfaßt werden.

Der Grenzpreis P_u läßt sich auch unter Zuhilfenahme der Zielfunktion des dualisierten Bewertungsansatzes bestimmen. Werden die Inhalte der dualen Zielfunktion des Be-wertungsproblems separiert, die sich auf die zusätzlichen und ggf. verlorengehenden unternehmens- und periodenspezifischen Vorgabemengen $\Delta\overline{x}_{\tilde{n}ut} = \overline{x}_{\tilde{n}ut}^{neu} - \overline{x}_{\tilde{n}ut}$ der Kooperationsprodukte beziehen, ergibt sich folgende **komplexe Bewertungsformel für Unternehmen $u \neq U$.**

$$
P_u := \sum_{t \neq 0} \sum_{\tilde{n}} \left(\overbrace{\underbrace{\left(e_{\tilde{n}ut} - a_{\tilde{n}ut}\right) \cdot \lambda_{ut}}_{\substack{\text{Kapitalwert der}\\\text{zahlungsorientierten}\\\text{pagatorischen DS}}} - \overbrace{\left(\sum_{l} PK_{l\tilde{n}u}^{R} \cdot \beta_{lut} + \sum_{j} PK_{j\tilde{n}u}^{P} \cdot \kappa_{jut}\right)}^{\text{Kapitalwert der Opportunität}}}_{\text{Kapitalwert der zahlungsorientierten wertmäßigen DS}} \cdot \Delta\overline{x}_{\tilde{n}ut} \right) +
$$

$$
\underbrace{}_{\substack{\text{Kapitalwert der zusätzlichen und ggf. eingebüßten}\\\text{Kooperationszwischenproduktmengen}}}
$$

$$
\left.
\begin{aligned}
&\sum_{n}\sum_{t \neq 0} X_{nut}^{A} \cdot \alpha_{nut} + \sum_{l}\sum_{t \neq 0}\left(X_{lut}^{B} - \sum_{\tilde{n}} PK_{l\tilde{n}u}^{R} \cdot \overline{x}_{\tilde{n}ut}\right) \cdot \beta_{lut} + \\
&\sum_{j}\sum_{t \neq 0}\left(Kap_{jut}^{P} - \sum_{\tilde{n}} PK_{j\tilde{n}u}^{P} \cdot \overline{x}_{\tilde{n}ut}\right) \cdot \kappa_{jut} + \sum_{o \in O^{G}} N_{ou} \cdot \delta_{ou} + \\
&\sum_{t \neq 0}\left(\sum_{\tilde{n}}\left(e_{\tilde{n}ut} - a_{\tilde{n}ut}\right) \cdot \overline{x}_{\tilde{n}ut}\right) \cdot \lambda_{ut} - EV_{u\,Basis}^{max} \cdot \mu_{u}
\end{aligned}
\right\}
\begin{aligned}
&\text{Kapitalwert-}\\
&\text{änderung}\\
&\text{durch Umstruk-}\\
&\text{turierung des}\\
&\text{Maßnahmen-}\\
&\text{programms}
\end{aligned}
$$

Es zeigt sich, daß der subjektive Grenzpreis für die Handlungsoption aus Sicht eines spezifischen Unternehmens u der Summe aus Kapitalwert der zusätzlichen und ggf. eingebüßten Kooperationszwischenproduktmengen (vgl. Ausdruck über der großen horizontalen geschweiften Klammer) und Kapitalwertänderung durch Umstrukturierung des Basismaßnahmenprogramms (vgl. Ausdruck vor der vertikalen geschweiften Klammer) entspricht.

Der **Kapitalwert der zusätzlichen und ggf. eingebüßten Kooperationszwischenproduktmengen** resultiert aus den Zahlungswirkungen und den Faktorbeanspruchungen und -einsparungen, die durch die zusätzlich oder weniger zu erbringenden Kooperationsproduktmengen entstehen. Zum einen sind da die zahlungsorientierten pagatorischen Deckungsspannen $(e - a)$ aus den rechten Seiten der Liquiditätsbedingungen, die durch Multiplikation mit den Abzinsungsfaktoren λ zu Kapitalwerten mit dem Bezugszeitpunkt $t = 0$ transformiert werden. Zum anderen werden die stückbezogenen Faktorverbräuche der Kooperationsprodukte, ausgedrückt durch die Produktionskoeffizienten aus den rechten Seiten der Beschaffungs- und Kapazitätsrestriktionen, durch Multiplikation mit den auf den Zeitpunkt $t = 0$ bezogenen zugehörigen Opportunitätsgrößen β und κ in Summe zum Kapitalwert der *Opportunität*.[1] Durch Subtraktion dieses Kapitalwerts von dem der zahlungsorientierten *pagatorischen* Deckungsspanne gelangt man zum Kapitalwert der zahlungsorientierten *wertmäßigen* Deckungsspanne. Verkürzt lautet das Ergebnis also, daß der *isolierte Wert* der Handlungsoption aus Sicht eines ausgewählten Unternehmens den über alle Kooperationserzeugnisse und alle Zeitpunkte größer null summierten zusätzlichen und ggf. eingebüßten unternehmensspezifischen Kooperationszwischenproduktmengen, gewichtet mit ihren zahlungsorientierten wertmäßigen Deckungsspannen, entspricht. Ein durchaus naheliegendes Ergebnis. – Um zum *Gesamtwert* der Handlungsoption zu gelangen, muß nun noch die auf die Interdependenzen mit dem übrigen Produktionsprogramm ohne Partnerschaftsbezug zurückzuführende **Kapitalwertänderung durch Umstrukturierung des Basismaßnahmenprogramms** addiert werden.

Für das Unternehmen U läßt sich die komplexe Bewertungsformel weiter aufspalten, weil sich mit Blick auf die Endprodukte der Wertschöpfungspartnerschaft sowohl die zahlungsorientierten Deckungsspannen als auch die endproduktspezifischen Produktionskoeffizienten ändern können. Der Kapitalwert der zusätzlichen und ggf. eingebüßten Kooperationsendproduktmengen gründet zum einen auf einem „Mengeneffekt", der sich aus der Veränderung der Vorgabemengen ergibt, und zum anderen auf einem „Werteffekt" infolge von Veränderungen der endproduktbezogenen Ein- und Auszahlungen sowie Produktionskoeffizienten. Darüber hinaus kommt es zu einem zweiten

---

1 In der Kostenrechnung wäre anstatt von „Opportunitätsgrößen" von Opportunitätskosten pro Repetier- oder Potentialfaktoreinheit und anstatt von „Opportunität" von Opportunitätskosten für den durch eine Produkteinheit insgesamt verursachten Faktorverbrauch die Rede. – Auf Grund der Trennung von Wertschöpfungskettenpartialplanung und Einzelunternehmensgesamtplanung läßt sich die Opportunität nur aus den einzelunternehmensspezifischen Produktionsmöglichkeiten außerhalb der Partnerschaft bei gegebenem Produktionsprogramm innerhalb der Partnerschaft ableiten.

„Werteffekt", weil auch die ursprünglichen Kooperationsendproduktmengen von etwaigen Veränderungen der endproduktbezogenen Ein- und Auszahlungen sowie Produktionskoeffizienten betroffen sind. Der Ausdruck für die Kapitalwertänderung durch Umstrukturierung des Basismaßnahmenprogramms unterscheidet sich von dem für die übrigen Unternehmen u ≠ U nur durch den konkreteren Index U. Unter der Prämisse, daß das Unternehmen U die sachleistungsbegleitenden Dienstleistungen selbst herstellt und eine Aufstockung der bereits vorhandenen Beschaffungspotentiale und Maschinenkapazitäten nicht erforderlich ist, ergibt sich folgende **komplexe Bewertungsformel für das Unternehmen U.**

$$
P_U := \sum_{t \neq 0} \sum_{\tilde{n}} \left(\overbrace{ \underbrace{ (e_{\tilde{n}Ut} - a_{\tilde{n}Ut}) \cdot \lambda_{Ut} - \overbrace{ \left[\sum_{l} PK_{l\tilde{n}U}^{R} \cdot \beta_{lUt} + \sum_{j} PK_{j\tilde{n}U}^{P} \cdot \kappa_{jUt} \right] }^{\substack{\text{Kapitalwert der Opportunität aus} \\ \text{der ursprünglichen Faktorbean-} \\ \text{spruchung pro Mengeneinheit}}} }_{\substack{\text{Kapitalwert der zahlungsorientierten wertmäßigen DS unter} \\ \text{Vernachlässigung von Veränderungen der zahlungsorientierten} \\ \text{pagatorischen DS und der Produktionskoeffizienten}}} }^{\substack{\text{Kapitalwert der} \\ \text{ursprünglichen} \\ \text{zahlungsorientierten} \\ \text{pagatorischen DS}}} \cdot \Delta \overline{x}_{\tilde{n}Ut} \right) +
$$

Kapitalwert aus dem Mengeneffekt, der auf den zusätzlichen und ggf. eingebüßten Kooperationsendproduktmengen gründet

$$
\sum_{t \neq 0} \sum_{\tilde{n}} \left(\underbrace{ (\Delta e_{\tilde{n}Ut} - \Delta a_{\tilde{n}Ut}) \cdot \lambda_{Ut} - \overbrace{ \left[\sum_{l} \Delta PK_{l\tilde{n}U}^{R} \cdot \beta_{lUt} + \sum_{j} \Delta PK_{j\tilde{n}U}^{P} \cdot \kappa_{jUt} \right] }^{\substack{\text{Kapitalwert der Opportunität aus} \\ \text{der veränderten Faktorbean-} \\ \text{spruchung pro Mengeneinheit}}} }_{\substack{\text{Kapitalwert der durch die Berücksichigung von Veränderungen der} \\ \text{zahlungsorientierten pagatorischen DS und der Produktionskoeffizienten} \\ \text{induzierten Veränderung der zahlungsorientierten wertmäßigen DS}}} \cdot \Delta \overline{x}_{\tilde{n}Ut} \right) +
$$

Kapitalwert aus dem Werteffekt, der auf den zusätzlichen und ggf. eingebüßten Kooperationsendproduktmengen gründet

$$
\sum_{t \neq 0} \sum_{\tilde{n}} \left(\underbrace{ (\Delta e_{\tilde{n}Ut} - \Delta a_{\tilde{n}Ut}) \cdot \lambda_{Ut} - \overbrace{ \left[\sum_{l} \Delta PK_{l\tilde{n}U}^{R} \cdot \beta_{lUt} + \sum_{j} \Delta PK_{j\tilde{n}U}^{P} \cdot \kappa_{jUt} \right] }^{\substack{\text{Kapitalwert der Opportunität aus} \\ \text{der veränderten Faktorbean-} \\ \text{spruchung pro Mengeneinheit}}} }_{\substack{\text{Kapitalwert der durch die Berücksichigung von Veränderungen der} \\ \text{zahlungsorientierten pagatorischen DS und der Produktionskoeffizienten} \\ \text{induzierten Veränderung der zahlungsorientierten wertmäßigen DS}}} \cdot \overline{x}_{\tilde{n}Ut} \right) +
$$

Kapitalwert aus dem Werteffekt, der auf den ursprünglichen Kooperationsendproduktmengen gründet

$$\left. \begin{array}{l} \sum_{n} \sum_{t \neq 0} X_{nUt}^{A} \cdot \alpha_{nUt} + \sum_{l} \sum_{t \neq 0} \left(X_{lUt}^{B} - \sum_{\tilde{n}} PK_{l\tilde{n}U}^{R} \cdot \overline{x}_{\tilde{n}Ut} \right) \cdot \beta_{lUt} + \\[2em] \sum_{j} \sum_{t \neq 0} \left(Kap_{jUt}^{P} - \sum_{\tilde{n}} PK_{j\tilde{n}U}^{P} \cdot \overline{x}_{\tilde{n}Ut} \right) \cdot \kappa_{jUt} + \sum_{o \in O^{G}} N_{oU} \cdot \delta_{oU} + \\[2em] \sum_{t \neq 0} \left(\sum_{\tilde{n}} \left(e_{\tilde{n}Ut} - a_{\tilde{n}Ut} \right) \cdot \overline{x}_{\tilde{n}Ut} \right) \cdot \lambda_{Ut} - EV_{U\,Basis}^{max} \cdot \mu_{U} \end{array} \right\} \begin{array}{l} \text{Kapitalwert-} \\ \text{änderung} \\ \text{durch Umstruk-} \\ \text{turierung des} \\ \text{Maßnahmen-} \\ \text{programms} \end{array}$$

4.6 Aggregation der unternehmensspezifischen Einzelurteile zu einem unternehmensübergreifenden Gesamturteil

Der maximale Zielfunktionswert der Lösung des Bewertungsprogramms eines Partnerunternehmens u kann eine Grenzzahlungsbereitschaft ($P_u > 0$) oder eine Grenzforderung ($P_u < 0$) für die zu beurteilende Handlungsoption verkörpern. Die Summe aller Grenzzahlungsbereitschaften und Grenzforderungen aller Partnerunternehmen u entspricht im positiven Falle dem subjektiven Grenzpreis aus Sicht der gesamten Partnerschaft als **Preisobergrenze** für den Aufbau der erforderlichen Dienstleistungskapazitäten im Unternehmen U oder für die Entwicklung, Förderung und Pflege eines geeigneten externen Dienstleisters. Nur wenn dieser Grenzpreis die Auszahlungen A für den Kapazitätsaufbau oder die Etablierung der neuen Geschäftsbeziehung übersteigt, ist die Realisierung der zu beurteilenden Handlungsoption zweckmäßig.

$$\sum_{u} P_u > A$$

Im Falle eines negativen kumulierten Grenzpreises erübrigt sich ein derartiger Vergleich. Im Falle negativer Einzeleinschätzungen bei insgesamt positiver Gesamteinschätzung müssen die Grenzforderungen der durch die Handlungsoption benachteiligten Unternehmen annahmegemäß von Unternehmen mit positiven Grenzzahlungsbereitschaften ausgeglichen werden. Insofern müssen diese Unternehmen sowohl die Investitionssumme A als auch die Kompensationszahlungen für die benachteiligten Unternehmen aufbringen. Da aber die Summe aller positiven Grenzzahlungsbereitschaften größer ist als die Investitionssumme A zuzüglich der Summe aller zu kompensierenden Grenzforderungen, verbleibt ein **zu verteilender Differenzbetrag**.

$$\sum_{u \in U^{P_u > 0}} P_u > A - \sum_{u \in U^{P_u < 0}} P_u$$

Offen bleibt, welche Unternehmen mit positiven Grenzzahlungsbereitschaften in welchem Umfange die Handlungsoption finanzieren und/oder die Grenzforderungen erfüllen sollen und wie die nicht ausgeschöpften Zahlungsbereitschaften auf die einzelnen

Unternehmen aufzuteilen sind. Diese Fragen lassen sich nicht abschließend beantworten. Zum Beispiel könnten die zu leistenden Zahlungen mit dem Verteilungsschlüssel = (rechte Seite/linke Seite)·100 % proportional zu den jeweiligen positiven Zahlungsbereitschaften verteilt werden. Damit würde der Differenzbetrag aus linker und rechter Seite dann nur an Unternehmen mit positiven Zahlungsbereitschaften fallen. Doch auch Unternehmen mit negativen Zahlungsbereitschaften könnten am Gewinn beteiligt werden wollen und sich nicht mit den unterstellten Kompensationszahlungen zufriedengeben. Die genaue Aufteilung der Zahlungen und des verbleibenden Gewinns wird unter realistischen Bedingungen das Ergebnis von **Verhandlungen** zwischen den Wertschöpfungspartnern und abhängig von den Machtverhältnissen in der vertikalen strategischen Allianz sowie von der Ehrlichkeit und dem Verhandlungsgeschick der einzelnen Partnerunternehmen sein. Eine Auseinandersetzung mit derartigen, eher nachgelagerten Problemstellungen soll weiterführenden Forschungen vorbehalten bleiben.

Der fünfstufige Ansatz zur partnerschaftlichen Bewertung in unternehmensübergreifenden Wertschöpfungsketten wurde für eine gegenüber der Realität stark vereinfachte Grundsituation beschrieben. Er ist aber grundsätzlich dazu geeignet, an die Realität angepaßt zu werden. Insbesondere könnten statt unverzweigter Wertschöpfungsketten verwobene **Produktionsnetzwerke** betrachtet werden, und Produkte mit Partnerschaftsbezug könnten auf unterschiedlichen Wegen durch diese Netze entstehen. Auch ist es möglich, einer Wertschöpfungsstufe nicht nur ein, sondern mehrere Partnerunternehmen zuzuweisen.[1]

---

1 Vgl. hierzu die sich bei Veröffentlichung dieses Lehrbuchs in der Endphase befindende und höchstwahrscheinlich 2023 erscheinende Dissertation von SCHMETTAU (2023).

5 Schlußbetrachtung

Gegenstand der vorangegangenen Kapitel war die entscheidungsorientierte Bewertung von Handlungsoptionen eines Unternehmers, eines Unternehmens oder eines Unternehmensverbunds. Als Bewertungsobjekte standen dabei primär einzelne Ressourcen und ganze Unternehmen als Ressourcenbündel im Mittelpunkt der Betrachtungen. Neben dem Kauf und dem Verkauf von Zahlungsströmen, Produktionsfaktoren, Unternehmensteilen und ganzen Unternehmen wurden auch die Aufnahme und die Anlage finanzieller Mittel, die Annahme von Zusatzaufträgen und die Verschmelzung von Unternehmen als Bewertungsanlässe behandelt. Zur Ermittlung und Erklärung der entscheidungsorientierten Wertansätze kamen produktions- und finanzwirtschaftlich fundierte Bewertungsmodelle und -kalküle unter vereinfachenden und idealisierten Bedingungen zum Einsatz. Ergebnis ist ein einheitliches **theoretisches Grundgerüst** der Ressourcen- und Unternehmensbewertung, das vom Komplexitäts- und Unsicherheitsproblem praktischer Bewertungsprobleme abstrahiert.

Allerdings dürfte klar geworden sein, daß hinter einer theoretisch befriedigenden Lösung jedes Bewertungsproblems letztlich eine integrierte Unternehmensplanung stehen muß. Um der hieraus erwachsenden **Komplexität** realistischer Bewertungsprobleme Herr zu werden, ist folglich in den Instrumentenkasten der integrierten Unternehmensplanung zu greifen. Da jedoch eine zentralistische Unternehmensplanung unter Einsatz eines theoretisch allumfassenden Totalmodells praktisch nicht zu leisten ist und eine dezentralistische Unternehmensplanung mit praxistauglichen Partialmodellen die theoretisch wünschenswerte Planungsintegrität vermissen läßt, ist der einzig gangbare Weg der über eine *hierarchisch integrierte Unternehmensplanung*.[1] Sie versucht, die Vorteile der beiden zuvor genannten Planungsansätze zu vereinen oder zumindest ihre Nachteile abzuschwächen, und trägt heuristische Züge.

Um schließlich auch dem in der Realität unvermeidbaren Problem der **Unsicherheit** Rechnung zu tragen, muß die hierarchisch integrierte Unternehmensplanung noch um *Unsicherheit offenlegende Planungsverfahren* wie die Sensitivitäts- oder die Risikoanalyse ergänzt werden.[2] Dann aber ist der sich ergebende Entscheidungswert keine Zahl mehr, sondern eine Bandbreite.[3]

---

1 Zur integrierten Unternehmensplanung im allgemeinen vgl. bspw. ROLLBERG (2012), S. 148 ff. und die dort zitierte Literatur. Eine lenkpreisbasierte Heuristik zur hierarchisch integrierten Unternehmensplanung, die auf der *approximativen Dekomposition* von HERING (1995), S. 144 ff. i.V.m. S. 136 ff. und HERING (2022), S. 239 ff. i.V.m. S. 229 ff. gründet, findet sich in ROLLBERG (2001), S. 153 ff. und ROLLBERG (2012), S. 192 ff. Vgl. ferner auch ROLLBERG/WITTMANN (2013).

2 Zu Unsicherheit berücksichtigenden Planungsverfahren im allgemeinen vgl. bspw. ROLLBERG (2012), S. 225 ff. und die dort zitierte Literatur. Zur in der vorhergehenden Fußnote genannten und um derartige Verfahren erweiterten Heuristik vgl. ROLLBERG (2001), S. 195 ff. und ROLLBERG (2012), S. 232 ff. i.V.m. HERING (1995), S. 223 ff. und HERING (2022), S. 354 ff.

3 Vgl. HERING (2021), S. 174 ff., 314 ff.

Anhang

Die im folgenden aufgezeigten Zusammenhänge lassen sich in einschlägigen Lehrbüchern zur Unternehmensforschung oder speziell zur linearen Optimierung nachlesen, so vor allem in WITTE/DEPPE/BORN (1975). Vgl. aber bspw. auch CORSTEN/CORSTEN/SARTOR (2005), ELLINGER/BEUERMANN/LEISTEN (2003), GAL (1987), HILLIER/LIEBERMAN (1997), KREKÓ (1973) und MÜLLER-MERBACH (1973).

1. Das allgemeine Problem der linearen Optimierung (LO)

Zielfunktion: $\quad$ max. oder min. Z; $\quad Z := \sum\limits_{j} c_j \cdot x_j$

$\leq$-Restriktionen: $\quad \sum\limits_{j} a_{ij} \cdot x_j \leq b_i \quad \forall\, i \in \{1, 2, ..., I_1\}$

$\geq$-Restriktionen: $\quad \sum\limits_{j} a_{ij} \cdot x_j \geq b_i \quad \forall\, i \in \{I_1 + 1, I_1 + 2, ..., I_1 + I_2\}$

$=$-Restriktionen: $\quad \sum\limits_{j} a_{ij} \cdot x_j = b_i \quad \forall\, i \in \{I_1 + I_2 + 1, I_1 + I_2 + 2, ..., I_1 + I_2 + I_3\}$

Nichtnegativitätsbedingungen: $\quad x_j \geq 0 \quad \forall\, j \in \{1, 2, ..., J_1\}$

Nichtpositivitätsbedingungen: $\quad x_j \leq 0 \quad \forall\, j \in \{J_1 + 1, J_1 + 2, ..., J_1 + J_2\}$

Vorzeichenunbeschränktheiten: $x_j \in \Re \quad \forall\, j \in \{J_1 + J_2 + 1, J_1 + J_2 + 2, ..., J_1 + J_2 + J_3\}$

2. Überführung beliebiger LO-Probleme in eine zulässige kanonische Form

Die Zielfunktion:

$$\text{max. } Z; \quad Z := \sum\limits_{j} c_j \cdot x_j \quad \rightarrow \quad \text{max. } Z; \quad Z - \sum\limits_{j} c_j \cdot x_j := 0$$

$$\text{min. } Z; \quad Z := \sum\limits_{j} c_j \cdot x_j \quad \rightarrow \quad \text{max. } -Z; \quad -Z + \sum\limits_{j} c_j \cdot x_j := 0$$

Die Restriktionen:

$$\sum\limits_{j} a_{ij} \cdot x_j \leq b_i \quad \rightarrow \quad \sum\limits_{j} a_{ij} \cdot x_j + s_i = b_i \quad \rightarrow \quad \text{ohne künstliche Variable } k_i \text{ zulässig}$$

$$\sum\limits_{j} a_{ij} \cdot x_j \geq b_i \quad \rightarrow \quad -\sum\limits_{j} a_{ij} \cdot x_j \leq -b_i \quad \rightarrow \quad -\sum\limits_{j} a_{ij} \cdot x_j + s_i - k_i = -b_i$$

$$\sum\limits_{j} a_{ij} \cdot x_j = b_i \quad \rightarrow \quad \sum\limits_{j} a_{ij} \cdot x_j + k_i = b_i$$

Die Variablen:

$$x_j \geq 0 \qquad\qquad \rightarrow \qquad \text{unmittelbar zulässig}$$

$$x_j \leq 0 \qquad\qquad \rightarrow \qquad -x_j' \qquad \text{mit} \quad x_j' \geq 0$$

$$x_j \in \mathfrak{R} \qquad\qquad \rightarrow \qquad x_j' - x_j'' \qquad \text{mit} \quad x_j' \geq 0 \quad \text{und} \quad x_j'' \geq 0$$

3. Primaler Simplexalgorithmus

Bestimmung des Pivotelements:

Pivotspalte $\qquad \rightarrow \qquad \min_{j} \{\text{negativer Dualwert j in der Zielfunktionszeile}\}$

Pivotzeile $\qquad \rightarrow \qquad \min_{i} \left\{ \dfrac{\text{rechte Seite i}}{\text{positiver Koeffizient i in der Pivotspalte}} \right\}$

Pivotelement $\qquad \rightarrow \qquad$ Kreuzungselement von Pivotspalte und -zeile

Basistausch:

Die Pivotspalte werde zum Einheitsvektor mit einer Eins an der Stelle des Pivot-elements und die Nichtbasisvariable der Pivotspalte so zu einer Basisvariablen.
Die Basisvariable der Pivotzeile werde zur Nichtbasisvariablen.

Rechenoperationen:

$$\text{neuer Wert j der Pivotzeile} = \frac{\text{alter Wert j der Pivotzeile}}{\text{alter Wert des Pivotelements}}$$

neuer Wert j der Zeile i $\quad =\quad$ alter Wert j der Zeile i – alter Wert der Zeile i in der Pivotspalte · neuer Wert j aus der Pivotzeile

Die Optimallösung ist gefunden, wenn kein Dualwert mehr negativ ist.

4. Dualer Simplexalgorithmus

Bestimmung des Pivotelements:

Pivotzeile $\qquad \rightarrow \qquad \min_{i} \{\text{negativer Wert i auf der rechten Seite}\}$

Pivotspalte $\qquad \rightarrow \qquad \max_{j} \left\{ \dfrac{\text{Dualwert j}}{\text{negativer Koeffizient j in der Pivotzeile}} \right\}$

Pivotelement $\qquad \rightarrow \qquad$ Kreuzungselement von Pivotzeile und -spalte

Basistausch und Rechenoperationen wie beim primalen Simplexalgorithmus

Die Optimallösung ist gefunden, wenn keine rechte Seite mehr negativ ist.

5. Entartungen sowie degenerierte, unbegrenzte und fehlende Lösungen

Primale Entartung:

mehrere Zeilen mit gleich großem kleinstem Quotienten

Wahl einer beliebigen Pivotzeile (möglichst zufällig), um nicht in einen Zyklus zu geraten, der immer wieder auf das gleiche Tableau zurückführt

Duale Entartung:

mehrere Spalten mit gleich großem kleinstem negativem Zielfunktionskoeffizienten

Wahl einer beliebigen Pivotspalte (bspw. der ersten)

Primal degenerierte Lösung:

Basisvariable mit einem Wert von null

im zweidimensionalen Fall Punkt, durch den mehr als zwei Begrenzungen gehen, überbestimmter Punkt

Dual degenerierte Lösung:

Nichtbasisvariable mit einem Dualwert von null

im zweidimensionalen Fall Zielfunktion parallel zu einer Restriktion, Tangentialstrecke statt Tangentialpunkt

Unbegrenzte Lösung:

keine positiven Koeffizienten in der Pivotspalte

offener Lösungsraum (in der Regel infolge eines Modellierungsfehlers)

Keine Lösung:

sich gegenseitig ausschließende Restriktionen

kein Lösungsraum

6. Überführung beliebiger LO-Primalprobleme in ein LO-Dualproblem

Jeder primalen Variablen wird eine duale Restriktion zugeordnet.

Jeder primalen Restriktion wird eine duale Variable zugeordnet.

Die Zielfunktionskoeffizienten und die rechten Seiten tauschen ihre Plätze.

Die Optimierungsrichtung kehrt sich um.

Die primalen Restriktionen ($\leq$, $\geq$, $=$) determinieren die Vorzeichenbeschränkungen der Dualvariablen ($\geq$, $\leq$, $\in \Re$ bei primaler Maximierung und $\leq$, $\geq$, $\in \Re$ bei primaler Minimierung).

Die Vorzeichenbeschränkungen der Primalvariablen ($\geq$, $\leq$, $\in \Re$) determinieren die dualen Restriktionen ($\geq$, $\leq$, $=$ bei primaler Maximierung und $\leq$, $\geq$, $=$ bei primaler Minimierung).

7. Zusammenhang zwischen Primal- und Dualproblem

Lösungswerte der primalen Strukturvariablen = originäre Dualwerte des Dualproblems

Lösungswerte der primalen Schlupfvariablen = derivative Dualwerte des Dualproblems

originäre Dualwerte des Primalproblems = Lösungswerte der dualen Strukturvariablen

derivative Dualwerte des Primalproblems = Lösungswerte der dualen Schlupfvariablen

originärer Dualwert = Kreuzungselement zwischen Zielfunktionszeile und Spalte einer nicht in der Basis befindlichen Schlupfvariablen

derivativer Dualwert = Kreuzungselement zwischen Zielfunktionszeile und Spalte einer nicht in der Basis befindlichen Strukturvariablen

8. Lösungsstrukturerhaltende Schwankungsbreite einer rechten Seite

$$\varepsilon^o_{s_j} = \min_i \left\{ \begin{array}{l} -\dfrac{\hat{b}_i}{\hat{a}_{is_j}} \quad | \quad \hat{a}_{is_j} < 0 \\[2ex] \infty \quad \text{sonst} \end{array} \right\} \quad \wedge \quad \varepsilon^u_{s_j} = \max_i \left\{ \begin{array}{l} -\dfrac{\hat{b}_i}{\hat{a}_{is_j}} \quad | \quad \hat{a}_{is_j} > 0 \\[2ex] -\infty \quad \text{sonst} \end{array} \right\}$$

$$b_{s_j} + \varepsilon^u_{s_j} \leq b_i \leq b_{s_j} + \varepsilon^o_{s_j}$$

$\hat{a}_{is_j}$ Kreuzungselement von Zeile i und Schlupfvariablenspalte s_j in der Optimallösung

b_i mögliche Ausprägungen der rechten Seite der Zeile i in der Ausgangslösung

$\hat{b}_i$ rechte Seite der Zeile i in der Optimallösung

b_{s_j} Obergrenze der zur Schlupfvariablenspalte s_j gehörenden Restriktion

$\varepsilon^o_{s_j}$ maximale lösungsstrukturerhaltende Lockerung der zur Schlupfvariablenspalte s_j gehörenden Restriktion

$\varepsilon^u_{s_j}$ maximale lösungsstrukturerhaltende Verschärfung der zur Schlupfvariablenspalte s_j gehörenden Restriktion

Literaturverzeichnis

ACHLEITNER, A.-K. (2002), Handbuch Investment Banking, 3. Auflage, Wiesbaden 2002.

ACHLEITNER, A.-K., WIRTZ, B.W., WECKER, R.M. (2004), M&A-Management, in: Das Wirtschaftsstudium, 2004, S. 476–486.

ADAM, D. (1970), Entscheidungsorientierte Kostenbewertung, Wiesbaden 1970.

ADAM, D. (1996), Planung und Entscheidung, 4. Auflage, Wiesbaden 1996.

ADAM, D. (1998), Produktionsmanagement, 9. Auflage, Wiesbaden 1998.

ADAM, D. (2000), Investitionscontrolling, 3. Auflage, München/Wien 2000.

ADAM, D., ROLLBERG, R. (1995), Komplexitätskosten, in: Die Betriebswirtschaft, 1995, S. 667–670.

ALBRECHT, W. (2014), Integrierte Netzwerk- und Liquiditätsplanung von Supply Chains, Wiesbaden 2014.

ALBRECHT, W., STEINRÜCKE, M. (2017), Continuous-time Production, Distribution, and Financial Planning with Periodic Liquidity Balancing, in: Journal of Scheduling, 2017, S. 219–237.

ALBRECHT, W., STEINRÜCKE, M. (2020), Assessing Site Integration into Semi-continuous Production, Distribution, and Liquidity Planning of Supply Chain Networks, in: EURO Journal on Transportation and Logistics, 2020, 9, 100002.

BAUMGARTEN, H., DARKOW, I.-L. (2004), Konzepte im Supply Chain Management, in: BUSCH, A., DANGELMAIER, W. (Hrsg.), Integriertes Supply Chain Management, 2. Auflage, Wiesbaden 2004, S. 91–110.

BEHRINGER, S. (2013), Unternehmenstransaktionen, Berlin 2013.

BLOECH, J., BOGASCHEWSKY, R., BUSCHER, U., DAUB, A., GÖTZE, U., ROLAND, F. (2014), Einführung in die Produktion, 7. Auflage, Berlin/Heidelberg 2014.

BLOHM, H., BEER, T., SEIDENBERG, U., SILBER, H. (2016), Produktionswirtschaft, 5. Auflage, Herne 2016.

BLOHM, H., LÜDER, K., SCHAEFER, C. (2012), Investition, 10. Auflage, München 2012.

BRÖSEL, G. (2002), Medienrechtsbewertung, Wiesbaden 2002.

CHERNEVA, D., VOIGT, K.-I. (2015), Outsourcing to 4PLs – Opportunities, Challenges, Future Outlook, in: KERSTEN, W., BLECKER, T., RINGLE, C.M. (Hrsg.), Innovations and Strategies for Logistics and Supply Chains, Berlin 2015, S. 231–255.

CORSTEN, H., CORSTEN, H., SARTOR, C. (2005), Operations Research, München 2005.

CORSTEN, H., GÖSSINGER, R. (2008), Einführung in das Supply Chain Management, 2. Auflage, München/Wien 2008.

CORSTEN, H., GÖSSINGER, R. (2016), Produktionswirtschaft, 14. Auflage, Berlin/ Boston 2016.

DANTZIG, G.B. (1956), Recent Advances in Linear Programming, in: Management Science, 1956, S. 131–144.

DEAN, J. (1951), Capital Budgeting, New York 1951.

ELLINGER, T., BEUERMANN, G., LEISTEN, R. (2003), Operations Research, 6. Auflage, Berlin et al. 2003.

FRANCK, E., MEISTER, U. (2006), Vertikale und horizontale Unternehmenszusammenschlüsse, in: WIRTZ, B.W. (Hrsg.), Handbuch Mergers & Acquisitions Management, Wiesbaden 2006, S. 79–107.

FRANKE, G., LAUX, H. (1968), Die Ermittlung der Kalkulationszinsfüße für investitionstheoretische Partialmodelle, in: Schmalenbachs Zeitschrift für betriebswirtschaftliche Forschung, 1968, S. 740–759.

FREILING, J. (2001), Resource-based View und ökonomische Theorie, Wiesbaden 2001.

FREILING, J. (2008), Strategisches Management, in: CORSTEN, H., REIß, M. (Hrsg.), Betriebswirtschaftslehre – Band 2, München/Wien 2008, S. 439–526.

GAL, T. (1987), Lineare Optimierung, in: GAL, T. (Hrsg.), Grundlagen des Operations Research, Band 1, Berlin et al. 1987, S. 56–254.

GERPOTT, T.J. (1993), Integrationsgestaltung und Erfolg von Unternehmensakquisitionen, Stuttgart 1993.

GOSSEN, H.H. (1854), Entwickelung der Gesetze des menschlichen Verkehrs, und der daraus fließenden Regeln für menschliches Handeln, Braunschweig 1854.

GÖSSINGER, R. (2001), Hierarchische Planung zur hierarchischen Koordination in Unternehmungsnetzwerken, in: CORSTEN, H. (Hrsg.), Unternehmungsnetzwerke, München/Wien 2001, S. 83–120.

GÖTZE, U. (2014), Investitionsrechnung, 7. Auflage, Berlin/Heidelberg 2014.

GUTENBERG, E. (1983), Grundlagen der Betriebswirtschaftslehre, Band 1 – Die Produktion, 24. Auflage, Berlin/Heidelberg/New York 1983.

GUTENBERG, E. (1984), Grundlagen der Betriebswirtschaftslehre, Band 2 – Der Absatz, 17. Auflage, Berlin/Heidelberg/New York 1984.

HAX, H. (1964), Investitions- und Finanzplanung mit Hilfe der linearen Programmierung, in: Schmalenbachs Zeitschrift für betriebswirtschaftliche Forschung, 1964, S. 430–446.

HAX, H. (1965a), Die Koordination von Entscheidungen, Köln et al. 1965.

HAX, H. (1965b), Kostenbewertung mit Hilfe der mathematischen Programmierung, in: Zeitschrift für Betriebswirtschaft, 1965, S. 197–210.

HAX, H. (1985), Investitionstheorie, 5. Auflage, Würzburg/Wien 1985.

HEINEN, E. (1983), Betriebswirtschaftliche Kostenlehre, 6. Auflage, Wiesbaden 1983.

HELLWIG, K. (1987), Bewertung von Ressourcen, Heidelberg 1987.

HERING, T. (1992), Zur Berechnung und Interpretation endogener Grenzzinsfüße bei Endwert- und Entnahmemaximierung, Veröffentlichungen des Instituts für Industrie- und Krankenhausbetriebslehre der Westfälischen Wilhelms-Universität Münster, Nr. 33, Münster 1992.

HERING, T. (1995), Investitionstheorie aus der Sicht des Zinses, Wiesbaden 1995.

HERING, T. (1999), Finanzwirtschaftliche Unternehmensbewertung, Wiesbaden 1999.

HERING, T. (2002), Bewertung von Produktionsfaktoren, in: KEUPER, F. (Hrsg.), Produktion und Controlling, Wiesbaden 2002, S. 57–81.

HERING, T. (2004), Der Entscheidungswert bei der Fusion, in: Betriebswirtschaftliche Forschung und Praxis, 2004, S. 148–165.

HERING, T. (2021), Unternehmensbewertung, 4. Auflage, Berlin/Boston 2021.

HERING, T. (2022), Investitionstheorie, 6. Auflage, Berlin/Boston 2022.

HERING, T., OLBRICH, M. (2001), Zur Bewertung von Mehrstimmrechten, in: Schmalenbachs Zeitschrift für betriebswirtschaftliche Forschung, 2001, S. 20–38.

HILLIER, F.S., LIEBERMAN, G.J. (1997), Operations Research, 5. Auflage, München/Wien 1997.

HIRSHLEIFER, J. (1958), On the Theory of Optimal Investment Decision, in: Journal of Political Economy, 1958, S. 329–352.

HIRTH, H. (2017), Grundzüge der Finanzierung und Investition, Berlin/Boston 2017.

JAENSCH, G. (1966a), Ein einfaches Modell der Unternehmungsbewertung ohne Kalkulationszinsfuß, in: Schmalenbachs Zeitschrift für betriebswirtschaftliche Forschung, 1966, S. 660–679.

JAENSCH, G. (1966b), Wert und Preis der ganzen Unternehmung, Köln/Opladen 1966.

JANSEN, S.A. (2016), Mergers & Acquisitions, 4. Auflage, Wiesbaden 2016.

JEHLE, E., KACZMAREK, M. (2003), Organisation der Planung und Steuerung in Supply Chains, in: Technical Report 03022, Universität Dortmund 2003.

JEVONS, W.S. (1871), The Theory of Political Economy, London 1871.

JOHNSTON, R., LAWRENCE, P.R. (1988), Beyond Vertical Integration – the Rise of the Value-adding Partnership, in: Harvard Business Review, Juli/August 1988, S. 94–101.

JONAS, H.H. (1961), Zur Methode der Rentabilitätsrechnung beim Investitionsvergleich, in: Zeitschrift für Betriebswirtschaft, 1961, S. 1–11.

KAMINSKAITE, R. (2011), Auswahl mezzaniner Finanzierungsinstrumente in mittelständischen Unternehmen als betriebswirtschaftliches Entscheidungsproblem, Göttingen 2011.

KEUPER, F., HÄFNER, M., VON GLAHN, C. (2006), Rückdeckeltext, in: KEUPER, F., HÄFNER, M., VON GLAHN, C. (Hrsg.), Der M&A-Prozeß, Wiesbaden 2006.

KLINGELHÖFER, H.E. (2000), Betriebliche Entsorgung und Produktion, Wiesbaden 2000.

KLINGELHÖFER, H.E. (2003), Investitionsbewertung auf unvollkommenen Kapitalmärkten unter Unsicherheit, in: Betriebswirtschaftliche Forschung und Praxis, 2003, S. 279–305.

KLINGELHÖFER, H.E. (2006), Finanzwirtschaftliche Bewertung von Umweltschutzinvestitionen, Wiesbaden 2006.

KLINGELHÖFER, H.E., LERM, M., MIRSCHEL, S. (2009), Bewertung von Stimmrechtsänderungen, in: Betriebswirtschaftliche Forschung und Praxis, 2009, S. 302–321.

KREKÓ, B. (1973), Lehrbuch der linearen Optimierung, 6. Auflage, Berlin 1973.

LAUX, H. (1971), Unternehmensbewertung bei Unsicherheit, in: Zeitschrift für Betriebswirtschaft, 1971, S. 525–540.

LAUX, H., FRANKE, G. (1969), Zum Problem der Bewertung von Unternehmungen und anderen Investitionsgütern, in: Unternehmensforschung, 1969, S. 205–223.

LAUX, H., SCHNABEL, M.M. (2009), Subjektive Investitionsbewertung, Marktbewertung und Risikoteilung, Berlin/Heidelberg 2009.

LINDSTÄDT, H. (2006), Ziele, Motive und Kriterien für Unternehmenszusammenschlüsse, in: WIRTZ, B.W. (Hrsg.), Handbuch Mergers & Acquisitions Management, Wiesbaden 2006, S. 57–78.

LOHMANN, K., KÖRNERT, J. (2015), Kosten- und Leistungsrechnung, 3. Auflage, Berlin/München/Bosten 2015.

MACHARZINA, K., WOLF, J. (2022), Unternehmensführung, 11. Auflage, Wiesbaden 2022.

MATSCHKE, M.J. (1969), Der Kompromiß als betriebswirtschaftliches Problem bei der Preisfestsetzung eines Gutachters im Rahmen der Unternehmensbewertung, in: Schmalenbachs Zeitschrift für betriebswirtschaftliche Forschung, 1969, S. 57–77.

MATSCHKE, M.J. (1972), Der Gesamtwert der Unternehmung als Entscheidungswert, in: Betriebswirtschaftliche Forschung und Praxis, 1972, S. 146–161.

MATSCHKE, M.J. (1975), Der Entscheidungswert der Unternehmung, Wiesbaden 1975.

MATSCHKE, M.J. (1991), Finanzierung der Unternehmung, Herne/Berlin 1991.

MATSCHKE, M.J. (1993), Investitionsplanung und Investitionskontrolle, Herne/Berlin 1993.

MATSCHKE, M.J., BRÖSEL, G. (2013), Unternehmensbewertung, 4. Auflage, Wiesbaden 2013.

MATSCHKE, M.J., BRÖSEL, G. (2021), Business Valuation, München 2021.

MENGER, C. (1871), Grundsätze der Volkswirthschaftslehre, Wien 1871.

MINDERMANN, T. (2015), Investitionsrechnung, Berlin 2015.

MIRSCHEL, S. (2007), Messung und Bewertung von Produktionsflexibilitätspotentialen in geschlossenen und offenen Entscheidungsfeldern, Berlin 2007.

MIRSCHEL, S., LERM, M. (2004), Zur Interpretation der Dualvariable der Mindestzielfunktionswertrestriktion im Zustandsgrenzpreismodell, Wirtschaftswissenschaftliche Diskussionspapiere der Ernst-Moritz-Arndt-Universität Greifswald, Nr. 7/2004, Greifswald 2004.

MIRSCHEL, S., ROLLBERG, R. (2015), Bewertung einer risikomindernden Versorgungskettenverzweigung, in: SIEPERMANN, C., VAHRENKAMP, R., SIEPERMANN, M. (Hrsg.), Risikomanagement in Supply Chains, 2. Auflage, Berlin 2015, S. 63–76.

MÜLLER-MERBACH, H. (1973), Operations Research, 3. Auflage, München 1973.

NEUMANN, A. (1994), Fusionen und fusionsähnliche Unternehmenszusammenschlüsse, Bern/Stuttgart/Wien 1994.

NIEUWENHUIZEN, T. (2003), Schattenpreise in der linearen Optimierung, Aachen 2003.

OLBRICH, M. (1999), Unternehmungskultur und Unternehmungswert, Wiesbaden 1999.

OLBRICH, M. (2014), Unternehmungsnachfolge durch Unternehmungsverkauf, 2. Auflage, Wiesbaden 2014.

PIBERNIK, R., SUCKY, E. (2005), Master Planning in Supply Chains, in: GÜNTHER, H.-O., MATTFELD, D. C., SUHL, L. (Hrsg.), Supply Chain Management und Logistik, Heidelberg 2005, S. 69–94.

ROLLBERG, R. (2001), Integrierte Unternehmensplanung, Wiesbaden 2001.

ROLLBERG, R. (2002), Integrierte Unternehmensplanung auf unvollkommenen Märkten, in: Betriebswirtschaftliche Forschung und Praxis, 2002, S. 1–20.

ROLLBERG, R. (2005), Produktions- und finanzwirtschaftlich fundierte Ressourcenbewertung, in: Betriebswirtschaftliche Forschung und Praxis, 2005, S. 486–505.

ROLLBERG, R. (2008), Realgüterwirtschaftliche Fundierung der Unternehmensbewertung, in: HERING, T., KLINGELHÖFER, H.E., KOCH, W. (Hrsg.), Unternehmungswert und Rechnungswesen, Festschrift für Univ.-Prof. Dr. Manfred Jürgen Matschke zum 65. Geburtstag, Wiesbaden 2008, S. 21–39.

ROLLBERG, R. (2009), Produktions- und finanzwirtschaftlich fundierte Bewertung von Unternehmensteilverkäufen, in: ALBRECHT, G., SCHRÖDER, A.-K., WEGNER, I. (Hrsg.), 50 Jahre produktionswirtschaftliche Forschung und Lehre, Festschrift für Prof. Dr. Dr. Theodor Nebl zum 60. Geburtstag und zum 50. Jahrestag der produktionswirtschaftlichen Forschung und Lehre an der Universität Rostock, München 2009, S. 513–529.

ROLLBERG, R. (2011), Supply Chain Management im Strategie-Struktur-Technologie-Zusammenhang, in: Business + Innovation, 2011, Nr. 4, S. 6–11.

ROLLBERG, R. (2012), Operativ-taktisches Controlling, München 2012.

ROLLBERG, R. (2018a), Integrierte Produktionsplanung und -steuerung in Wertschöpfungsnetzwerken mit APS und MES, in: CORSTEN, H., GÖSSINGER, R., SPENGLER, T.S. (Hrsg.), Handbuch Produktions- und Logistikmanagement in Wertschöpfungsnetzwerken, Berlin/Boston 2018, S. 1245–1265.

ROLLBERG, R. (2018b), Konsistenz-kongruenz-orientierte Produktionswirtschaft, in: Betriebswirtschaftliche Forschung und Praxis, 2018, S. 330–347.

ROLLBERG, R., LERM, M. (2006), Produktions- und finanzwirtschaftlich fundierte Bewertung von Fusions- und Akquisitionsvorhaben, in: KEUPER, F., HÄFNER, M., VON GLAHN, C. (Hrsg.), Der M&A-Prozeß, Wiesbaden 2006, S. 241–272.

ROLLBERG, R., LERM, M., TIMM, M. (2008), Produktions- und finanzwirtschaftlich fundierte Bewertung einer vertikalen Unternehmensverschmelzung, in: Betriebswirtschaftliche Forschung und Praxis, 2008, S. 498–515.

ROLLBERG, R., SCHMETTAU, A. (2021), Partnerschaftliche Bewertung in unternehmensübergreifenden Wertschöpfungsketten, in: Betriebswirtschaftliche Forschung und Praxis, 2021, S. 71–85.

ROLLBERG, R., WITTMANN, R. (2013), Lenkpreistheoretisch fundierte heuristisch integrierte Beschaffungs-, Produktions- und Absatzplanung, in: SEICHT, G. (Hrsg.), Jahrbuch für Controlling und Rechnungswesen 2013, Wien 2013, S. 23–47.

SCHMALENBACH, E. (1912/1913), Vergütung für den Wert des Geschäftes bei dessen Übergang in andere Hände, in: Zeitschrift für handelswissenschaftliche Forschung, 1912/1913, S. 36–37.

SCHMALENBACH, E. (1917/1918), Die Werte von Anlagen und Unternehmungen in der Schätzungstechnik, in: Zeitschrift für handelswissenschaftliche Forschung, 1917/1918, S. 1–20.

SCHMALENBACH, E. (1947), Pretiale Wirtschaftslenkung, Band 1 – Die optimale Geltungszahl, Bremen-Horn 1947.

SCHMETTAU, A. (2023), Bewertung von Produktionsnetzwerkerweiterungen, Dissertation, Ernst-Moritz-Arndt-Universität Greifswald, erscheint voraussichtlich 2023.

SCHREYER, E. (2017), Berücksichtigung qualitativer Informationen im mehrdimensionalen Entscheidungswert, in: PETERSEN, K., ZWIRNER, C., (Hrsg.), Handbuch Unternehmensbewertung, 2. Auflage, Köln 2017, S. 229–239.

SIEBKE, J. (2003), Preistheorie, in: Vahlens Kompendium der Wirtschaftstheorie und Wirtschaftspolitik, Band 2, 8. Auflage, München 2003, S. 63–125.

SUCKY, E. (2022), Supply Chain Management, Stuttgart 2022.

SYDOW, J. (1992), Strategische Netzwerke, Wiesbaden 1992.

VOGEL, D.H. (2002), M&A – Ideal und Wirklichkeit, Wiesbaden 2002.

VOIGT, K.-I. (1992), Strategische Planung und Unsicherheit, Wiesbaden 1992.

WEINGARTNER, H.M. (1963), Mathematical Programming and the Analysis of Capital Budgeting Problems, Englewood Cliffs 1963.

WILDEMANN, H. (1997), Koordination von Unternehmensnetzwerken, in: Zeitschrift für Betriebswirtschaft, 1997, S. 417–439.

WILDEMANN, H. (2018), Unternehmensübergreifende Logistik – Supply Chain Management, in: KOETHER, R. (Hrsg.), Taschenbuch der Logistik, 5. Auflage, München 2018, S. 201–209.

WIRTZ, B.W. (2017), Mergers & Acquisitions Management, 4. Auflage, Wiesbaden 2017.

WITTE, T., DEPPE, J.F., BORN, A. (1975), Lineare Programmierung, Wiesbaden 1975.

Stichwortverzeichnis

Lehr- und Handbücher der Wirtschaftswissenschaft

IFRS-Rechnungslegung: Grundlagen – Aufgaben – Fallstudien, 2. Auflage
Brösel, Zwirner (Hrsg.), 2009
ISBN 978-3-486-58839-2, e-ISBN (PDF) 978-3-486-84892-2

Externes und internes Rechnungswesen: Klausuren, Aufgaben und Lösungen
Burchert, Razik, Schneider, Vorfeld, 2014
ISBN 978-3-486-73573-4

Betriebswirtschaftliche Unternehmensführung: Aufgaben und Lösungen zum TOPSIM-Planspiel General Management
Burchert, Schneider, 2021
ISBN 978-3-11-068609-8, e-ISBN (PDF) 978-3-11-068611-1,
e-ISBN (E-PUB) 978-3-11-068630-2

Investition und Finanzierung: Klausuren, Aufgaben und Lösungen, 3. Auflage
Burchert, Schneider, Vorfeld, 2017
ISBN 978-3-11-046927-1, e-ISBN (PDF) 978-3-11-046926-4,
e-ISBN (E-PUB) 978-3-11-046940-0

Unternehmensbewertung, 4. Auflage
Hering, 2021
ISBN 978-3-11-073886-5

Investitionstheorie, 6. Auflage
Hering, 2021
ISBN 978-3-11-052884-8

Unternehmensnachfolge, 2. Auflage
Hering, Olbrich, Klein, 2018
ISBN 978-3-11-053668-3

BWL-Klausuren: Aufgaben und Lösungen für Studienanfänger, 5. Auflage
Hering, Toll, 2022
ISBN 978-3-11-076151-1

BWL kompakt: Kurzlehrbuch für Studienanfänger
Hering, Toll, 2019
ISBN: 978-3-11-063088-6

Unternehmensgründung, 2. Auflage
Hering, Vincenti, Gerbaulet, 2018
ISBN: 978-3-11-053668-3

Ressourcen- und Unternehmensbewertung
Rollberg, 2023
ISBN 978-3-11-107211-1, e-ISBN (PDF) 978-3-11-107219-7,
e-ISBN (E-PUB) 978-3-11-107225-8

Produktionswirtschaft, 2. Auflage
Rollberg, Hering, Burchert (Hrsg.), 2010
ISBN 978-3-486-59091-3

www.ingramcontent.com/pod-product-compliance
Lightning Source LLC
Chambersburg PA
CBHW081557190326
41458CB00015B/5644